학습을 넘어

인간의 미래를 위한 민주 교육

학습을 넘어

인간의 미래를 위한 민주 교육

Beyond Learning

Democratic Education for a Human Future

Gert J. J. Biesta 지음

박은주 옮김

곽덕주 감수 및 해제

교육과학사

Beyond Learning

-Democratic Education for a Human Future-

Authorised translation from the English language edition published by Routledge, a member of the Taylor & Francis Group LLC

역자 서문

교육은 인간을 기르는 일이라는 사실은 널리 알려져 있다. 그러나 조금만 들여다보면 이 말은 그렇게 쉽게 단정 지을 수 없는 복잡한 문제를 안고 있다. 인간을 기르는 일이라고 할 때, 우리는 어떤 인간을 상정하고 있는가? 우리가 상정한 그 인간에는 어떤 인간에 대한 규정이 들어가는가? 그 준거에 맞지 않는 사람들은 어떤 사람들인가? 이 책『학습을 넘어』에서 저자 비에스타(Gert Biesta)는 인간을 기른다는 교육의 큰 기획이 정초하고 있는, 아니 보다 정확하게 말하면 교육의 근대적 기획이 정초하고 있는 휴머니즘에 대한 재검토가 필요하다고 도전한다.

우리의 교육에 관한 개념이 주도적으로 기대고 있는 근대 교육은, 합리적 이성을 가지고 자율적으로 사고할 수 있는 인간을 '인간다운 인간'으로 설정하고 그 기준에 부합하는 인간을 만들어내기 위해 전력투구해왔다. 그러나 이제 우리가 목격하는 것은 그 기준이 힘을 가진 특정 계급에 부합하는 편협하고 편중된 것이었다는 사실이다. 인류의 역사는 특정 인간다움을 인간의 정의로 규정하면서 그 규정에 맞지 않는 소수 인종이나 어린이, 여성 등 너무나 많은 사람들을 배제, 차별, 제거해 온 역사였다고 해도 과언이 아니다. 우리가 21세기의 비극으로 기억하고 있는 홀로코스트나 르완다, 보스니아의 인종 학살 등의 비극은, 사실은 누구를 인간으로 볼 것인가라는 인간의 정의에 입각해서 저질러진 사건들이기 때문이다. 이 책에서 비에스타는 근대 교육의 단단한 기초가 되어왔던 (철학적) 휴머니즘의 토대를 재고해야 한다고 도전한다. 그리하여 그 휴머니즘의 토대를 제거할 때 인간을 기르는 일로서의 교육은 어떻게 되는지를 상상해보자고 우리를 초대한다. 인간의 정의를 미리 규정해놓고 그것에 부합하는 인간을 만들어내는 방식의 교육, 혹은 이 사회를 유지하기 위해 기성 세대가 미리 만들어놓은 기존의 질서 속으로 다음 세대들을 편입시키는 방식의 교육, 이런 교육 말고 다른 방식의 교육을 생각해보자고 도전한다. 이러한 대담한 도전은 인간 존재의 인간다움에 대한 질문을 우리가 교육에 참여하기 이전에 미리 대답될 수 있는 질문으로보다는, 오직 교육에 참여함으로써만 대답될 수 있는 열린 질문으로 다룰 때에만 성취될 수 있다. 이와 같은 비에스타의 도전과 질문은 우리가 안주하고 있던 근대적 토대를 떠나서, 포스트모더니즘의 새로운 지평 속에서 교육이 어떠한 모습으로 그려질 수 있는지에 대한 과감한 도전이자 질문이라고 볼 수 있다.

비에스타의 도전은 안정적이고 보수적인 성향을 지향하는 전통적인 교육학의 풍토에서 보면 다소 당황스러우리만큼 급진적인 측면이 있다. 그러나 우리가 여지껏 아무런 의심 없이 해왔던 교육이 기초하고 있는 토대의 가장 깊숙한 지점까지 파고들어가 우리의 교육이 과연 무엇을 지향하고 있었는지를 생각해보게 한다는 점에서 교육에 관한 매우 근본적인 사유를 촉발하고 있다. 특히 근대 교육의 토대로부터 벗어나고자 했던 그간의 포스트모더니즘 교육의 시도들이, 신자유주의 경제 질서하의 학습 중심의 경향으로 편향되어 온 것을 지적하며 조심스러운 발걸음을 모색하고 있다는 점에서, 비에스타의 과감한 도전은 교육에 종사하는 사람이라면 누구나 한 번쯤 깊이 생각해보아야 할 교육의 중요한 지형들을 내포하고 있다고 생각한다. 그 맥락 속에서 내가 지금 하고 있는 일이 무엇이며 과연 어디로 향하고 있는가라는 질문은, 괴롭기는 하지만 교육에 종사하는 사람이라면 누구나 자신의 목소리로 진지하게 응답해야 할 매우 중요한 질문이라고 생각한다.

이 책의 저자 비에스타를 처음 만난 것은, 역자가 박사과정에 갓 입학하여 참가했던 2012년 국제 교육연구 학술대회(International Conference on Education Research)에서였다. 그때 비에스타가 기조 강연자로 강연을 하였는데, 강연 후에 그에게 다가가서 나는 겁도 없이 당돌하게 몇 가지 질문을 하였다. 아무것도 모르면서 당돌하게 질문해대는 학생에게 비에스타는 참으로 참을성 있고 친절하게 하나씩 최선을 다하여 응답해주었던 기억이 난다. 지금도 잊혀지지 않는 것은, 왜 교육철학을 공부하게 되었느냐는 나의 질문에 대한 비에스타의 응답이다. 비에스타 자신은 철학 자체에는 관심이 없다고 하였다. 자신은 오직 교육에 관심이 있을 뿐이며, 그 관심에 대한 깊은 사유의 결과들이 철학적인 성격을 띠게 되었을 뿐이라고 하였다. 그 당시에 교육철학 전공자로서 교육이냐 철학이냐라는 이분법적인 정체성 고민에 빠져있던 나에게 비에스타의 답변은 매우 충격적으로 다가왔다. 그리고 교육에 관한 매우 진지하고 정직하며 겸손한 그의 학문적 태도는 그 이후로 같은 공부의 길을 걸어가는 나에게 매우 많은 영향을 주었다. 이 책을 번역하게 된 계기는, 물론 표면적으로는 이 책에서 다루는 내용들이 내가 박사과정에서 연구하였던 주제와 매우 밀접하게 관련되어 있어서인 연유도 있지만, 그 이면에 비에스타의 학문적으로 진지하고 인간적으로 겸손한 태도에 관한 기억이 이 책을 더욱 신뢰하게 만들었고, 비에스타의 진지한 사유를 보다 많은 사람들과 나누고자 하는 열망으로 이끌었다고 할 수 있다. 모쪼록 이 책에서 다루는 내용들이 한국에서 공부하는 교육학도들에게, 혹은 교육에 종사하는 모든 분들에게 도움이 되기를 간절히 바란다.

이미 눈치를 챈 분들도 있겠지만, 이 책은 역자의 첫 번역서이기 때문에 많은 오류와 실수를 안고 있다. 아마도 대가의 도움이 없었다면 이 책은 결코 세상에 나올 수가 없었을 것이다. 처음부터 끝까지 역자 이상의 애정과 노고로 감수하고 수정해 주신 곽덕주 지도교수님께 마음 깊은 감사의 말씀을 드린다. 오로지 늙은 제자의 뒷바라지 자체로 보람을 삼으시는 곽덕주 선생님께 이 첫 번역서를 감사의 마음으로 드리고 싶다. 이 책이 조금이라도 읽을만하다면 그것은 전적으로 선생님의 손길 덕분이며, 곳곳에 발견되는 오역과 비문은 전적으로 역자의 부족함 때문이다. 마지막으로 이 지면을 빌려 나를 이 자리에 있도록 해준 사랑하는 가족들과 서울대 교육철학 전공 식구들에게 부끄러운 감사를 드리고, 무엇보다 오늘까지 신실하게 나를 인도하신 하나님께 내 영혼의 감사를 드린다.

2022년 1월

박은주

저자 서문

『학습을 넘어』는 2006년에 처음 출판되었는데, 이 책은 그것이 출간되기 전 수년간 내가 작업해 왔던 주제들을 함께 묶은 것이었다. 출간된 지 15년이나 지났으니 이 책이 오늘날 교육의 세계에 대해 별로 말할 것이 없지 않을까 생각할 수도 있다. 세계는 빠르게 변화하고 있고 그렇기 때문에 과거로부터의 지식은 빠른 속도로 구식이 되어 더 이상 현재와 관련이 없어진다는 식의 말, 오늘날 자주 듣는 이 말을 믿는다면 특히 더 그러하다.

모든 것이 빠르게 변하고 있다고 단순히 말하는 것은 피상적이다. 결국 어떤 것은 변하지만 다른 것들은, 예를 들어 가난, 불평등, 갈등 그리고 환경의 악화 등은 놀라울 정도로 변하지 않고 지속된 채로 남아 있다. 가장 최신의 유행하는 이론만을 따라야 하고 과거로부터의 통찰은 오늘날 우리에게 더 이상 말해 줄 것이 없다고 말하는 것은 위험하다. 특히 교육의 영역에서 우리는, 쉽게 해결될 수 없지만 바로 그 이유로 우리의 지속적인 주목을 요청하는 오랫동안 계속된 질문들이 있다고 믿기 때문에 더욱더 그러하다. 『학습을 넘어』를 읽는 한 가지 방법은 바로 이렇게 좀 더 큰 질문, 그리고 우리 분야에서 오랫동안 지속되어 온 질문에 참여하는 일의 일환으로서 이 책을 읽는 것이다.

이 책이 다루는 가장 큰 질문은 아마도 인간 존재에 대한 질문이다. 즉 인간이 된다는 것이 무엇을 의미하고, 인간적인 방식으로 세계에 그리고 세계와 함께 존재한다는 것이 무엇을 의미하는지에 대한 질문이다. 이것은 아주 오랫동안 우리 인류를 괴롭혀온 문제지만, 이 질문에 대해 우리가 마침내 대답할 수 있게 되었다고 가정하지 않고 이것에 대한 대화를 계속하는 것은 중요하다. 보다 철학적 수준에서 인간 존재는 하나의 신비로 남아 있지만, 이 신비에 대해 해명을 끝내버리지 않도록 조심할 필요가 있다. 우리는 언제나 우리 두뇌 이상의 존재이며 우리 몸 이상의 존재이자 우리 유전자 이상의 존재이다. 우리는 열린 미래를 가지고 있는 존재자이다. 이것이 의미하는 것은, 우리가 삶에서 다양한 방식으로 구속된다고 하더라도, 어느 정도의 자유를 가지고 있는 존재일 뿐만 아니라 이 자유와 관련하여 어떤 행위를 할 수 있는 계속적인 도전의 존재라는 것이다. 좀 더 정확히 말하자면, 인간으로서 우리 존재는 자유를 잘 사용해야 하는 도전에 계속적으로 노출되고 또 참여하는 존재라는 것이다.

교육자로서 우리는 이러한 도전에 꽤 가까이 서있다. 교육자로서 우리는 어떤 의미에서 현존하는 세계와 그 세계에 진입하는 새로운 세대 사이에 서 있다. 한나 아렌트의 말로 표현하자면, 우리는 말 그대로 '과거와 미래 사이'에 서 있는 것이다. 우리의 과업은 세계 안에서 삶을 살아갈 미래 세대가 그들이 필요할지 모르는 지식과 기술에 접근할 수 있게 하는 것, 그리고 이 지식과 기술을 그들 자신의 것으로 만들도록 돕는 것이다. 이 과업은 또한 새로운 세대가 세계 속에서 어느 정도 자신의 삶의 지향성을 가질 수 있도록 돕는 것이다. 세계가 어떠한 것인지, 그것이 무엇에 대한 것이고, 그것이 어떻게 오늘날과 같은 것으로 되어 왔는지 알게 돕는 것이다.

이 모든 것에서 우리는 교육자로서, 그리고 현 세대의 대표자로서, 새로운 세대에게 영감을 줄 수 있는 이상, 인간이 된다는 것이 무엇을 의미하고 인간적으로 삶을 살아간다는 것이 무엇을 의미하는지에 대한 이상을 가지고 있을 수 있다. 이러한 이상은 영감을 줄 수만 있다면 중요할 수 있다. 그러나 그것은 또한 새로운 세대가 자신의 길을 찾아가는 데, 즉 그들의 자유에 방해가 될 수도 있다. 특히 그 이상이 단순히 미리 만들어진 청사진이고, 교육이라는 것이 그러한 그림에 맞게 새로운 세대를 끼워 넣는 것 이상이 아니라면 그러하다. 이런 일이 일어난다면 교육은 자유를 향한 추구나 자유의 도전이라는 것과 그 관련성을 잃게 된다. 이것은 새로운 세대에게 그들 자신만의 삶을 살 기회를 제공할 교육의 의무를 포기하는 것이다.

이렇게 소중하고 어려우며 다치기 쉬운 공간으로서 교육은 학습이라는 것보다 훨씬 더 큰 무엇에 대한 것이다. 바로 이 이유로 이 책에서 나는 교육에서 학습의 언어가 지배하는 오늘날의 현상에 대해 많은 비판적인 질문을 던진다. 그리고 이것이 또한 이 책의 제목을 결국 『학습을 넘어』라고 결정한 이유이다. 즉 교육을 단순히 학습에 대한 것이라고 생각하는 것은 교육이라는 과업에서 우리가 대변하는 일의 복잡성에 대한 사유를 아주 빈곤하게 하는 길임을 지적하기 위해서다.

인간의 자유에 대한 질문, 즉 인간의 자유라는 선물에 대한, 그리고 우리의 자유를 현명하게 사용하는 도전에 대한 질문은 또한 우리가 정체성의 문제를 아주 조심스럽게 다루어야 한다는 것을 의미한다. 내가 누구인가에 대한 질문인 '정체성' 질문은 많은 것으로 향하는 문을 닫고 스스로에 대한 확실성과 안정감만을 향해 나아가게 할 위험이 있다. 인간적 삶의 도전의 원천에는 스스로에 대해 결코 완전하게 확신할 수 없다는 것, 그리고 항상 세계(자연세계와 사회적 세계)가 우리에게 요청하는 것에 열려 있을 수밖에 없다는 것을 망각할 위험이 있다. 자유에 대한 이러한 질문과 도전은 생각보다 자주 우리 자신이 되기를 원하는 방식에 개입하여 이를 방해한다.

이 책은 정체성에 대한 질문이 해결되어야 할 질문이 아니라 열린 질문이 되도록 도울 수 있는 아이디어들로 가득 차 있다. 그런 만큼, 공동체에 대한 개념과 관련해서도 유사한 경고를 제안하고 있다. 공동체는 너무나 자주 공통된 어떤 것을 소유한 사람들을 묶는 것으로 이해된다. 공통된 가치, 공통된 이해, 공통된 관념, 공통된 기술, 공통된 지식 등 말이다. 물론 이러한 공동체를 위한 자리도 있다. 그러나 우리가 함께 존재하는 일에서 진짜 문제가 되는 도전은 우리와 공통성이 없는 이들과 어떻게 함께 존재하는가 하는 문제이다. 우리는 인간적으로 존재하는 일에 대한 도전으로 이 문제를 생각할 수 있다. 거기서 우리는 다른 타자들을 우리 자신의 단순한 복사판으로 보지 않을 필요, 그리고 그들을 보다 일반적인 '아이디어'나 '본보기'로 보지 않을 필요가 있음을 인정해야 한다. 이러한 인정의 능력이야말로 민주주의의 진정한 도전, 복수성과 차이의 세계에서 민주적으로 살아가려는 노력의 진정한 도전이다. 이것은 이 책이 다루는 가장 큰 주제 중의 하나이다.

이 모든 것에 대하여 교육자로서 우리가 해야 할 일은 매우 어려운 과업이다. 왜냐하면 이것은 학생을 통제하려고 하는 것도 아니고, 그들을 이미 규정된 사회적 질서에 '맞도록' 만드는 것도 아니기 때문이다. 우리는 항상 그들의 자유에 대해서도 관심을 가져야 한다. 학생들이 다른 외부적 '힘'의 대상이 되지 않고 자신들 삶의 주체로서 존재할 기회에 관심을 가져야 한다. 이것은 보다 일반적으로 새로운 세대가 자신의 삶을 살고 세계 속에서 자신의 길을 찾아갈 자유에 대한 관심으로서, 교육자로서 우리가 단순히 조력자로서 옆에 서 있기만 해야 한다는 것을 의미하지 않는다. 앞서 언급한 대로, 그들이 세계 속에서 자신의 삶의 지향성을 갖도록 하기 위해 우리가 해야 할 중요한 일이 있다. 교육은 '흑'이냐 '백'이냐의 문제가 아니다. 이것은 전적으로 통제하거나 전적으로 방임하거나 하는 문제가 아니다. 오히려 항상 구조와 개방, 안내와 여지 등과 같은 두 가지 사이에서 섬세한 균형을 발견하는 문제이다. 이것은 위험한 작업이기도 한데, 왜냐하면 교사로서 우리가 올바르게 하고 있는지에 대해 결코 확실하게 알 수 없기 때문이다. 그러나 교육자로서 우리는 이 위험을 피할 수는 없다. 이 위험은 교육을 한다는 것, 그리고 교육자가 된다는 것이 의미하는 바의 일부분이다.

『학습을 넘어』라는 책의 저자로서 나는 이 책의 중요성을 스스로 판단할 수 없다. 이 판단은 아마도 전적으로 독자의 몫이다. 나는 단지 이 책이 다른 저자들에 의해 얼마나 많이 인용되었는지에 비추어 이 책에서 제기된 질문과 반성이 다른 사람들의 관심을 끌어왔고, 그들 자신의 질문과 반성의 시작점으로서 그 역할을 해왔다는 것을 말할 수 있다. 내가 오직 바라는 바는 이 책으로 인하여 많은 이들이 내가 판단하기에 오랫동안 지속되어온 질문, 교육에 대한 가장 중요한 질문에 대해 계속 대화하는 것, 특히 어려운 질문에 머물기보다는 단순하고 재빠른 대답을 찾는 풍토 속에서도 이러한 대화를 계속하는 것이다. 이 모든 이유로 이 책이 한국어판으로 나오는 것은 나에게 특별히 영광스러운 일이며, 교육자들이 진정으로 중요한 문제들에 초점을 두고 자신의 일을 계속하는 데 이 책이 모종의 역할을 할 수 있기를 간절히 바란다.

2021년 11월 영국 에딘버러에서

Gert Biesta

감사의 말

이 책은 지난 십여 년 동안 일련의 논문, 장, 발표의 형태로 발전되었던 생각들에 바탕을 두고 있다. 나는 이 생각들을 모아놓으면 교육 이론, 혹은 내가 책에서도 썼듯이, 교육을 이해하는 하나의 접근 방식에 근접할 것이라고 믿는다. 내가 이 책에서 다룰 교육 이론이 교육자들이 직면하는 모든 문제들을 진술할 수 있노라고 주장하지도 기대하지도 않는다. 그러나 내가 진정으로 믿는 바는, 오늘날 세계가 직면하고 있는 가장 긴급한 질문 중의 하나는 복수성과 차이의 세계에서 타인들과 어떻게 살 것인가 하는 것이며, 나의 성찰은 이 질문에 대한 응답으로 이루어졌다는 것이다. 나는 이 책에서 우리가 인간성에 대한 공통된 정의를 제시할 수 있는 세계에서만 함께 살 수 있다는 사고를 반박한다. 그보다는 인간이 된다는 것은 무엇을 의미하는가라는 질문을 급진적으로 열린 질문으로 다룬다면, 다시 말하여 우리가 교육하기 전에 대답되어야 하는 질문이 아니라 교육에 참여할 때에만 대답될 수 있는 질문으로 다룬다면, 교육에 어떠한 함의가 뒤따르는지를 탐색하고자 한다.

이 책의 중심 아이디어 중 하나는, 우리는 타인과 타자성에 대하여 책임 있게 응답하는 방식을 통해 고유한 개인들로 세계에 출현하게 된다는 것이다. 교육자의 책임은 타자성과 차이와의 마주침이 진짜 가능성으로 존재하는 “세계성의 공간”을 일구는 데에 있다. 뿐만 아니라, 교육자의 책임은 “어려운 질문들”, 즉 타자성과 차이에 대하여 우리 자신만의 고유한 방식으로 책임있고 반응적인 응답으로 이끄는 질문을 던지는 것으로 확장되어야 할 것이다.

비록 이 책이 교육의 이론과 철학을 다루지만, 나의 목표는 이론서를 쓰는 것에 있지는 않았다. 나의 소망은 광범위하게 다양한 환경에 놓여있는 교육자들이 이 책에서 논의되는 사안들을 인식하고, 더 중요하게는 이하의 내용에서 제시되는 질문에 대한 자신만의 대답을 구성할 수 있게 되는 것이다.

이 책의 아이디어들은 여러 철학자들과 이론가들의 작업, 그 중에서도 아렌트(Hannah Arendt), 레비나스(Emmanuel Levinas), 푸코(Michel Foucault), 바우만(Zygmunt Bauman)에 대한 응답으로 발전되어 왔다. 또한 데리다(Jacques Derrida), 랑시에르(Jacqes Rancière), 마스켈라인(Jan Masschelein), 추미(Bernard Tschumi)의 작업에서도 영감을 받았다. 나는 그들 모두의 통찰과 자극에 빚지고 있다. 또한 이 책의 장들, 더 직접적으로는 대부분 장들의 초창기 버전은 학술지 투고와 저작들, 학술대회 초대, 세미나 발표 등의 형태로 쓰인 것들이다. 나는 특히 학습에 관한 사유를 촉발시켜 준 스텐겔(Barbara Stengel)에게 감사한다. 정체성과 차이에 관한 사유를 자극하였던 제프스트롬(Carl-Anders Säfström)에게도 감사한다. 존스(Alison Jones)와 버뷸러스(Nick Burbules)는 교육의 어려운 본질을 탐색할 수 있도록 도와주었으며, 마스켈라인(Jan Masschelein)과 시몬스(Maarten Simons)는 교육의 건축을 탐험할 기회를 주었다. 엥글룬드(Tomas Englund)와 융그렌(Carsten Ljunggren)은 교육과 민주주의의 관계에 관한 아이디어를 발전시킬 수 있는 장을 제공해주었다. 뢰블리(Lars Løvlie)는 오래전에 내게 무언가 중요한 말할 거리가 있다는 것을 일깨워주었다. 그는 이 책의 작업을 시작할 수 있도록 용기를 북돋워주었고, 오스버그(Deborah Osberg)와 로이(Rob Lawy)는 그것을 마칠 수 있도록 격려해주었다. 스웨덴, 덴마크, 노르웨이, 스위스, 남아프리카, 미국, 캐나다, 영국 등 세계 전역의 동료들과 학생들은 내 아이디어에 유용한 피드백을 해주었고, 그들의 응답은 민주적 사회, 즉 복수성과 차이에 헌신하는 사회에서 교육의 역할에 관한 질문이 세계 각국에 있는 교육자들의 핵심적 과업이라는 것을 보여주었다. 이 책을 특별 총서의 일부로 출판할 수 있도록 초대해 준 피터스(Michael Peters)에게도 감사를 전한다. 또한 그 프로젝트를 수행하는 데 버켄캠프(Birkenkamp) 학장이 보내준 격려와 지속적인 지원에도 감사를 표하고 싶다.

삶에서 무언가를 조금이라도 바라보고 성찰하고자 한다면, 다른 사람이 생각하는 것과 다르게 생각할 수 있는지, 혹은 다른 사람이 보는 것과 다르게 지각할 수 있는지, 그러한 앎에 대한 질문이 절대적으로 필요한 때가 있다.

- 미셸 푸코(1985: 8)

인간이 된다는 것은 마치 존재자들 중의 하나가 아닌 것처럼 사는 것이다.

- 에마뉘엘 레비나스(1985: 100)

교육은 우리가 세계에 대한 책임을 질 만큼 세계를 사랑할지, 같은 이유로 세계의 갱신 없이, 즉 새롭고 젊은 사람들의 도래 없이는 파멸이 불가피한 세계를 구할지를 결정하는 지점이다. 또한 교육은 우리가 아이들을 우리의 세계로부터 내쫓아 그들이 제멋대로 살도록 내버려두지 않고, 그들이 뭔가 새로운 일, 뭔가 예측할 수 없는 일을 할 수 있는 기회를 빼앗지 않으며, 또한 그들이 공동의 세계를 새롭게 하는 임무를 담당할 수 있도록 미리 준비시킬 정도로 그들을 사랑할지를 결정하는 지점이다.

- 한나 아렌트(1977a: 196)

차 례

프롤로그

인간이 된다는 것과 교육

> 인간이 된다는 것은 마치 존재자들 중의 하나가 아닌 것처럼 사는 것이다.
>
> - 에마뉘엘 레비나스

인간이 된다는 것은 무엇을 의미하는가? 인간성은 어떻게 정의될 수 있는가? 인간성의 준거는 무엇인가? 인간다운 삶을 산다는 것은 무엇을 의미하는가? 이 질문들은 철학자들이 자연세계로부터 인간세계로 시선을 돌린 이후로 오랫동안 씨름해왔던 문제들이다. 이는 철학적 질문으로서, 단지 이론적 질문과는 다르다. 인간이 된다는 것의 의미를 묻는 질문에 답하고자 하는 시도는 실제적 결과를 야기한다. 예를 들어 세계 인권 선언과 같이 어떤 답을 모색하는 적극적인 방식부터, 인간이 된다는 것의 정의에 비추어 인간 행위의 특정 부분을 배제하는 부정적인 방식까지, 그 범위는 매우 넓을 수 있다.

또한 인간이 된다는 것의 의미를 묻는 질문은, 무엇보다도 **교육적** 질문이다. 아동교육이건 성인교육이건, 혹은 다른 새로운 구성원을 위한 교육이건 할 것 없이, 교육이라는 것은 언제나 누군가의 인생에 개입하는 일이다. 여기서 개입이라고 할 때는, 이 교육이 그 사람의 삶을 더 좋게, 즉 더 완전하고 더 전인적이고 더 완벽하게 더 인간적으로 만들어 줄 것이라는 사고가 전제되어 있다. 대개의 경우 교육은 사회화를 포함하는데, 이때의 교육 실천은 새로운 구성원들을 기존의 문화적, 사회정치적 질서체계 안으로 편입시키는 것과 관련된다. 이것은 새로운 구성원들을 특정 삶의 양식에 참여하는 데 필요한 문화에 익숙하도록 해주고, 동시에 문화와 사회의 존속을 가능하도록 해주기 때문에 이 일이 결코 중요하지 않은 것은 아니다. 그렇다고 하여 이 과정을 너무 순진하게 보아서도 안 된다. 왜냐하면, 교육은 특정 관습과 전통을 의도적으로 유지하기 위하여 사용되며, 이 과정은 그렇게 의도하지는 않았더라도 기존의 불평등을 재생산하는 데 관여할 수밖에 없기 때문이다. 그렇다고 하여 이러한 전략들이 반드시 반(反)진보적이라고 말할 수는 없다. 예를 들어 미국의 교육가 카운츠(George Counts)는 자신을 보수주의자라고 불렀는데, 그 이유는 자신의 급진적 이상을 보존하고자 하는 신념을 갖고 있었기 때문이다. 그러나 교육을 전적으로 기존 질서의 시녀로만 볼 수는 없다. 교육을 기존 질서의 시녀로 보는 교육 사상과 실천에 반대하는 중요한 사조들이 있는데, 이 사조에서 교육의 과업과 목적은 훈육이나 사회화, 도덕적 훈련과 같은 개입과 적응의 관점에서 이해되는 것이 아니라, 인간의 개발, 달리 말하면 개인의 **인간성**을 개발하는 것에 강조점을 두고 이해된다(Løvlie 외, 2003).

이와 같은 흐름들 중 현존하는 가장 오래된 사상은 **빌둥**(Bildung)의 전통에서 찾을 수 있다. 빌둥은 고대 그리스에서 출현해서 로마 문화에 수용되어 휴머니즘, 신휴머니즘, 계몽주의로 이어졌던 근대 서양교육 전통의 핵심 개념들 중 하나로서 대표적인 교육적 이상이다(Klafke, 1986). 빌둥의 전통에서 핵심 질문은 교육받은(혹은 개발된) 인간이란 무엇으로 구성되는가다. 원래 이 질문에 대한 답은 빌둥의 내용에 제시되어 있다. 즉, 교육받은 인간이란 명시적으로 정의된 지식과 가치를 획득한 사람으로서, 특정 전통에 부합한 사회화를 이룬 사람이었다. 빌둥의 내용을 획득하는 활동이 빌둥 과정의 구성적 측면으로 인식되었을 때 헤르더나 페스탈로치, 훔볼트의 사상에서와 같은 중요한 사상적 진보가 이루어졌다. 그 이후로 빌둥은 언제나 자기형성(self-Bildung)으로 이해되어왔다(Gadamer, 2001 참조).

근대의 교육 이론과 실천은 빌둥의 전통이 계몽주의와 결합함으로써 그 토대를 닦았다고 할 수 있다. 칸트는 계몽을 "자기 스스로에게 책임이 있는 미성숙으로부터 우리가 해방되는 것"이라는 고전적 정의를 내렸다. 칸트는 미성숙이란 다른 사람의 도움을 받지 않고서는 자기 자신의 이성을 사용할 수 없는 상태라고 규정하였다(Kant, 1992[1784]: 90). 칸트는 미성숙의 원인이 이성의 결핍이 아니라 다른 사람의 지도가 없이는 그것을 사용할 **결심**과 **용기**의 결핍에 있을 때, 자기 스스로에게 책임이 있는 것으로 진술한다(강조는 저자의 것). *Sapere aude!* (스스로의 이성을 사용할 용기를 가져라!) 이것이 바로 계몽의 표어이다(Kant, 1992[1784]: 90).

칸트가 이성에 기반한 합리적 자율성을 천명한 중요한 의의는 그가 이 능력을 우연한 역사적 가능성으로 생각한 것이 아니라 인간 본성의 고유한 속성 같은 것으로 보았다는 데 있다. 칸트는 "자유롭게 사유할 수 있는 성향과 능력"을 인간의 "궁극적 지향" 이자 "존재의 목적"이라고 기술하였다(Kant, 1982: 701). 따라서 계몽의 진보를 방해하는 것은 "인간 본성에 반하는 범죄"를 저지르는 것이 된다(Kant, 1992[1784]: 93). 칸트가 자유롭게 사고할 수 있는 성향은 **오직** 교육을 통해서만 가능하다고 주장했다는 것은 매우 흥미로울 뿐만 아니라 계몽 이후의 근대 교육의 지향점과 관련하여서도 특히 중요한 대목이라 할 수 있다. 칸트는 인간을 교육받아야 할 유일한 피조물(Kant, 1982: 697)이라고 썼을 뿐만 아니라 "인간은 교육을 통해서만 오직 인간", 즉 합리적 자율성의 존재가 된다고 주장하였다.

칸트 이후로 교육 과정의 논리는 고유한 잠재성을 가진 특정 주체를 자기 동기화시키고 자기 주도적이 되도록 한다는 휴머니즘적 아이디어에 기초하게 되었다. 교육의 과업은 이 잠재력을 발현하도록 하는 것 혹은 해방시키는 것, 그래서 완전히 자율적으로 미래 세대의 개인적, 의도적 주체성을 행사할 수 있도록 만드는 것으로 자리 잡게 되었다. 따라서 근대 교육은 인간 존재의 본성과 운명에 관한 특정 **진리**에 기초하게 되었고, 합리성, 자율성, 교육, 이 세 가지는 계몽적 기획의 "삼위일체"가 되었다. 이러한 접근은 피아제나 콜버그의 교육 이론처럼 다분히 칸트식 틀에 직접적으로 영향을 받은 경우에만 적용되는 것은 아니다. 합리적 자율성의 아이디어는 헤겔, 마르크스, 신마르크스 철학에 영감을 받은 프레이리나 북미, 유럽의 비판교육학과 같은 비판적 관점의 교육 이론에도 토대를 제공하였다(Biesta, 1998a). 두 흐름 모두에서 교육은 자율적이고 자기 주도적인 개인이 되도록 그들의 합리적 잠재성의 발달을 돕는 과정으로 이해되었고, 합리성은 인간이 된다는 것의 의미에서 근대적 토대가 되었다. 이로 인해 아이들을 포함하여 합리적이지 않거나, 혹은 아직 합리성에 도달하지 못한 것으로 여겨지는 모든 사람들은 곤경에 처하게 되었다.

이 책에서 나는 우리가 근대 교육의 휴머니즘적 토대를 극복하기 위해 노력할 때 어떤 일이 뒤따를 수 있는지를 탐색하고자 한다. 다시 말하여, 만약 우리가 인간 존재의 본질이나 본성을 알 수 있다고 가정하지 않는다면, 혹은 우리가 인간이 된다는 것의 의미를 묻는 질문을 급진적으로 **열린** 질문, 즉 교육에 참여하기 **이전에** 대답되어야 하는 질문으로 보다는 오직 교육에 참여할 때만 대답될 수 있는 질문으로 다룰 때, 과연 교육은 어떻게 이해되고 실천될 수 있는지를 탐색하고자 한다. 이와 같은 목적을 위해 나는 '휴머니즘'을 철학적 의미로 이해하고자 한다. 이는 인간 존재의 본질이나 본성을 아는 것이 가능하고, 이 지식을 교육과 정치적 노력의 토대로 사용할 수 있다는 가정을 드러낸다. 레비나스(Emmanuel Levinas)가 지적한 대로 휴머니즘은 "'인간(Man)'이라는 것의 불변의 본질을 인식하는 것, 그리고 자신의 중심적 위치를 실재와의 관계 및 다른 가치들이 근거하는 핵심적 가치와의 관계 속에서 확증하는 것을 수반한다"(Levinas, 1990: 277).

그렇다면 왜 우리는 휴머니즘을 극복하기 위해 노력해야 하는가? 왜 우리는 그것으로부터 떠나야만 하는가? 의심할 여지 없이 휴머니즘은 인간 존재의 인간성을 보호하기 위한 중요하고도 성공적인 전략이었다. 그러나 문제는 그것이 오늘날에도 여전히 효과적인 전략인가 하는 것이다. 이 책에서 나는 휴머니즘 전략의 **가능성**과 **바람직함** 모두에 근본적 질문을 제기해왔던 철학자들을 소개하는 것으로 시작할 것이다. 이와 같은 철학자들 중 한 명이 바로 레비나스이다. 레비나스가 보기에 우리 사회가 직면한 휴머니즘의 위기는 "근대 역사의 비인간적인 사건과 더불어 시작되었다"(Levinas, 1990: 279). 그 사건들의 예로는 1914년

제1차 세계대전, 스탈린에 대한 항거로 발발했던 러시아 혁명, 파시즘, 나치즘, 제2차 세계대전, 원자폭탄, 인종학살, 끊임없는 전쟁들뿐만 아니라, 실재에 관한 사유가 아닌 계산으로서의 과학, 착취도 전쟁도 억제하지 못하는 자유주의 정치행정, 그리고 관료주의와 밀접하게 결탁된 사회주의 등을 들 수 있다(Levinas, 1990: 279). 레비나스는 휴머니즘의 위기를 첫째, 그 원인이 비인간성 자체에 있는 것이 아니라 그러한 비인간성들에 효과적으로 대응할 수 없는 무능력에 있다는 것, 둘째, 더 중요하게는 그 비인간성들이 실제로 인간이 된다는 것에 관한 특정 정의에 기초하여 작동한다는 것 등으로 진단하였다. 그리하여 레비나스는 "휴머니즘은 거부되어야만 한다 … 왜냐하면 그것은 **충분히** 인간적이지 않기 때문이다"(Levinas, 1981: 128. 강조는 저자의 것)라고 결론 맺고 있다.

이상의 휴머니즘에 대한 관점은 서구문화에서 휴머니즘의 폐해를 지적하였던 하이데거(Martin Heidegger)와도 조응하는 부분이 있다. 1947년에 최초로 출판된「휴머니즘에 관한 편지(*Letter on Humanism*)」에서 하이데거는 휴머니즘이 "인간의 **후마니타스**(humanitas; 인간성)를 충분히 존중하지 않기 때문에" 반대해야 한다고 썼다(Heidegger, 1993[1947]: 233-234). 하이데거가 보기에 휴머니즘의 핵심 문제 중 하나는 그것이 **형이상학**이라는 점이다(Heidegger, 1993[1947]: 226). 즉, 인간이 된다는 것의 의미에 대한 휴머니즘의 대답은 인간의 본질이나 본성에 강조점을 두고 있으며, 인간을 하나의 객체로 볼 뿐 인간이 세계 속에 존재하는 방식으로서의 존재 자체, 즉 인간의 현존재에 강조점을 두지 않는다는 것이다(Heidegger, 1993[1947]: 228). 하이데거에 따르면, 휴머니즘은 인간의 **존재**(Being)에 관한 물음을 묻지 않음으로써 마치 인간 존재를 여러 사물들 중의 하나인 것처럼 파악할 수밖에 없었다. 이와 같은 형이상학적 접근 때문에 "휴머니즘은 그 물음을 인식하지도, 또 이해하지도 못하게 우리를 방해만 할 뿐이다"(Heidegger, 1993[1947]: 228).

따라서 휴머니즘의 문제는 **인간다움의 준거**, 즉 인간이 된다는 것의 준거를 설정함으로써 이 준거대로 살 수 없거나, 그렇게 살지 않는 사람들을 배제한다는 것이다(Honig, 1993). 21세기 초두에 우리 모두는 이것이 단지 이론적 가능성으로만 그치는 문제가 아니라는 것을 생생하게 목격하였다. 21세기를 특징지었던 수많은 잔혹사들, 예를 들어 홀로코스트나, 캄보디아, 르완다, 보스니아의 인종학살 등은 실지로는 무엇을 인간으로 볼 것인가, 더욱 중요하게는 **누구**를 인간으로 볼 것인가라는 인간의 정의에 근거해서 일어난 사건들이었다. 교육적 관점에서 휴머니즘의 문제는 인간성의 "사례들"이 실제로 드러나기 **전에**, 이미 인간이 된다는 것의 기준을 명시하고 있다는 점이다. 휴머니즘은 아이, 학생과 같은 "새로 오는 자"들이 자신이 누구인지, 혹은 누가 되고 싶은지를 보여줄 기회를 갖기도 전에 그들이 무엇이 되어야만 하는지를 규정한다. 따라서 휴머니즘은 새로운 구성원들이 인간이 된다는 것의 의미에 대한 우리의 이해를 급진적으로 바꿀 수 있는 가능성을 열어두지 않는 것으로 보인다. 휴머니즘은 새로 태어난 아기가 또 하나의 간디가 될 가능성, 우리 반 학생이 테레사 수녀가 될 가능성, 새로 오는 자가 또 하나의 만델라가 될 가능성을 차단하는 것처럼 보인다. 이것은 근대 교육이 기존의 근대 이성의 질서 속으로 편입되는 과정이었던 것처럼, 휴머니즘은 교육을 처음부터 새로운 구성원들을 기존의 인간다움의 질서 속으로 편입시키는 과정으로서의 사회화로 생각한다는 것을 보여준다(Säfström, 2003). 결론적으로, 휴머니즘은 각 개별적 인간의 고유함을 포착할 수 없다. 기껏해야 개별적인 새로운 구성원들은, 이미 명시화되어 있고 미리 알려져 있는 인간 본질의 사례로서만 생각될 수 있을 뿐이다.

이상의 고찰은 휴머니즘의 **바람직함**에 대한 반론들이지만, 이는 또한 인간 존재의 본질을 알 수 있고 설명할 수 있다는 휴머니즘의 **가능성**에 대한 질문들도 포함하고 있다. 여기서의 질문은 인간 존재에 관한 **완전한** 지식을 획득하는 것이 가능한지의 여부, 혹은 프로이트(Sigmund Freud)가 제기한 것처럼 인간 존재 안에 알 수 없는 영역이 남아있는지의 여부에 관한 것이 아니다. 그보다 더 심층적이고 철학적인 질문은 인간 존재에 관한 지식의 지위에 관련된 것으로서, 보다 상세하게는 인간 존재가 모든 지식의 원천이면서 동시에 그 자신이 지식의 대상이 될 수 있는가 하는 것이다. 푸코(Michel Foucault)는 인간 존재가 여러 사실들 중의 하나의 사실이면서 사실적 지식의 가능성에 관한 선험적 조건으로 출현한다는, 인간 주체의 근대적 이해에 내재한 모순을 드러내는 데 중요하게 공헌하였다. 뿐만 아니라 "바닷가 모래밭에 그려진 얼굴처럼" 근대인의 종말과 궁극적 소멸을 선언한 사람 또한 푸코였다. 그러나 레비나스와 하이데거처럼 인간의 종말이라는 푸코의 선언은 인간 존재 그 자체를 겨냥한 것이 아니라 인간 존재에 관한 휴머니즘적 이해의 문제적 측면을 겨냥하고 있으며, 더 세부적으로는 인간이 된다는 것의 의미를 제한하는 근대적 인간 이해를 겨냥하고 있다.

그렇다면 이것은 "인간(Man)의 종말", "주체(the subject)의 죽음"과 같은 주장들이 실제로 겨냥하는 문제라고 할 수 있다 (Biesta, 1998b; Heartfield, 2002). 다시 말하여 이 표현들은 인간의 주체성이나 인간다움, 인간의 존엄성을 격하시키기 위한 의도가 아니라, 인간 존재의 본질을 파악하는 것이 가능하고 또 바람직하다는 **휴머니즘**의 아이디어를 비판하고 있다. 휴머니즘 비판의 중심 테제는 휴머니즘 그 자체가 인간 존재의 인간다움을 지키는 데 방해물이 되었다는 것이다. 레비나스를 다시 인용하면, 인간 주체를 격하하기 위해서가 아니라 그것이 "**충분히** 인간적이지 않기 때문에"(Levinas, 1981: 128. 굵은 글씨는 저자의 것) 휴머니즘은 비난받아 마땅하다. 따라서 중요한 것은 휴머니즘에서 문제로 지적된 지점과 함의를 극복할 수 있는 방식으로 인간 존재의 인간다움을 묻는 질문에 다른 방식의 접근이 가능한가 하는 것이다. 이것은 우선적으로 철학의 난제이기도 하지만, 내가 주장해 온 바대로 철학적 질문이 꼭 이론적 질문인 것만은 아니다. 인간이 된다는 것의 의미에 관한 질문은 우리의 **모든** 인간적 노력과 열망을 다룬다. 따라서 이는 인간의 삶을 영위한다는 것이 무엇을 의미하는지에 관한 경쟁적인 주장들로 인해 지속적인 어려움을 겪고 있는 세계에서 매우 실제적인 질문일 뿐만 아니라 매우 긴급한 질문이기도 하다. 이 모든 대답에서 휴머니즘을 극복하기 위한 노력은 교육을 위해서도 매우 중요한 도전이 된다. 만약 교육과 사회화 간에 유의미한 차이가 있다는 것을 인정한다면, 다시 말하여 만약 교육이 각 인간을 단지 기존의 질서 속으로 편입시키는 일 이상으로 개별적 인간 존재의 고유함에 대한 책임도 수반한다는 것을 인정한다면 말이다.

다음 장에서는 주체의 죽음 이후에 교육의 이해와 접근이 어떻게 모색될 수 있는지를 탐색하고자 한다. 다시 말하여 더 이상 인간 주체성에 관한 휴머니즘적 이해에 근거하여 구성되지 않을 때, 교육이 어떤 방식으로 이해될 수 있는지를 탐구한다. 이를 위하여, 한편으로 교육에서 휴머니즘이 왜, 그리고 어떻게 문제가 되는지를 보다 상세하게 논의할 것이고, 다른 한편으로 교육에 관한 다른 방식의 이해와 접근을 전개하고자 한다. 이미 언급한 대로, 인간 존재의 인간다움에 대한 질문을 우리가 교육에 참여하기 **이전에** 대답될 수 있는 질문이 아니라, 오직 교육에 참여함으로써만 대답될 수 있는 급진적으로 **열린** 질문으로 다루겠다는 것이다. 나는 특히 근대 교육과는 다른 대안적 이해를 제시하는 데 관심이 있다. 근대 교육에서 교육은 합리적이고 자율적인 인간을 "생산"하는 것으로 이해되었고, 교육자는 인간 존재의 합리적 잠재능력을 해방시키는 것을 과업으로 하는 산파로 간주되었다. 그렇다고 하여 내가 합리성에 관한 모든 논의를 반대하는 것은 아니다. 그보다 이것이 의미하는 바는 합리성이 인간성의 척도가 된다거나 되어야 한다거나, 혹은 합리성은 인간 역사의 테두리 바깥에서 이해될 수 있다는 식의 생각에 동의하지 않는다는 것이다.

이 책에서 내가 제안하는 접근은 교육에 관한 전통적 사유 방식과는 반대되는 것처럼 보일지도 모른다. 내가 보기에, 교육은 무엇인가를 만들어내거나 해방시키려고 하는 교육자의 관점에서 접근하기보다, 각각의 개별적 개인의 새로운 시작이 "출현"할 수 있는 방식에 강조점을 두어야 한다. 언뜻 보기에 이것은 아동중심 교육관처럼 보일 수 있다. 그러나 이 책에서 내가 주장하는 바는, 우리는 다른 타인들과 함께 거주하는 이 세계에 출현할 수 있다는 주장, 그 이상도 이하도 아니다. 복수성(plurality)과 차이(difference)로 이해되는 세계는 인간 존재가 출현할 수 있는 **필연적** 조건일 뿐만 아니라, 그와 동시에 교육을 본질적으로 **어려운** 과정으로 만드는 **문제적** 조건이기도 하다. 이 모든 조건에서 교육자의 역할은 기술자나 산파가 아니라 고유한 개별적 존재를 이 세계에 출현하도록 돕는 책임, 그리고 복수성과 차이의 세계에 대한 책임의 관점에서 이해되어야 한다.

나는 이후에 이어질 여섯 개의 장에 걸쳐 이상과 같은 생각을 전개하려고 한다. 1장에서는 광범위한 현시대의 맥락을 논의함으로써 교육의 언어가 거의 전적으로 학습의 언어로 대체되었다는 것을 보이고자 한다. "교육"에서 "학습"으로 전환되는 과정에서 무엇인가가 상실되었으며, 결과적으로 학생이건 교수자건 현재 교육에 참여하는 많은 사람들에게 교육 과정 및 관계의 복잡하고 어려운 특징을 이해하게 해주는 언어가 결핍되었다. 나는 교육적 관계를 구성하는 것이 무엇인가를 탐색하는 과정을 통해 교육에 대한 다른 방식의 이해와 접근을 대략적으로 제시하고자 한다. 이어지는 4개의 장에서 나는 교육에 대한 이 대안적인 이해와 접근의 다양한 측면을 보다 상세하게 설명할 것이다. 2장에서는 휴머니즘에 대한 비판과 인간의 종말, 그리고 주체의 죽음에 관한 주장에 초점을 맞추어 다룰 것이다. 내가 주장하는 바는, 인간 주체란 **무엇**이며 그 본질과 본성은 무엇인가라는 질문에 답하려고 하기보다, 이와는 다른 질문, 즉 고유하고 유일한 인간 주체는 어디에서 "출현(come into presence)"하는가를 물어야 한다는 것이다. 이것은 출현이 이해될 수 있는 다양한 방식에 관한 논의, 그리고 출현의 사회적, 윤리적 차원을 강조한다. 이 장의 한 가지 중요한 결론은 우리는 오직 우리와 다른 타인들이 살고 있는 복수성과 차이의 세계에 출현할 수 있을 뿐이라는 것이다. 3장에서는 이 논의의 연장선상에서 개인들이 출현하는 공동체를 어떻게 이해할 수 있는지를 탐색할 것이다. 내가 보기에, 그와 같은 공동체는 공통된 정체성으로 구성된 공동체라기보다, 급진적 복수성과 차이의 공동체로 존재한다. 그와 같은 공동체 없는 공동체에서 우리는 책임을 통해서 타자와 연결될 수 있을 뿐이며, 이와 같은 책임의 관계를 통해 우리는 유일하고 고유한 존재들로 구성된다. 4장에서는 이 주장이 교육에 함의하는 바는 무엇인지, 그리고 교육의 관점에서 제기되는 질문은 무엇인지를 보다 구체적으로 검토할 것이다. 이를 통하여 내가 주장하고자 하는 바는, 우리가 세계에 출현할 수 있으려면 타인도 동일하게 세계에 출현할 수 있어야 한다는 것, 그리하여 세계에 출현한다는 것은 복수성과 차이의 존재에 의존한다는 것이다. 그러나 이것은 교육을 모순적 과정까지는 아닐지라도 항상 어렵게 만드는 것으로서, 내가 교육의 해체적 속성이라고 부르는 것이기도 하다. 나는 이 교육의 어려움을 어떻게 이해해야 하고, 이를 교육에서 어떻게 적절한 자리에 위치지을 수 있는지를 탐색할 것이다. 5장에서는 교육적 책임에 관한 질문을 다룬다. 특히 "세계성의 공간" 창조에 초점을 맞추어, 고유하고 유일한 존재들의 출현을 가능하게 하는 필요조건인 복수성과 차이의 공간을 어떻게 창조할 것인지의 질문을 다룬다. 여기에서 나는 건축과 교육의 비교를 통해서 세계성의 공간을 건축한다는 것이 교육적으로 무엇을 의미하는지를 탐색할 것이다. 결론적으로 교육적 책임은 교육할 의무와 교육하지 않을 의무, 이 두 가지 의무를 수반한다는 것을 제안할 것이다. 6장에서는 앞 장에서 제시한 교육의 접근이 어떤 점에서 민주 교육을 이해하는 데 차이가 있는지를 보일 것이다. 나는 민주 교육을 민주적 개인을 생산하는 과정으로 보는 관점에 반대한다. 그와 달리, 나는 인간 존재가 복수성과 차이의 세계에서 행위하고 출현할 수 있는 방식으로 접근할 것을 제안한다. 이에 기반하여 나는 민주 교육을 위해 새로운 질문 세 가지, 특별히 민주적 개인의 교육에 초점을 두지 않는 세 가지 질문을 제안하고자 한다. 첫째, 학교와 사회 속에서 우리가 행위할 수 있도록 하는 조건은 무엇인가, 둘째, 행위함으로써 우리가 배울 수 있는 것은 무엇인가, 셋째, 행위할 수 없음으로 인해 배울 수 있는 것은 무엇인가가 바로 그것이다. 결론적으로, 나는 개입의 교육(pedagogy of interruption)에 대해 옹호하며 글을 마무리하고자 한다.

미주

1. 빌둥(Bildung)의 전통은 유럽대륙의 교육 이론과 실천에 강하게 뿌리내리고 있기 때문에, 빌둥의 개념을 적절한 영어로 번역하는 데에는 어려움이 따른다. 빌둥이 때로는 '자기함양(edification)'으로, 또 심지어 '자유교육'으로 번역되기도 하지만, 나는 독일어 원어인 빌둥(Bildung)으로 그대로 사용하기로 하였다. 빌둥이 영미권의 교육 전통에서 어떻게 이해되어 왔는지는 다음 저서의 논의를 참조할 것(Cleary

& Hogan, 2001; Biesta, 2002a; Biesta, 2002b; Løvlie 외, 2003).

2. 하이데거가 인간의 본질/본성(존재자로서의 인간)과 인간의 존재/존재함(존재로서의 인간) 간의 차이를 발견한 것을 두고, 레비나스는 서구 철학의 중요한 전환점으로 평가한다(Levinas, 1985: 40). 이것이 레비나스가 하이데거의 『존재와 시간(*Being and Time*)』을 "철학사에서 가장 탁월한 작품 중의 하나"(Levinas, 1985: 37)이자 이 책에서 제시된 존재로서의 인간에 대한 분석을 "대단히 탁월한 것"(Levinas, 1985: 39)으로 생각하는 이유이기도 하다(하지만 『존재와 시간』에 대한 찬사를 표현하기 위해 레비나스는 그 글이 집필되고 [하이데거가 프라이부르크 대학 총장으로 취임하였던] 1933년 당시에는 생각할 수 없었던 그 분위기를 되살리고자 항상 노력한다고 적고 있다)(Levinas, 1985: 38). 그러나 레비나스는 하이데거의 진단에는 동의할지 모르지만, 근본적으로 인간의 소명을 존재의 목자로 제시했던 그의 해결책에는 동의하지 않는다(Heidegger, 1993[1947]: 234). 사실, 레비나스는 "순수 기술에 반(反)하고 사유에 의거한 하이데거의 그 야심찬 철학적 기획이 고유한 인간을 익명의 존재로 종속시켰고, 「휴머니즘에 관한 편지"(*Letters on Humanism*)」라는 글에도 불구하고, 히틀러주의 그 자체에 대한 이해와 연결됨으로써"(Levinas, 1990: 281), 20세기 또 다른 비인간성의 하나가 되었다고 지적하고 있다.

• 1장 •

탈학습: 학습의 시대에 교육의 언어를 다시 말하다

학습의 새 언어

탈학습?

학습에서 교육으로: 무엇이 교육적 관계를 구성하는가?

교육을 위하여

교육에서 언어는 왜 중요한가? 만약 언어의 문제를 단지 실재에 대한 서술로만 생각한다면, 이 질문에 대하여 별로 할 말이 없을 것이다. 이 경우 교육은 단순히 "~이다"로, 언어는 단순히 "무엇"을 서술하는 것에 그친다. 그러나 서술은 언어의 한 가지 기능에 불과하며, 그것조차 문제시되었다. 언어는 단지 실재의 거울이 아니다. 적어도 듀이와 비트겐슈타인 이후로 우리는 언어가 실천이며, 우리가 행하는 그 무엇이라는 것을 안다. 또한 최소한 푸코 이후로 우리는 언어적이고 논쟁적인 실천이란 무엇이 보일 수 있는지, 말해질 수 있는지, 알 수 있는지, 생각될 수 있는지, 그리고 궁극적으로 무엇이 행해질 수 있는지를 묘사하는 것, 아마도 그러한 것을 구성하는 것이라고까지 말할 수 있다. 언어는 어떤 방식의 말하기와 실천은 가능하게 만들지만, 또 다른 방식의 말하기와 실천은 어렵게 만들며, 때로는 불가능하게 만들기도 한다. 이것이 교육에서 언어가 중요한 이유이다. 왜냐하면 교육에 사용되는 언어(들)는 말할 수 있는 것과 행할 수 있는 것, 그리고 말할 수 없는 것과 행할 수 없는 것에 일정한 영향을 미치기 때문이다.

이 장에서 나는 지난 20여 년간 교육자들의 언어가 변화해온 방식에 초점을 두고자 한다. 내가 보기에 **교육**의 언어는 거의 **학습**의 언어로 대체되었다. 비록 "학습의 새로운 언어"로 인해 교육의 언어로 설명하기에 다소 어려운 아이디어나 생각을 표현하는 것이 가능해졌지만, 교육이 무엇인지 혹은 무엇이 되어야 하는지에 대해서는 훨씬 설명하기가 어려워졌다. 교육의 언어가 학습의 언어로 대체되면서 무엇인가 상실되었다. 이러한 이유 때문에 나는 교육**을 위한** 교육**의** 언어를 다시 주장할 필요가 있다고 본다. 그러나 이 일이 단순히 과거에 사용되었던 언어(들)로 회귀해야 된다는 것을 의미하지는 않는다. 어떤 의미에서 우리 앞에 놓인 과제는 오늘날 우리 교육이 직면한 이론적이고 실천적인 도전에 응답할 수 있는 언어를 **재창조**하는 일이다.

예전이나 오늘날이나 많은 교육자들은 교육의 **해방적** 언어에서 영감을 얻었다. **개인**의 해방의 과정을 강조하는 오랜 전통에서는 교육을 유아기에서 성인기로, 의존에서 독립으로, 타율에서 자율로의 이행으로 간주하였다. 비판적 교육자들은 **사회적** 해방 없는 개인적 해방은 없다는 것을 보게 해주었다. 두 전통 모두 강조점의 차이는 있겠지만, 한편으로 합리적 이해를 통한 해방을 추구한다는 계몽의 아이디어와, 다른 한편으로 합리성을 인간 존재의 본질이나 목적으로 보는 휴머니즘의 틀과 밀접하게 연결되어 있다. 서두에서 밝혔듯이, 이것은 교육의 목적을 **합리적 자율성**의 상태에 도달하는 것으로 보는 관점으로 표현된다. 지금 우리는 **하나**의 합리성이 존재하는 것이 아니라 다수의 합리성이 존재한다는 것을 보기 시작한 포스트모던 혹은 포스트식민주의로 부르는 시대에 살고 있다. 지금 우리는 인식, 지식이라는 것이 자연적·사회적 세계를 관련짓는 하나의 방식일 뿐이며, 그것이 반드시 가장 내실 있고 가장 중요하고 가장 해방적인 것은 아니라는 것을 깨닫기 시작한 시대를 살고 있다. 우리가 오늘날 목격하고 있는 정치적·환경적 위기는 교육의 해방적 언어를 강조하는 세계관이 그 운명을 다했을지도 모른다는 것을 보여준다. 오늘날 우리에게 가장 중요한 질문은 더 이상 우리가 어떻게 이 자연적·사회적 세계를 합리적으로 지배할 수 있느냐에 관한 것이 아니다. 오늘날 우리에게 가장 중요한 질문은 어떻게 책임 있게 응답할 것인가, 그리고 어떻게 타인과 타자성의 그들과 평화롭게 살 수 있을 것인가 하는 것이다(Säfström & Biesta, 2001).

이번 장에서 나는 이 도전에 응답하는 교육의 언어를 개발하는 데 기여하고 싶다. 나는 교육의 내재적 **어려움**을 인정하면서, 교육적 관계, 신뢰, 책임을 강조하는 언어의 블록 쌓기를 제안할 것이다. 나머지 장에서는 이 차원들을 보다 상세하게 탐색하고자 한다.

학습의 새 언어

지난 20여 년간 교육의 이론과 실천에서 가장 눈에 띄는 한 가지 변화는 "학습" 개념은 부상한 반면, "교육" 개념은 쇠퇴하였다는 것이다. 이제 교육은 학습기회나 학습경험을 제공하는 것으로 기술되는 것처럼, 교수(teaching)는 학습을 지원하거나 촉진하는 것으로 재정의되었다. 학생은 학습자가 되었고, 성인교육은 성인학습이 되었다. 영국과 웨일스에서 평생교육과 성인교육은 공식적으로 학습과 기술(skill) 분과에 속한다. 세계 전역의 정부에서 더 이상 재교육이나 지속교육을 주장하지 않으며, 대신 평생학습의 필요성과 학습사회의 창조를 강조한다. "학습"은 또한 "모두를 위한 평생학습"(OECD, 1996), "학습의 세기: 새 영국의 르네상스"(DfEE, 1998), "성공하는 학습"(DfEE, 1999) 등의 제목에서 보듯이, 국가 정책문서나 국제 정책문서에서도 인기 있는 개념이 되었다. 영국은 학습을 원하는 모든 이를 위해 '런디렉트(learndirect)'라는 인터넷 기반 서비스를 제공하고 있는데, 이는 영국을 학습사회로 변혁하기 위해 산업대학에서 창설하였다. 런디렉트 사이트에는 다음과 같은 홍보 문구가 게재되어 있다.

> 런디렉트에 오신 것을 환영합니다! 런디렉트 학습은 당신을 위하여 디자인되었습니다. 교육과정은 컴퓨터 기반으로 구성되었기

때문에, 절대 당신을 번거롭게 하지 않습니다. 가장 손쉽게 시작하는 방법은 영국 전역에 있는 수많은 런디렉트 센터 중 한 곳을 가는 것입니다. 우리의 친절한 직원이 당신을 도와줄 것입니다. 다른 경험은 필요하지 않습니다. 우리가 당신의 학습을 한 걸음 한 걸음 안내할 것입니다(http://www.learndirect.co.uk/personal [2003년 3월 10일 접속]).

아래 내용은 유럽연합에서 발행한 평생학습 문서에서 인용한 글로서, 내가 '학습의 새 언어'라고 부르는 것의 좋은 예시이다.

교육과 훈련의 방법이나 과정에서 학습과 학습자를 중심에 두는 것은 더 이상 새로운 생각이 아니지만, 실제로 대부분 공식적으로 규정된 교육 관행은 학습보다는 교수를 더 특권시해왔다. 고도의 지식기술 사회에서 이 같은 교수학습 관계는 효력을 상실한다. 학습자들은 사전에 미리 준비되어 있어야 하고, 더욱 자율적이어야 하며, 그들의 지식을 끊임없이 갱신할 수 있어야 하고, 문제들과 맥락들을 바꿀 수 있는 구성적인 응답을 할 수 있어야 한다. 교사의 역할은 동료, 촉진자, 멘토와 같은 것으로서 학습자들 스스로의 노력으로 지식에 접근해서 사용할 수 있고 궁극적으로는 지식을 만들 수 있도록 봉사하는 것이다(유럽공동체회의 1998.9, Field, 2000: 136에서 인용).

비록 학습의 개념은 현대의 교육담론 거의 어디에서나 다 발견되지만, 학습의 새 언어는 특정 과정의 결과물이나 단일 기획의 표현이 **아니라**는 사실을 인식하는 것이 중요하다. 그보다는 상이하고, 부분적으로는 모순적인 흐름과 발달이 뒤섞인 결과로 이해되어야 하는데, 이는 학습의 새 언어가 특정 프로그램이나 기획에서 의도했던 결과라기보다 일련의 사건들에서 발생한 효과에 더 가깝다는 것을 보여준다. 여기에는 최소한 네 가지 흐름이 복합적으로 학습의 새 언어가 부상하는 데 작용하였다.

1) 학습의 새 이론

한 가지 영향력 있는 흐름은 학습심리 분야에서 발견되며, 학습의 구성주의와 사회문화 이론에 관심을 보인다(Fosnot, 1996; Lave & Wenger, 1991 참조). 이 이론들은 학습이 정보의 수동적 수용이라는 생각에 도전하여, 지식과 이해는 학습자에 의해, 혹은 다른 학습자들과의 협동에 의해 능동적으로 구성된다고 주장한다. 이것은 교사의 활동에서 학생의 활동으로 관심을 이동시키는 계기가 되었다. 결과적으로 학습은 교육의 과정을 이해하는 데 훨씬 더 중심적으로 되었다. "비계(scaffolding)"와 같은 개념은 교수활동이 학습의 지원과 촉진으로 쉽게 재정의될 수 있는 관점을 제공하였다.

2) 포스트모더니즘

교육의 이론과 실천에서 학습의 새 언어가 부상하는 데 포스트모더니즘 또한 영향을 미쳤다. 지난 20여 년간 많은 저자들은 교육의 기획이 전적으로 근대적 기획으로서 계몽의 유산과 밀접하게 연결되어 있다고 주장하였다(Usher & Edwards, 1994 참조). 근대적 기획의 가능성과 타당성에 대한 포스트모던적 회의는 교육의 근대적 형태, 특히 교육이 학생들에게 합리성과 비판적 사고를 전수함으로써 그들을 자유롭게 하고 해방시킬 수 있다는 아이디어에 대하여 근본적 질문을 제기해왔다. 만약 독일 교육학자 기섹케(Hermann Giesecke, 1985)의 주장대로 포스트모더니즘이 교육의 종말을 함의한다면, 학습 외에 무엇이 남겠는가?

3) 성인학습의 "조용한 폭발"

학습의 새 언어가 부상한 것은 단지 이론적 · 개념적 전환에 따른 결과만은 아니다. 오늘날 점점 더 많은 사람들이 기존의 교육기관에서 이루어지던 공식교육의 안팎으로 온갖 종류의 다양한 학습에 더 많은 시간과 돈을 쏟아붓고 있다. 공식적인 성인교육에 참여하는 사람들의 숫자나 수준이 증가하고 있고, 개인학습용 매뉴얼, 인터넷, 비디오, CD, DVD 등을 통해 피트니스 센터, 스포츠 클럽과 같은 비공식적 학습 시장이 급증하고 있다. 존 필드(John Field, 2000)가 "학습의 조용한 폭발"이라고 부른 것의 가장 중요한 특징 중 하나는, 형식이나 내용, 목적의 관점에서 새

학습이 훨씬 더 **개인적**이라는 것이다. 필드는 많은 성인 학습자들이 자신의 몸, 자신의 관계, 자신의 정체성 등과 같이, 자기 자신과 씨름하고 있다는 것을 지적한다. 새 성인 학습자가 참여하고 있는 활동의 개인적이고 개별화된 속성은 '학습'이라는 단어가 왜 그렇게 자신의 활동을 묘사하는 데 적합한 개념이 되었는지를 이해하는 데 도움이 된다.

4) 복지국가의 침체와 신자유주의의 부상

더 광범위한 사회경제적, 정치적 맥락에서 보면 학습의 새 언어가 부상한 것은 신자유주의 시장 이데올로기의 부상 및 복지국가의 쇠퇴와 관련되어 있다. 복지국가의 핵심적 아이디어 중 하나는 부의 재분배 원리로서, 건강보험, 사회보장, 교육에 대한 법적 보장이 부유한 사람들뿐만 아니라 모든 시민에게 적용될 수 있도록 하자는 것이다. 비록 이중 많은 것들이 여전히 여러 나라에서 시행중이지만, 그럼에도 불구하고 공공-민간의 협력관계나 전면적인 민영화의 수준이 증가하는 추세에 있다. 이에 따라, 많은 경우 정부와 시민의 관계가 정치적 관계에서 경제적 관계로 변화되었다. 즉, 공공서비스를 제공하는 공급자로서의 국가, 국가가 제공하는 것에 대한 소비자로서의 세금납부자로 바뀐 것이다. "돈의 가치"가 주정부와 납세자 간의 교환을 이끄는 원리가 되었다. 이와 같은 사고방식의 근저에는 책무성(accountability)의 문화가 등장한 것이 관련되어 있으며, 그 결과로 더 빈틈없는 감시와 통제, 이전보다 더욱 처방적인 교육과정 체제로 변했다. 이는 또한 바우처 체제, 그리고 자녀교육의 소비자로서의 학부모는 학교가 무엇을 제공해야 할지를 결정할 궁극적 주체라는 생각의 근저에 깔려있는 논리이기도 하다(공공선으로서의 교육명제에 대한 비판적 분석으로는, Englund, 1994; Apple, 2000; Biesta, 2004a 참조). 이런 식의 발상은 교육의 과정에서 거의 배타적으로 사용자, 혹은 소비자에게만 강조점을 두는 논리를 내놓는다. 그러한 소비자에게 "학습자"보다 더 적합한 이름은 무엇이겠는가?

만일 이것이 학습의 새 언어를 출현시킨 징후들로 충분하다면, 나는 여기에 덧붙여, 이와 같은 전개는 단일한 기획의 결과가 아니며, 그것들 모두가 반드시 문제가 있다거나 나쁘다는 것이 아니라는 것을 다시 한번 강조하고 싶다. 그 다음으로 물어야 할 질문은 학습의 새 언어가 교육 담론과 실천에 미친 영향은 무엇인가 하는 것이다. 학습의 새 언어는 무엇이 문제인가? 학습의 새 언어를 통해 말할 수 있는 것은 무엇이고, 더 중요하게는 이 언어에 의해 더 이상 말할 수 없게 된 것은 무엇인가? "탈학습"을 말할 이유라도 있는가?

탈학습?

학습의 새 언어에서 주로 문제가 되는 것은 교육의 과정을 '경제적 교환관계'의 관점에서 기술하도록 조장해왔다는 것이다. 경제적 관계에서 1) 학습자는 특정 욕구를 지닌 (잠재적) 소비자로, 2) 교육기관에 종사하는 교사나 교육자는 학습자의 욕구를 충족시켜주어야 할 공급자로, 그리고 3) 교육 자체는 교사나 교육기관에 의해 제공(공급)되고 학습자에 의해 소비되어야 할 상품(물건)이 된다. 이것이 교육제도와 개별 교육자들이 유연해져야 한다는 생각, 학습자들의 필요에 반응해야 한다는 생각, 학습자들에게 금전적 가치를 주어야 한다는 생각, 심지어 학습자/소비자는 언제나 옳다는 원리에 입각해서 움직여야 한다는 생각의 이면에 가정된 논리이다. 이는 런디렉트(learndirect)의 문구 중, "당신은 어떠한 경험도 필요하지 않습니다"라든가, 컴퓨터 기반의 학습은 "당신을 방해하지 말아야 할 것입니다", "우리의 친절한 직원들이 당신이 도움을 요청하는 곳에 언제든지 손을 내밀 것입니다" 등에서도 분명하게 드러나 있다. 이것은 또한 교육자와 교육기관이 책무성을 지녀야 한다는 주장의 논리이기도 한데, 궁극적으로 학습자/소비자와 교육자/공급자 간의 관계는 학습자가 직접 부담하든 아니면 주정부가 지원하든, 결국 세금을 통해 구축되기 때문이다.

이러한 용어로 교육의 과정을 이해하는 것은 적어도, 교육이 주로 공급자 기반으로 융통성 없이 이루어져 왔던 불균형을 개선한다는 한 가지 면에서는 일리가 있다. 교육에 접근할 수 있으려면 결국은 기본적으로 학교, 단과대학 혹은 종합대학에 다닐 수 있어야 하고, 전통적으로 교육기관이 정한 요건이나 시간표를 중심으로 그들의 삶을 조직할 수 없었던 사람들은 수많은 교육기회에서 배제되었던 것이다. 이것이 야간수업, 열린 대학, 유연한 장거리 학습이 중요해진 이유이다. 이는 또한 교육기관과 개별 교육자들이 정말로 학습자들의 필요에 반응해야 하는 주된 이유이기도 하다. 학생을 학습자로, 학습자를 금전적 가치를 원하는 소비자로 생각하는 것은 모두를 위한 동등한 교육기회를 성취하는 데 정말로 유용할 수 있다.

그러나 더 근본적 질문은 교육이 그 자체로 경제적 관점, 즉 학습자는 특정 필요를 가지고 있고 교육자는 그 필요를 충족시켜야 되는 상황으로 이해될 수 있는가, 혹은 이해되어야 하는가의 여부이다. 나는 파인버그(Feinberg, 2001)의 주장과 같이 교육은 그러한 경우에 들어맞지 **않으며**, 교육적 관계와 경제적 관계가 정확하게 일치하지는 않는다고 생각한다. 왜 그런가?

경제적 교환관계의 경우에 원칙상 소비자는 자신의 필요를 알고 자신이 원하는 바를 안다고 가정할 수 있다(여기서 "원칙상"이라는 말이 중요한데, 우리는 모두 소비자의 욕구가 광고 산업에 의해 어떻게 형성되는지를 너무나 잘 알기 때문이다). 그런데 이 가정은 교육의 경우에도 타당한가? 대부분의 부모는 그들의 자녀가 다니는 학교에 자신들이 무엇을 원하는지 잘 아는 것처럼 보인다. 그러나 이것은 매우 일반적인 수준에서만 사실이며, 그 경우 아마도 왜 아이들이 학교에 가야 하는지, 학교와 학교교육에서 무엇을 기대하는지에 관한 강한 문화적 기대가 있기 때문일 수 있다. 그러나 대부분의 학부모들은 "선생님, 메리에게 A라는 교수방법으로 30분짜리 수학수업을 해주세요, 이어서 15분은 보충수업, 그 다음 20분은 종교교육, 그리고 반 아이들과 함께 대화하는 시간도 좀 주시구요"처럼, 교사에게 무엇을 원하는지 세부적인 목록을 가지고 자녀를 학교에 보내지는 않는다(적어도 아직까지는). 학부모가 자녀를 학교에 보내는 것은 그들의 자녀가 교육받기를 원해서이지만, 이 개별적 아이들이 실지로 무엇을 필요로 하는지는 교사들의 전문적 판단과 기량에 따라 결정된다. 이것이 경제적/시장모델과 전문가모델 간의 근본적 차이점이다. 파인버그가 설명하듯이, "시장모델에서 소비자는 그들의 필요를 알고, 생산자는 그들을 만족시키기 위해 가격과 품질로 경쟁한다. 전문가모델에서 생산자는 필요에 따른 서비스를 제공할 뿐만 아니라 그것을 규정하기도 한다 … 샘은 두통 때문에 의사에게 간다. 그에게 필요한 것은 아스피린인가, 뇌수술인가? 오직 의사만이 안다"(Feinberg, 2001: 403).

성인교육의 경우는 사정이 다른가? 아마 다르지 않을 것이다. 성인들은 평균적으로는 그들이 교육에서 무엇을 원하는지 더 잘 설명할 수 있을 것이고, 따라서 자신의 교육적 필요를 더 잘 정의할 수도 있을 것이다. 그러나 많은 경우, 성인들이 교육에 참여하는 것은 특별히 그들이 진짜 원하거나 필요한 것이 무엇인지를 알려고 할 때이다. 또한 잊지 말아야 할 사실은, 성인들이 교육에 참여하는 이유를 설명하는 많은 대목이 문자 그대로 삶을 변화시킨 사건에 관한 것으로서, 그들이 진정으로 원하거나 필요로 했던 것이 무엇이었는지를 알게 되었거나, 혹은 그 경험을 통해 자아를 새롭게 발견하게 된 경우이다. 그렇다고 해서 새로운 자아를 찾거나 새로운 정체성을 발견하는 것이 항상 긍정적인 경험이라고 말하는 것은 아니다. 새 정체성을 찾는 것은 옛 정체성을 포기하는 것을 의미하며, 러셀(Willy Russell)의 『리타 길들이기』나 버나드 쇼(George Bernard Shaw)의 『피그말리온』과 같은 고전에도 나와 있듯이, 종종 이것을 되돌릴 방법은 없다.

가장 문제가 되는 것은 교육을 경제적 교환관계나 학습자의 필요를 충족시켜주는 과정으로 생각하는 것으로서, 이는 학습이라는 새 언어에 의해 가능하게 된 것이다. 이것이 문제인 이유는 교육적 관계에서 학습자의 역할과 교육전문가의 역할을 오도하기 때문이다. 이것은 교육에 참여하는 주된 이유가 바로 그 사람이 실지로 원하거나 필요로 하는 것이 무엇인지 알기 위해서라는 사실을 놓치고 있다. 뿐만 아니라 필요를 정의하는 과정에서 교육전문가의 기량이 핵심적 역할을 한다는 사실도 놓치고 있다. 이것이 바로 전문가의 주요 역할로서, 고객에게 상품을 전달하는 업무를 맡은 가게 점원과 구별되는 지점이다.

교육이 학습자의 미리 규정된 필요를 충족시키는 것이어야 한다는 아이디어가 문제 되는 또 하나의 이유는, 이 관점에서 교육에 관해 유의미하게 제기되는 질문이란 교육적 **과정**에서의 효율성과 효과라는 **기술적**(technical) 질문들뿐이기 때문이다. 여기서 학습자의 필요에 관한 것보다 더 중요한 교육의 내용과 목적에 관한 질문들은 사실상 불가능하게 된다. 학습자는 자신이 무엇을 배우고 싶은지, 왜 배우고 싶은지를 알거나 혹은 알아야 한다고 가정되기 때문에 교육의 내용과 목적에 관한 질문은 전체적으로 **개별화**될 뿐만 아니라 큰 맥락에서 보면 시장의 힘에 종속될 수 있다. 이것의 한 가지 결과는 학습자를 끌어모으기 위해 학습 자체가 쉽고 매력적이고 신나는 것으로 묘사되어야 한다는 것이다. 이는 정확히 런디렉트가 "학습의 새 형식", "이 학습을 위해 어떤 경험도 필요치 않은", 컴퓨터 사용이 "당신을 방해해서는 안 되는" 등의 표현을 통해 전하려고 했던 바로 그 메시지이다.

자신이 학습할 내용과 목적을 개별 학습자가 결정해야만 하는 중요한 영역이 있을 수도 있다. 여기서 내가 말하고자 하는 바는 오직 특정 학습만이 적합하고 존중받아야 한다는 것이 아니다. 내가 정말로 말하고 싶은 바는, 자신이 원하거나 필요로 하는 것이 무엇인가에 대한 이해를 얻는 것이 그 자체로 중요한 학습 경험이 되려면, 무엇보다 학습의 내용과 목적에 관한 질문이 중요한 교육적 질문으로 간주되어야 한다는 것이다. 이러한 질문은 단지 개인의 기호 문제가 아니라 사회적이고 간주관적인 질문으로 간주되어야 한다. 우리는 누구인가, 교육을 통해 우리는 누가 되고 싶은가에 관한 질문은, 물론 우리 자신에게도 매우 중요하지만, 이는 또한 타인과의 관계, 그리고 사회적 그물망 속에서 우리의 위치에 관한 질문인 것이다. 더 큰 맥락에서 보면 교육의 목적과 내용에 관한 질문은 근본적으로 **정치적** 질문이다. 우리 모두는 자신의 미래의 안전을 위해서라면 시장이 얼마나 조작될 수 있는지를 잘 알기에, 이러한 질문에 대한 답을 시장의 논리에 내맡긴다는 것은 사회의 교육적 새로움에 관해 민주주의자로서 말할 기회를 빼앗기는 것과 다르지 않다.

따라서 학습의 새 언어에 반대하는, 보다 정확하게는 학습의 새 언어에 의해 가능하게 된 사고방식에 반대하는 두 가지 이유가 있다. 한 가지는 학습의 새 언어는 교육의 과정을 **경제적** 관점에서 이해하도록 촉진한다는 것이다. 이와 같은 사고에서 학습자는 자신이 무엇을 원하는지 아는 것으로 전제되고, 공급자는 학습자의 필요를 충족시키기 위해, 더 거칠게 말하면, **고객을 만족시키기 위해** 존재한다. 위에서 이와 같은 서술이 교육적 관계의 역동성을 얼마나 오도하는지를 살펴보았다. 학습의 새 언어의 논리에서 또 다른 문제는 소비자나 시장이 원하는 것과 다른 관점의 교육 내용이나 목적에 관한 질문을 제기하는 것을 매우 어렵게 만든다는 것이다. 내가 주장한 바와 같이 이것은 교육 전문성을 위협할 뿐만 아니라 궁극적으로는 교육의 목적에 관한 민주적 숙고를 손상시킨다.

이와 같은 이유로 나는 학습의 언어를 사용하는 데에 극도로 신중해야 한다고 믿는다. 그러한 사용이 교육자로서의 전문성을 손상시킬 뿐만 아니라 교육의 내용과 목적에 관한 민주적이고 열린 논의를 잠식할 위험이 있다. 그러나 우리는 무작정 반대하고 부정하는 태도만 견지할 수는 없다. 우리는 학습의 언어에 대한 대안으로 교육의 언어를 다시 주장하거나, 아니면 그것을 재창조할 필요가 있다. 나는 이 주제로 돌아가겠다.

학습에서 교육으로: 무엇이 교육적 관계를 구성하는가?

지금까지 나는 교육적 관계는 공급자와 소비자라는 경제적 관계로 이해되어서는 안 된다고 주장하였다. 그렇다면 교육적 관계는 무엇으로 구성되는가? 교육적 관계의 고유한 속성을 포착하기에 적합한 언어는 무엇인가? 이 질문에 대하여 나는 세 가지 연결된 개념을 중심으로 답하고자 한다. 세 가지 개념은 신뢰, 폭력, 책임으로서, 보다 정확하게 말하면 기반 없는 신뢰, 초월적 폭력, 그리고 지식 없는 책임이라고 할 수 있다.

(기반 없는) 신뢰

교육은 어디에서 시작하는가? 교육은 실지로 학습자로부터 시작될 수 있다. 무엇인가를 배우고 싶어 하고, 지식과 기술, 자격, 변화, 모험을 갈구하며, 이를 배울 수 있는 방법과 아마도 그 배움을 줄 수 있는 누군가를 찾는 학습자 말이다. 물론 이 과정은 깔끔하게 블랙박스 처리될 수도 있다. 그 경우, 학습자는 자신이 무엇을 배우고 싶은지를 알고, 공급자는 정확히 그것, 즉 더도 말고 덜도 말고 학습자가 배우고 싶어 하는 그것을 확실히 제공해야 한다. 따라서 학습계약, 책무성, 감시와 통제, "너의 마음속"을 디자인한 "학습의 새 형식"인 런디렉트가 뒤따른다.

그러나 아주 깔끔하게 조직된 학습 형식에 참여한다고 해도 항상 **위험**은 따른다. 여기에는 당신이 배우고 싶었던 것을 배우지 못할 위험이 따를 뿐만 아니라(이 경우에 공급자를 소송할 수 있다), 당신이 배울 것이라고 생각지도 못했던 것들, 혹은 당신이 배우고 싶다고 생각지도 못했던 것들을 배울 위험도 따른다. 그리고 자신에 관한 배우고 싶지 않았던 것을 배울 위험도 따른다. 학습에 참여한다는 것은 언제나 학습이 당신에게 영향을 미칠 수 있고, 당신을 변화시킬 수도 있는 위험을 수반하는 것이다. 이것이 의미하는 바는, 교육은 학습자가 기꺼이 위험을 감수하고자 할 때 비로소 시작된다는 것이다.

이 문제를 다루는 한 가지 방법으로서 교육적 관계의 한 가지

구성요소를 **신뢰**라고 말하는 것이다. 왜 위험과 신뢰는 연결되어 있을까? 근본적으로, 신뢰는 무슨 일이 일어날지 알지 못하고 또 알 수도 없는 상황에 관련된 것이기 때문이다. 신뢰는 그 본질상 기반이 없는 것이다. 왜냐하면 신뢰가 기반이 있다면, 그리하여 만일 무슨 일이 일어날지, 신뢰하는 그 사람이 어떻게 행동하고 반응할지를 **안다면**, 신뢰는 필요하지 않을 것이다. 그 경우 신뢰는 계산으로 대체되었을 것이다. 그러나 신뢰는 **계산할 수 없는 것**에 관한 것이다. 물론 이 말은 신뢰는 맹목적이어야 한다는 것을 뜻하는 것이 아니다. 다만 이것이 의미하는 바는, 신뢰는 **구조적으로** 또 비우연적으로 위험의 순간을 수반한다는 사실이다. 교육에 참여할 때 수반되는 그 위험을 부정하거나 거부하는 것은 교육의 중요한 차원을 망각하는 것이다. 교육은 위험이 제거될 수 있고 또 그래야만 한다는 주장, 학습자들이 교육에 참여할 때 어떠한 위험도 없어야 한다거나, 학습결과는 미리 알려질 수 있고 명시될 수 있다는 주장은 교육이 무엇인지에 관한 잘못된 표상들이다.

앞으로 진행될 논의의 타당성은 학습을 어떻게 정의하느냐, 그리고 어떤 종류의 학습에 참여하고 있느냐에 달려있다고 주장할 수 있다. 결과적으로, 모든 학습이 다 유사한 위험을 수반하는 것은 아니고, 어떤 학습의 형식은 그 결과를 상당한 정도로 예측할 수도 있다. 모든 학습이 예기치 않았던 변화로 이끌 수 있다는 이유 때문에, 나는 운전교습이나 미술사 수업, 용접법, 작문법 간에 근본적인 차이는 없다고 주장하고 싶지만, 그러기 위해서는 학습 그 자체를 정의하고 이해하는 방식을 살펴보는 것이 참으로 중요하다. 이제 교육적 관계의 구성요소에 관한 나의 두 번째 대답을 살펴볼 차례이다.

(초월적) 폭력

학습이란 무엇인가? 개별적 관점을 지지하든지 사회문화적 관점을 지지하든지 간에, 양 진영의 학습 이론가들은 학습이 어떻게 일어나는지, 보다 정확하게는 학습의 **과정**이 어떻게 일어나는지에 관해 폭넓은 설명을 발전시켜왔다. 물론 뇌에 강조점을 두느냐 혹은 합법적 주변 참여(legitimate peripheral participation; LPP)에 강조점을 두느냐에 따라 학습의 과정에 대한 설명이나 묘사는 다를 수 있겠지만, 대부분의 설명에서 학습은 '외부의' 어떤 것, 즉 학습 행위 이전에 이미 존재하고 있는 어떤 것을 습득하여 그 결과로 학습자가 소유하게 되는 것과 관련된다는 것을 가정하고 있다. 이것이 누가 무엇을 학습했다고 할 때 많은 사람들이 마음에 떠올리는 것이다.

그러나 우리는 이와는 다른 각도에서 학습을 바라볼 수 있는데, 그것을 **응답**이라고 부를 수도 있다. 무엇인가를 습득하고 숙련하고 내면화하는 것처럼 우리가 생각할 수 있는 무엇이든 소유의 메타포로 학습을 바라보는 대신에, 학습을 곤경에 대한 반응으로서, 혹은 해체의 결과로 재조직하고 재통합하는 시도로서 바라볼 수도 있는 것이다. 이 경우에 학습은 우리가 소유하기를 원하는 무엇인가의 획득이라기보다는 낯설고 다른 것, 우리에게 도전적이고 성가시고 곤란한 것에 대한 응답이라 할 수 있다. 획득으로서의 학습과 응답으로서의 학습, 학습에 관한 이 두 관점 모두 학습의 정의에 관한 질문을 제기하는 상황에 따라 동등하게 타당할 수 있다. 그러나 이후의 장에서 보다 상세하게 설명하겠지만, 만약 교육을 단지 지식이나 기술, 가치의 전달에 관한 것으로만 여기는 것이 아니라, 또한 학생의 개별성, 주체성, 인성에 관심을 가지고 그들을 고유하고 유일한 존재로서 "세계에 출현"하는 것과 관련된 것으로 여긴다면 학습의 두 번째 개념은 **교육적으로** 더욱 중요성을 지닌다.

획득으로서의 학습은 더 많이 얻는 것에 관련된 반면, 응답으로서의 학습은 너는 누구인가, 너는 어디에 서 있는가를 보여주는 것에 관련된다. 세계에 출현하는 것은 개인들이 자신의 힘으로 할 수 있는 것이 아니다. 왜냐하면 세계에 출현하기 위해서는 세계가 필요하고, 이 세계에는 우리와는 다른 타인들이 거주하기 때문이다. 또한 세계에 출현한다는 것은 사회화되기 이전의 개인의 행위나 결정으로 이해되어야만 하는 것도 아니다. 우리가 누구인가라는 주체성의 구조는 전적으로 사회적인 것이기 때문이다. '나'라는 간단한 단어를 내뱉을 때조차 근본적인 의미에서 그것은 우리 자신이 만든 것, 혹은 우리 자신의 소유물이 아닌 것이다(Derrida, 1998 참조). 그러나 또한 2, 3장에서 보다 상세히 다루겠지만, 우리를 너와 구별되는 나라는 고유하고 유일한 존재로 만들어주는 것은 정확하게는 우리가 타자, 타자의 질문, 질문으로서의 타자에 응답하는 방식에서 발견된다(Levinas, 1989; 1998; Biesta, 2003a 참조).

교육을 이와 같은 관점에서 본다면 핵심적인 교육적 책임 한 가지는 개인들이 세계에 출현할 수 있는 기회를 제공하는 것이라는 사실이 명백해진다. 그와 같은 기회를 준다는 것은 무엇을 의미하는가? 이것은 무엇보다도 학습자들이 응답할 수 있고, 응답이 허용되는 상황을 창조하는 것을 요청한다. 이것은 단지 응답할 대상이 있어야 한다는 의미가 아니다. 교육과정을 예로 들면, 그것은 습득할 필요가 있는 내용이 아니라 개별적인 응답을 허용하는 교육 실천으로 이해되어야 한다(Biesta, 2005 참조). 이는 또한 교육자와 교육기관이 학생들의 생각과 감정에 관심을 보이고, 그들이 자신만의 고유한 방식으로 응답할 수 있도록 허용할 것을 요청한다. 이것은 분명히 교수법과 학습의 사회적 구성에 많은 시사점을 준다. 그러나 그것은 어떠한 응답이든 충분하고 또 수용되어야 한다는 것을 의미하지는 않는다. 세계에 출현하는 것은 명백히 자기표현에 관한 것이 **아니다**. 그것은 사회의 그물망에 들어서는 것에 관한 것이며, 전적으로 관계적인 것이다(Sidorkin & Bingham, 2004 참조). 따라서 그것은 응답에 관한 것이고, 또한 타인과 타자성에 대한 책임에 관한 것으로서, 이 주제는 2장과 3장에서 보다 상세하게 다룰 것이다. 따라서 응답하는 것은 경청, 기다림, 주의 깊음, 공간의 창조와 같은 수동성에 관한 만큼이나, 말과 행위와 같은 활동성에 관한 것이기도 하다(Biesta, 2001).

교사와 교육자들은 학생들이 실제로 응답할 수 있는 기회와 분위기를 창출해야 할 중요한 과업을 맡는다. 뿐만 아니라, 그들은 학생들에게 "너는 어떻게 생각하니?", "너는 어디에 서 있니?", "너는 어떻게 응답하겠니?"와 같은 근본적인 질문을 제기함으로써 타자란 무엇이고 누구인가에 응답하도록 도전하는 과업을 맡는다(Rancière, 1991: 36; Masschelein, 1998; Biesta, 1998a 참조). 이 질문들이 매우 **어려운** 것이라는 데는 의심의 여지가 없다. 나는 4장에서 교육이란 실제로 얼마나 어려워야 하는지의 질문으로 돌아갈 것이다. 그러나 이 질문들은 매우 근본적인 의미에서 **교육적** 질문들이기도 하다. 왜냐하면 이 질문들은 학생들로 하여금 그들이 누구인지, 그들이 어디에 서 있는지를 드러내도록 도전하기 때문이다. 그렇게 함으로써 이 질문들은 학생들이 세계 속에 고유하고 개별적인 존재들로 출현하는 것을 가능하게 한다.

만약 그와 같은 어려운 질문을 묻는 것이 교육적 관계의 중심적이고 필요한 측면이라면, 그와 같은 관계는 반드시 쉽고 즐거운 것만은 아니라는 것을 인정하는 것이 중요하겠다. 학생들이 세계 속에 출현하도록 하는 어려운 질문들을 던짐으로써 우리는 그들이 누구인지 또 어디에 있는지에 대해 도전적으로 묻고 그리하여 도전하고 아마도 그들을 곤란하게 할 수도 있다. 이것이 의미하는 바는 교육이 학생의 주권(sovereignty)을 **침해**하는 것을 수반한다는 것이다. 데리다는 이 침해를 "초월적 폭력(transcendental violence)"이라고 부른다(Derrida, 1978 참조). 교육은 어려운 질문을 던지고 어려운 마주침을 창출함으로써 주체의 주권을 방해한다는 점에서 일종의 폭력의 형식을 취한다. 그러나 유일하고 독특한 존재의 세계 출현을 가능하게 하는 것은 바로 이와 같은 폭력이다. 이것이 데리다가 **초월적** 폭력이라고 언급한 이유로서, 여기서 '초월'이라는 용어는 무엇인가가 가능하기 위해 발생할 필요가 있는 지점을 가리킨다. 교육이 학생의 주권에 대한 폭력을 수반한다는 것을 강조하는 것은, 물론 교육이 폭력적이어야 한다고 제안하는 것은 아니다. 단지 이것이 의미하는 바는 교육자로서 우리는 항상 학생의 삶에 개입하고 있다는 것, 그리고 이 개입은 깊은 변화, 심지어 학생들을 곤란하게 하는 영향을 끼칠 수 있다는 것을 상기시킨다. 물론 이것은 학습이 어떠한 위험도 없는 즐겁고 쉬운 것으로 묘사되는 런디렉트의 세계와는 매우 먼 외침이다.

(지식 없는) 책임

만약 이것이 교육적 관계를 구성하고 교육을 가능하도록 만든다면, 교육자들이 막중한 책임을 수행한다는 것은 즉각적으로 자명해진다. 이 책임은 교수의 "질"이나, 학습자의 필요나 기관의 목표를 성공적으로 충족시켜야 할 책임 그 이상을 의미한다. 만약 교육이 학생들로 하여금 세계 속에 출현할 수 있도록 기회를 창출하는 것에 관한 것이라면, 그리고 이것을 가능하게 만드는 어려운 질문들을 던지는 것에 관한 것이라면, 교육자의 첫 번째 책임은 학생들이 고유하고 유일한 존재가 될 수 있도록 하는 학생의 **주체성**(subjectivity)에 관한 책임이다. 학생의 유일성에 대한 책임, 개별 학생들의 고유함에 대한 책임을 진다는 것은 계산으로 되는 것이 아니다. 우리가 학생들을 책임질 수 있기 전에 학생들에 관해 모든 것을 먼저 알아야만 한다는 것도 아니다. 또한 이 책임에 실지로 수반되는 것을 안다면, 즉 우리의 교육적 노력과 개입의 결과로 미래에 실제로 발생할 것을 안다면 그 경우에만 책임을 질 수 있다는 의미도 아니다. 만약 (책임을) 진다는 용어가 적절하다면, 그것은 우리가 무엇을 책임질지 모르는 책임의 구조 그 자체에 귀속된다. 이러한 의미에서 책임은 **한계가 없다**. 왜냐하면 데리다도 언급했듯이, 제한적 책임은 자신을 선한 양심으로 공을 돌리는 변명일 뿐이기 때문이다. 데리다는 다음과 같이 말한다.

> 경로가 분명하게 주어졌을 때, 특정 지식이 미리 길을 보여주고 결정이 이미 내려져 있을 때 할 수 있는 것은 아무것도 없다고 말

> 하는 것이 낫다. 사람들은 무책임하고 선량하게, 단지 프로그램을 적용하거나 실행한다 … 그것은 행위를 응용된 결과, 단지 지식이나 노하우의 적용으로 만든다. 그것은 윤리와 정치를 기술로 만든다. 더 이상 실천적 이성이나 실천적 결정의 명령 없이, 무책임해지기 시작한다(Derrida, 1992: 41, 45).

따라서 **교육적** 관계에 참여한다는 것, 교사나 교육자가 **된다**는 것은 우리가 알지 못하고 알 수 없는 무엇 혹은 누구에 대한 책임을 포함한다. 이것이 지식 없는 책임이 교육적 관계를 구성하는 세 번째 차원으로 오는 이유이며, 5장에서 이 책임에 무엇이 수반되는지를 보다 상세하게 논의하겠다.

교육을 위하여

이 장에서 나는 학습의 새 언어를 고찰하였다. 나는 학습의 새 언어가 등장한 것은 상이한 발달들의 의도치 않은 결과로 이해되어야 한다고 주장하였다. 이 발달은 그 자체로는 나쁜 것이 아니다. 학습의 새 이론들은 분명히 교육 실천에 긍정적인 영향을 끼친 측면이 있다. 즉, 근대 교육에 대한 포스트모더니즘의 비판은 권위주의적 구조와 실천을 효과적으로 폭로하였다. 또한 '조용한 폭발'로 불리는 학습의 실질적 증가는 정말로 많은 학습의 새로운 기회의 문을 열었다. 나는 신자유주의의 부상에 관해서는 덜 낙관적인데(Biesta, 2004a 참조), 학습의 새 언어는 신자유주의의 틀에 보다 부합하는 측면이 있다. 교육을 경제적 거래로 보는 것은 교육적 관계에서 학습자와 교육자의 역할을 그릇되게 설정할 뿐만 아니라, 교육의 목적과 내용에 관한 질문을 전문적 판단과 민주적 숙고에 대한 관심보다는 시장의 힘에 종속시키는 상황을 초래하게 된다.

학습의 새 언어는 몇 가지 면에서 이점도 있었지만, 교육에 관하여 **교육적** 질문을 제기하는 것을 훨씬 더 어렵게 만들었는데, 이것이 교육에서 언어가 정말로 중요한 이유를 보여준다. 이 장의 후반부에서 나는 그러한 질문을 묻는 것이 무엇을 의미하는지를 명료화하고자 했다. 이를 위하여 나는 교육적 관계의 구성요소를 탐색하는 작업을 수행하였는데, 특히 그 관계 속에서 고유하고 유일한 존재로서 개인들이 이 세계 속에 출현할 수 있도록 해주는 방식에 초점을 두었다. 교육적 관계가 기반 없는 신뢰, 초월적 폭력, 그리고 지식 없는 책임에 의해 구성되는 방식을 강조함으로써 나는 교육을 이해하는 다른 방식을 개관하였다. 이때의 교육은 인간 주체에 관한 특정 진리에 기반하지 않고, 특정한 종류의 주체 생산, 특히 근대 교육의 합리적 자율성의 주체를 "생산"하는 과정으로서 간주되지 않는다. 이어지는 다음의 다섯 장에 걸쳐 이 접근을 소개하고 보다 상세하게 논의하고자 한다. 2장에서 인간 주체는 무엇인가라는 질문으로부터 인간 주체는 어디에서 출현하는가라는 질문으로 이동함으로써 교육의 휴머니즘을 극복할 수 있는 방식을 제안한다. 우리는 우리와 같지 않은 다른 인간 존재들과 함께 있는 세계에서만 출현할 수 있다. 3장에서는 교육, 공동체 그리고 책임의 관계를 검토함으로써 이 아이디어를 보다 상세하게 탐색한다. 4장에서는 교육의 과정과 관계의 어려운 본질을 다루고, 5장에서는 교육자의 책임이라는 문제로 되돌아온다. 6장에서는 이와 같은 접근과 이해 방식이 민주 교육의 이론과 실천에서 어떠한 차이점을 낳는지를 보일 것이다.

• 2장 •

출현하기: 주체의 죽음 이후의 교육

오래전, 근대 시기에 한 주체(a subject)가 살았다. 이 주체는 진리와 합리성, 그리고 자신의 정체성에 대해 자율적이고, 전(前)사회적이며, 초역사적인 원천으로 간주되었다. 바야흐로 이 주체는 우주가 돌아가는 중심이었다고 할 수 있다. 더 이상 그 주체는 우리 옆에 없다고 말해진다. 그 주체는 탈중심화되었고, 종착지에 도달했고, 죽어버렸다. 그러나 "얼마 전까지도 모두에게 자랑스럽게 선포되었던"(Laclau, 1995: 93) 그 주체의 죽음은 새롭고 광범위한 관심 속에 주체성(subjectivity)과 정체성(identity)에 관한 질문으로 계승되었다. 라클라우(Ernesto Laclau)가 제기한 바와 같이, 대문자 S로 시작하는 주체(Subject)의 죽음이 이 새로운 관심의 전제 조건이었을 것이다. 아마도 그가 쓴 바와 같이, "다면적 주체성에 관한 구체적 · 제한적 표현을, 다양성 자체에 주목하도록 만드는 초월적 중심으로 언급하는 것은 더 이상 가능하지 않다"는 것이다(Laclau, 1995: 93). 따라서 우주의 중심으로부터 실제적이고 정치적인 관심사에 대한 현시대의 논의의 중심으로 주체가 이동한 것으로 보인다. 그러므로 오늘날 우리가 목격하고 있는 것은 라클라우가 언급하였듯이 "주체의 죽음의 죽음", "그 죽음의 결과로서 다시 등장하기 시작한 주체의 재출현"인 것이다(Laclau, 1995: 94).

이 장에서는 이른바 주체의 죽음이 교육에 주는 함의를 고찰하고자 한다. 1절에서는 이 논의에서 실제로 문제가 되는 것이 무엇인지를 다룰 것이다. 푸코의 독해를 통해 주체의 죽음에 관한 논의, 혹은 푸코의 표현으로 인간의 종말에 관한 논의는, 인간이 된다는 것이 무엇인지 그 본질을 정의하는 것이 가능하다는 휴머니즘에 대한 비판으로 이해되어야 할 것이다. 휴머니즘 전략의 주된 문제점 중의 하나는 인간 존재를 "무엇", "~인 것"으로만 이해하지, 결코 "누구"로 이해하지 않는다는 것이다. 휴머니즘은 개별적인 인간 존재를 보다 일반적인 본질의 예시로만 볼 뿐, 결코 고유함과 유일성의 존재로 보지 않는다. 2절에서는 유일한 개인으로서의 인간 존재가 어디에서 어떻게 출현하는지에 초점을 두고 인간 주체성의 질문에 접근할 것을 제안한다. 나는 우리가 출현하게 되는 것은 우리와 다른 타자들과의 관계 속에서라고 주장하려 한다. 또한 그와 같은 관계 속에서 우리를 고유하게 만들어주는 것, 또 우리를 고유하고 유일한 존재로 구성해 주는 것은 그 관계의 윤리적 차원에서 발견된다고 주장하고자 한다.

교육의 주체

포스트모더니즘과 교육에 관한 논의의 결과로 점차 분명하게 된 한 가지는 계몽, 근대성, 교육적 "기획"이 상호 맺고 있는 긴밀한 관계이다. 어셔(Robin Usher)와 에드워즈(Richard Edwards)는 근대 교육이 계몽의 "충실한 산물"이라고 주장해 왔다. 근대 교육은 "비판적 이성, 인본주의적 개인의 자유, 선한 진보라는 계몽적 이상이 실체화되고 실현될 수 있도록 해준 도구였다"고 할 수 있다(Usher & Edwards, 1994: 24). 어셔와 에드워즈에 의하면, 교육의 과정에서 핵심 원리는 일종의 휴머니즘적 이상에 기초해 있는데, 여기서 설정하는 주체는 자기동기화 할 수 있고, 자기주도적이며, 개별적 행위자성을 행사할 수 있는 합리적 주체가 될 잠재성을 내재하고 있다(Usher & Edwards, 1994: 24). 이 과정에서 전형적인 근대의 특징으로는, 교육의 과업은 주체들이 완전히 자율적으로 되어 개별적, 의도적 행위자성을 행사할 수 있도록 그들의 잠재력을 "(밖으로) 이끌어 내는 것" 혹은 "그것을 깨닫게 도와주는 것"으로 이해된다는 것이다. 이것은 칸트가 계몽을 "자신의 이성을 사용하여 자기 스스로의 미성숙에서 해방됨"으로 정의하였을 때 정확히 염두에 둔 것이다(Kant, 1992: 90).

오늘날까지 교육 실천에 영향을 미친 것은, 교육의 이론과 실천에 관한 발달심리학의 영향이 아니라, 교육은 개인의 합리적 자율성을 길러주어야 한다는 이 계몽의 아이디어이다. 합리적 자율성은 피아제 이론에서는 인지 발달의 최고 단계로서 가장 바람직한 결과물로 특징 지어지고, 콜버그의 이론에서는 도덕 발달의 최고 단계를 차지한다. 이러한 방식으로 인간이 된다는 것의 근대적 개념은 정상적인 인간 발달 개념의 한 부분을 차지하게 되었다. 그 다음 단계로 이것은 인지적 · 도덕적 발달 지체, 학습 장애, 특수 교육 등의 예에서 보듯이, 정상으로부터의 이탈을 규정하는 근거가 되었으며, 제도 교육의 큰 그림에 광범위한 영향을 미쳤다. 또한 합리적 자율성이라는 개념은 특히 해방을 위한 동력이라는 아이디어를 통해 교육에 관한 비판적 접근의 중심 역할을 하였다(Mollenhauer, 1964; McLaren, 1997).

정치적으로는, 교육의 근대적 기획의 등장은 시민 사회의 탄생과 겹친다(Bauman, 1992: 3). 신, 교회, 왕에 의한 타율적 결정으로부터 자율성과 자기 지배로 전환되면서 교육은 역사적 역할을 감당하였는데, 이는 “교육을 통한 계몽”이 **가능**하다는 제안 때문만은 아니다. 자율성과 자기 지배의 상태에 도달하기 위해 교육은 **필연적**이라는 주장 때문에 더욱 그러했다. “교육론”에서 칸트는, 인간 존재는 교육을 통해서만 자율적 존재로서의 인간이 될 수 있다고 주장하였다(Kant, 1982: 697-699).

철학적으로는, “근대성을 향한 문지방”을 넘는 것(Foucault, 1973: 319)은 인식하는 의식으로서의 코기토 자아, 즉 인식 주체를 출발점이자 정초로 놓는 전통에 의해 지지되었다. “의식 철학"의 전통은 칸트의 선험 철학에서 절정에 이르는데, 여기에서 "**나는 생각한다**"(I think/ Ich denke)라는 인식하는 의식은, 모든 오성의 사용이나 논리의 전체가 그로부터 비롯될 뿐만 아니라 심지어 선험 철학과 동등한 것으로 간주되는 정점이라 할 수 있다 (Kant, 1929, B134).

비록 의식 철학의 전통이 여전히 근대 철학의 중심 위치를 차지하고 있지만, 그것의 출발점이자 정초로서 **생각하는 나**라는 아이디어는 포스트모던 사상이 등장하기 오래 전부터 도전을 받아 왔다. 헤겔은 진작에 의식 철학의 체계에 의문을 제기하였는데, 그의 주장에 따르면 공동체는 고립되어 있는 개인들을 바깥에서 강제하는 외적인 힘이 아니며, 개인들은 어떤 면에서 공동체에 의해 구성된다고 할 수 있다. 이와 같은 헤겔의 통찰은 20세기 들어 듀이, 미드, 비트겐슈타인, 하버마스와 같은 사상가들에게 전수되었는데, 이들은 생각하는 자아를 출발점이자 정초로 두는 아이디어에 반대하고, 그 대신 상호주체적 사회 실천의 우선성을 주장하였다(예를 들어 듀이는 의사소통을, 미드는 상징적 상호작용을, 비트겐슈타인은 삶의 형식을, 하버마스는 의사소통적 행위를 주장하였다).

의식으로부터 상호주체성으로의 전환은 서구 철학에 중요한 영향을 미쳤는데, 보다 상세하게 말하면, 주체성을 주체와 다른 주체들 간의 관계성으로 이해하는 보다 새롭고 다양한 방식을 열었다. 의식 철학의 전통에서 나의 생각은 세계와의 마주침에 선행하는 것으로 가정된다. 보다 상세하게 말하자면 나의 생각은 세계, 즉 다른 주체들을 포함하는 세계와의 마주침보다 인식론적으로 우위에 있는 것으로 가정된다. 이와 같은 구도에서 타자는 무엇보다 나의 의식의 대상이자 나의 경험과 지식의 대상으로 나타난다. 20세기 철학에서 상호주체적 "전환"은 **생각하는 자아**(ego cogito)의 자명성에 의문을 제기하였으며, 인간 주체성을 이해하는 새로운 지평을 열었다. 그러나 의식에서 상호주체성으로의 전환은 의식 철학 전통에 내재되어 있던 타자와의 관계에서 비롯되는 문제점을 원칙상으로 극복할 수 있는 틀을 제공했지만(Wimmer, 1988 참조), 이 전환은 여전히 그것이 극복하고자 하는 전통에 묶여 있다는 인상을 준다. 문제는 이것이다. 관계적 존재로서의 인간, 역사적 · 사회적으로 맥락화된 존재로서의 인간, 혹은 사회적으로 구성된 존재로서의 인간이라는 인기 있는 개념에 함의되어 있듯이 상호주체성에 대한 사고를 인간 주체에 관한 새로운 이론이나 새로운 진리로 생각하는 한, 주체가 출현하는 공간을 볼 수 있고 또 알 수 있다고 주장하는 의식의 총체적 작용을 이론화하는 수준에 계속해서 머무를 수밖에 없다.

"인간"의 종말

바로 이 지점에서, "인간의 종말"과 "주체의 죽음"에 관한 최근 논의는 의식 철학의 전통에 대하여 이전과는 다른 개입을 보여준다. 푸코는 이 문제를 언급한 유일한 "포스트모던" 철학자는 아니지만, 그의 작업은 주체의 해체 논의에서 핵심 역할을 하였다. 『사물의 질서: 인간 과학의 고고학(*The Order of Things: An Archaeology of the Human Sciences*)』에서 푸코(1973)는 오늘날 우리가 아는 "인식의 대상이자 인식의 주체"(Foucault, 1973: 312)로서의 인간이 "근대 이후의 발명품"(Foucault, 1973: 386)이라는 주장을 전면에 내세운다. 그는 19세기 초반 고전 시대에서 근대로의 인식론적 전환 속에서 "인간(Man)"이 출현했다고 본다. 푸코의 주장에 따르면, 고전 시대에 인간은 다른 존재들 중의 하나로서 사물들의 신성한 질서 속에 위치하였다. 이 신성한 질서와 그 속에 위치 지어진 인간의 지위에 대한 믿음이 붕괴되기 시작하면서, 인간의 유한성에 관한 인식이 출현하였다. 푸코의 주장에 의하면, 이 인식에서 놀라운 사실은 칸트의 철학에서 가장 명시적으로 드러났듯이, 이 유한성이 하나의 한계로서 비관에 그친 것이 아니라, 모든 지식의 가능성을 위한 조건 자체를 만들어 내었다는 점이다. 푸코는 이 전략을 **유한성의 분석**(the analytic of finitude)이라 명명하고, 이것이 근대라는 시대를 결정짓는 특징이라고 본다. 이 유한성의 분석은 칸트의 "경험-선험의 이중성(empirico-transcendental doublet)"에서 인간학적 정식을 완성하는데(Foucault, 1973: 319), 인간은 다름 아닌 "다른 존재자들 사이에 있는 경험적 존재이자 모든 경험적 지식의 선험적 조건"이라는 것이다. 이 이중적 성격의 인간은 근대성으로 넘어오는 문턱의 표식이 되었다.

푸코에 따르면, 인간에 관한 근대적 개념은 그 내재적 모순으로 인해 바로 출발점에서부터 파멸할 수밖에 없는 운명이었다. 푸코는 근대철학이 유한한 존재로서 인간 주체라는 "실증적 규정(the positive)"과 모든 지식의 가능 조건으로서 인간 주체라는 "원칙적 토대(the fundamental)"사이에서 동일성과 차이를 동시에 주장해야 하는 과업, 즉 불가능까지는 아니더라도 너무나 어려운 과업에 어떻게 집착했는지를 설명한다(Foucault, 1973: 319). 근대적 에피스테메하에서 인간은 다음과 같이 등장한다. 1) 경험적으로 연구되어야 하는 여러 사실들 중 하나이지만, 모든 지식이 가능하기 위한 선험적 조건(칸트 철학의 예시), 2) 명확하게 알 수 없는 것에 둘러싸였지만, 모든 이해 가능성의 원천인 잠재적으로 명료한 코기토(후설과 프로이트의 작업의 예), 3) 시작을 결코 알 수 없는 오랜 역사의 산물이지만, 역설적으로 바로 그 역사 자체의 원천(하이데거의 예)(Dreyfus and Rabomiw, 1983: 31 참조). 푸코가 "인간"이라는 것은 최근의 발명품이라고 주장했을 때, 이 주장보다 더 중요하고도 논쟁적인 것은 그 탐색으로부터 이끌어낸 다음의 결론이다. 푸코의 결론에 따르면, 인간의 출현이 근대적 **에피스테메**에 묶여있기 때문에 "바닷가의 모래에 그려진 얼굴처럼" 인간의 종국적 소멸을 기대하는 것은 당연하다(Foucault, 1973: 387).

푸코의 이 특정 구절 덕분에, 그의 작업은 인간 주체성의 전복 시도 자체로 치부되었다. 그러나 언뜻 보기에도 푸코가 인간의 종말이라는 아이디어에서 문제 삼고 있는 것은 인간 “그 자체”의 궁극적 제거가 아니라, 인간 주체성에 대한 특정한 **근대적** 진술의 종말일 뿐이다. 인간의 종말에 관한 푸코의 주장에서 그가 관심을 두는 것은 특정 시대, 특정 상황에서, 특정 목적을 위해 개발되었던 특정 주체와 특정 종류의 주체성일 뿐이다. 이것은 푸코의 비판이 단지 특정 주체성 이론만 겨냥하고 있고, 우리가 새로운 이론을 만들어내기만 하면 모든 문제가 해결될 것이라고 말하는 것이 아니다. 푸코가 비판의 표적으로 삼는 것은 다음과 같은 보다 일반적인 전략이다. “먼저 주체에 관한 이론을 세운다. 그 다음에 그 이론으로부터 시작해서 어떻게 그러한 지식이 가능한가와 같은 질문을 제기한다”(Foucault, 1991: 10). 다시 말하면, 푸코가 반대하는 것은 주체에 관한 일체의 선험적 이론이다. 이것이 비판의 대상이 되는 이유는 주체에 대한 이론에 그 주체 자체의 이론화 활동이 (의식적으로) 고려되지 않는다는 데에 있다. 그러한 이론은 선험적인 객관화를 이미 가정하고 있기 때문에 분석 작업의 기초로 주장될 수가 없다. 이것은 분석 작업이라는 것이 항상 개념화 없이 진행되어야 한다는 것을 함의하지는 않는다. 그러나 푸코가 우리에게 경고하는 바는 “개념화된 대상은 좋은 개념화의 유일한 준거가 아니”라는 것이다(Focault, 1983: 209).

따라서 푸코의 인간의 종말에 관한 주장은 단지 근대 철학의 자기 현존적 **코기토 자아**에 대한 비판만이 아니다. 그것은 "인간이란 무엇인가"와 같은 **인간학적** 질문을 철학의 근본 질문으로 삼는 근대 철학의 보다 일반적인 전략에 관한 것이다(Foucault, 1973: 340-341). 푸코는 인간이 무엇인지는 그의 본질에 있다는 전-비판적(pre-critical) 분석을 인간이 경험하는 모든 것에 관한 분석으로 일반화하는 근대 철학의 인간학적 둔갑을 비판하고 있는 것이다(Foucault, 1973: 341). 푸코의 주장은 칸트가 근대 철학에 끌어들였던 "인간학적 수면상태(anthropological sleep)"를 겨냥하고 있다. 요컨대, 근대성의 휴머니즘적 토대를 겨냥하고 있는 것이다(Simons, 1995: 42-50 참조).

정확히 이 지점에서 푸코의 휴머니즘 비판은 하이데거와 레비나스의 작업과 만난다. 이 책 서문에서 밝힌 바와 같이, 하이데거의 휴머니즘 비판은 휴머니즘이 **형이상학적**이라는 사실에 있다. 즉, "휴머니즘은 형이상학에 기초해 있거나 그 자체로 형이상학의 기초를 만들거나 둘 중 하나"라는 것이다(Heidegger, 1993[1947]: 225). 이것은 인간 존재의 인간성에 관한 질문을 적합한 방식으로 제기하는 것을 불가능하게 만든다. 왜냐하면 "인간의 본질에 관한 모든 규정은 존재의 진리에 관한 물음 없이 존재자들에 대한 해석을 이미 전제하고" 있기 때문이다(Heidegger 1993[1947]: 225-226). 따라서 휴머니즘의 문제는 하이데거의 용어로, "인간의 **인간다움**(humanitas)을 충분히 높이 설정하지 않는다"는 것이다(Heidegger, 1993[1947]: 233-234). 레비나스는 이를, 휴머니즘의 문제는 **충분히** 인간적이지 않다는 것으로 설명하였다. 레비나스가 보기에 이 모든 것은 휴머니즘이 개별 주체를 인간 본질의 보다 일반화된 사례로 보는 것에 연유한다. 휴머니즘은 인간이 속한 종, 즉 인간종이라는 귀속된 틀 안에서만 인간 존재를 이해한다(Levinas, 1998b: 189). 결과적으로 주체는 결코 '눈앞에 있는 **이** 개별적 인간'으로서의 "고유함"(Levinas, 1998b: 189)과 "유일성"(Levinas, 1998a: 26)으로 출현할 수 없다. 푸코는 이 곤경에서 빠져나가는 길이 주체에 관한 새로운 **이론**에 있지 않다는 것을 보여준다. 새로운 이론보다 더 요구되는 것은 인간 주체성의 질문을 대하는 새로운 **접근**이라는 것이다.

푸코의 저작에서 **접근**이라는 용어는 상당히 문자적인 의미로 사용된다. 푸코는 휴머니즘을 극복하기 위해 필요한 것은 새로운 독트린이나 새로운 이론이 아니라, 다른 태도, 혹은 다른 철학적 **에토스**(ethos)라고 주장한다(Foucault, 1984: 42). 푸코는 이 에토스를 "우리 자신에 대한" 비판적 · 역사적 존재론으로 언급하고, 이를 가능한 하나의 **위반**(transgression)의 형식을 취하는 철저하게 실천적인 비판의 양식으로 본다(Foucault, 1984: 105 참조). 푸코는 위반을 다음과 같이 정의한다. 위반은 "행하고, 생각하고, 말하는 것의 주체로 우리 자신을 구성하고 인식하도록 이끌었던 사건들에 관한 역사적 탐구로서, 이는 지금의 우리를 만들었던 우연성으로부터 더 이상 존재하지도 행하지도 생각하지도 못할 우리 존재, 행위, 사유 방식의 가능성을 분리시키기 위함”(Foucault, 1984: 105)이다. 이것은 위반이 전적으로 실험적이라는 것을 함의한다. “우리 자신의 한계선상에서 이루어진 작업”은 역사적 탐구의 장을 열어야 할 뿐만 아니라, 그것을 시험대에 놓아야만 한다(Foucault, 1984: 105). 그것은 우리 자신에게 부과되었던 한계들에 대한 역사적 · 실천적 · 비보편적 시도이자, “한계를 넘는 가능성에 대한 실험”으로 생각되어야 한다(Foucault, 1984: 108). 여기서 한계를 넘는다는 것은 무한의 영역으로 이동하는 것이 아니라는 사실을 명심해야 하겠지만 말이다. 중요한 것은 “우리 자신이 존재하고, 행하고, 생각하는” 다양한 방식들을 발달시키는 것이다.

이것은 비록 휴머니즘을 극복하기 위한 방안이 인간 주체성에 관한 새로운 이론이나 진리에서 발견되지 않더라도, 결코 사유하는 것을 멈추어서는 안 된다는 것을 보여준다. 우리에게 필요한 것은 인간 주체가 무엇인가라는 질문에 대한 새로운 답이라기보다는, 이 질문을 새롭게 제기하는 방식일지도 모른다. 나는 이에 대한 한 가지 방안으로, 주체란 **무엇인가**라는 질문으로부터 고유하고 유일한 존재로서 그 주체가 어디에서 **출현하는가**라는 질문으로의 전환을 제안하고자 한다.

주체 이후에는 누가 오는가?

그라넬(Gérard Granel)은 저서 『주체 이후에는 누가 오는가?(*Who Comes after the Subject?*)』에서, 근대 철학의 주체는 "선험적 **주체성**"의 형태로든 혹은 "역사적 **주체**"의 형태로든 항상 "무엇"이라는 사물의 형태로 접근되었을 뿐, 결코 "누구"로 생각된 적은 없었다고 주장한다(Granel, 1991: 148). 주체란 **무엇**인가라는 질문은 주체에 대한 일반적인 정의를 묻지만, 주체가 **누구**인가라는 질문은 한 고유한 개인으로서 주체의 존재라 부를 수 있는 것을 확인하는 질문이다. 낭시(Jean-Luc Nancy)가 저서에서 밝힌 대로, 주체의 "누구"라는 질문은 이 "누구"의 "무엇"이라는 질문으로 대체되어 왔다(Nancy, 1991: 7). 그동안의 접근방식은 "누구" 이면에 전제되어 있고, 이 "누구"를 무엇으로 되게 하는 원인으로서 주체의 실체나 실체로서의 주체라는 "무엇"을 밝히는 것이 중요한 과업이었다. 낭시는 "누구라는 질문"을 심각하게 고려한다면, 이를 "누구"의 "누구"라는 질문으로 다른 접근을 취할 필요가 있다고 제안한다(Nancy, 1991: 7). 낭시의 설명에 따르면, "**누구는 누구인가**" 이 또한 질문이다. 그것은 "누구는 무엇인가"가 아니다. 마치 단체 사진 앞에서 당신이 이름만 알고 얼굴은 모를 때 "이 사람이 칸트냐, 저 사람은 하이데거냐, 그 옆에 있는 이는 다른 사람이냐?"라고 묻듯이, "누가 누구냐?"라는 질문은 본질에 관한 질문이 아니라 정체성에 관한 질문이다(Nancy, 1991: 7).

낭시의 주장에 따르면, "**거기** 누가 있어요? 거기에 있는 사람은 누구예요?"라는 질문은 **현존**의 질문이다. 그러나 이것은 "존재자의 현존이지 본질이 아니다." 이 때문에 낭시는 우리가 주체의 **현존** 그 자체보다, 주체의 **출현**에 초점을 맞추어야 한다고 주장한다. 결국 현존은 **일어나는 것**, 즉 **출현하게 되는 것**(Nancy, 1991: 7)이다. 낭시는, "아무것도 없는 곳에(심지어 '거기'도 없다)", "무엇인가, 어떤 이가 온다"라고 쓰고 있다. 실체적 통일성 때문이 아니라 '오는' 것이기 때문에, 오는 그, 그녀, 혹은 그것은 오는 방식이 고유하지만 그 자체로 다면적이고 반복적일 수도 있다(Nancy, 1991: 7). 이런 식으로 인간 주체성에 관한 질문을 유일하고 독특한 주체가 어디에서 출현하는가에 관한 질문으로 묻는 것은, 인간 주체를 실체나 본질로 규정하는 것에서 벗어나게 해준다. 이는 "그것이" 출현하기 전에 "무엇이" 있었는지 설명할 필요 없이, **출현하는** 사건 자체의 유일함과 독특함에 초점을 맞추도록 해준다. 그렇다면 주체는 어디에서 출현하는가? 그리고 어떻게 유일하고 독특한 존재로 출현하게 되는가? 이 질문에 대한 답을 탐색하기 위해 서로 다른 네 가지 공간 개념을 논의하고자 한다.

객관적 공간으로서 가상적 실재

"주체는 어디에 있는가?" 이는 간단하지만 서구 사상에서 오랜 역사를 지닌 질문이다. 하나님이 인간(아담)에게 처음으로 물으신 질문이 정확히 "너는 어디에 있느냐"(창세기 3: 9)라는 위치에 관한 질문이었다. 이 점에서 이 질문은 결코 중요성이 적지 않다. "당신은 여기, 표류하는 정보 속에 있다(You Are Here: Information Drift)"라는 에세이에서 커건(Laura Kurgan)은 "우리의 기원에 관해 우리를 괴롭혀 온 주장과 관련된", "나는 어디에 있는가?"라는 질문의 결정적인 답을 마침내 찾았다고 말한다(Kurgan, 1994: 17). 그 해답은 바로 위성항법장치(Global Positioning System; GPS)이다. GPS는 24개의 위성과 5개 기지국의 연결망으로서, 이동용 수신기를 가진 사람에게 언제 어디서나 어떤 날씨에도 자신의 위치를 정확하게 알려준다. GPS는 사람들과 자동차에게 결코 길을 잃지 않을 것이고, 전신주에서 습지와 개인 가정까지 위성으로 연결된 세계는 영원히 고정될 것이며, 미사일과 폭탄은 정확히 목표 지점까지 안착할 것이라고 약속한다(Kurgan, 1994: 18). 비릴리오(Paul Virilio)가 분명히 했듯이, GPS는 엄밀하게 작동하도록 조정해줄 뿐만 아니라, 무엇보다도 완벽하고 자동적인 적정화를 가능하게 해준다. 예를 들어 전 세계적 규모의 분쟁에 관여하는 무기와 군수품들에 대한 안내와 오류 없는 관성항법을 필요로 할 때 현지화와 위치지정 사이에서의 적정화가 그것인데, 이 경우 자칫하면 연속된 재난을 자극함으로써 여론에 영향을 미쳐서 정치적으로 지원할 수 없는 상황을 피할 수 있게 해준다(Virilio, L'écran désert[Desert Screen], Kurgan, 1994: 23 재인용).

GPS가 가져다준 공간의 객관화는, 주체는 어디에 있는가라는 주체의 위치에 관한 질문에 대한 결정적 답이 될 수 없다. GPS의 한 가지 문제는 누군가가 어디에 있는가를 위성들과 기지국의 시스템과 관련해서만 확인해 준다는 점이다. 이것이 의미하는 바는 GPS가 효과적인 위치를 제공할 수 있기 위해서는 그 자신의 조정에 의해 '진짜' 세계를 다시 확인할 필요가 있다는 것이다. 만약 이것이 사실이라면, 그리고 커건이 설득력 있게 주장하듯이 GPS가 "나는 어디에 있는가"라는 질문을 "나는 어느 픽셀에 서 있는가"라는 질문으로 대체한다면, 사실상 GPS는 **지구상에서** "나는 어디에 있는가"라는 질문에 답을 주기보다는, **지도상에서** "나는 어디에 있는가"라는 질문에 대한 답을 준다. 위치의 질문에 대한 GPS의 해결책은 시스템 내에서의 개인의 위치일 뿐이다. 이를 위해 진짜 세계를 GPS상의 세계로 번역해야 하고, 진짜 세계를 가상의 실재로 만들 필요가 있다. 따라서 GPS는 객관적이거나 절대적 공간이라는 아이디어에 담긴 문제점이 무엇인지를 보여준다. 또한 그것은 "나는 어디에 있는가"라는 질문에 대한 궁극의 대답을 주겠다는 약속을 이행할 수 없다는 것을 보여준다.

건축의 공간: 이접의 공간

종종 건축은 공간의 아이디어에 패러다임적 사례를 제공해준다. 전통적인 건축 개념에서 공간은 **기능적** 공간으로서 가장 기본적인 기능은 안식처를 제공하는 것이었다. 아이젠먼(Peter Eisenman)에 따르면, 르네상스부터 20세기까지 건축의 결정적 특징은 기능과 형식의 관계였다. 산업화의 결과로 기능은 형식보다 점점 더 중요해졌고, 그 결과 20세기에는 "기능 공식을 따르는 과도하게 단순화된 형식"이 되었다(Eisenman, 1976). 아이젠먼에 따르면, 건축은 결코 기능주의자의 경로를 이탈한 적이 없다. "세계의 중심으로부터 인간의 이탈"이라는 아이젠먼의 근대에 관한 정의에서 볼 때, 건축은 결코 "근대"였던 적이 없다(Eisenman, 1976 참조). 만약 건축이 결코 근대였던 적이 없다면, 아이젠먼이 주장하는 대로 포스트모던도 될 수 없다. 그러나 **포스트기능적**일 수는 있다.

그와 같은 포스트기능적 건축 개념의 사례는 건축이론가 베르나르 추미(Bernard Tschumi)의 작업에서 찾아볼 수 있다. 추미는 건축을 "사물을 붙들어 매는 것", "사물을 고정하는 것"에 관한 예술로 보는 전통적 관념에 도전한다(Tschumi, 1994a: 10). 그는 "특정 프로그램을 통해 번갈아가며 봉사받을 수도 있고 봉사할 수도 있는 주어진 사물"로서의 전통적 건축 공간 개념에 도전한다. 요컨대, 그는 "우리의 오래된 기계인 건물이 미리 의도된 사용에 응해서 '작동'해야만 하는 장소"로서, "공간과 사용 간의 이음새 없는 일치"를 지향하는 효율성 모델에 기반한 건축의 기능주의 개념에 도전한다(Tschumi, 1994a: 12).

건축의 개념을 기능적 공간으로 공식화하면 건축 공간의 조직은 공간 사용을 처방하는 것으로 생각된다. 이 처방과 어긋난 어떤 조치도 잘못된 사용이나 방해로 간주된다. 이에 반하여, 추미가 옹호하는 건축의 정의는 "공간과 활동의 유쾌하고 때로는 격렬한 마주침"이다(Tschumi, 1994b: 4). 그는 건축을 "공간인 동시에 사건"(Tschumi, 1994b: 22)으로 정의하는 것을 옹호한다. 공간과 사용 간의 불일치를 실패로 이해하는 대신에, 추미는 건축의 힘이 정확하게는 "사용과 공간 … 예견된 원인과 결과 간의 불일치, 이접, 실패의 지점"에 놓여 있다고 주장한다(Tschumi, 1994a: 11). 건축과 사건이 "항시적으로 서로의 규율을 위반하고", 이 상호 위반/이접이 건축 이해의 초점이 되어야 한다는 것이다. 추미는 "건축 이론은 그것이 허용하는 바로 그 사용 때문에 위협받는 질서에 대한 이론이며, 그 역 또한 마찬가지이다"라고 결론 내리고 있다(Tschumi, 1994b: 132).

따라서 추미는 건축을 오직 기능적 공간의 형성으로만 보는 것은 절반의 이야기밖에 말할 수 없다고 주장한다. 대신에 그가 제안하는 바는, 건축을 공간과 사건의 동시성으로 이해해야 한다는 것이다. 이것이 의미하는 바는 원인과 결과의 불일치라는 기능적 공간의 이접은 건축의 구성적 요소이며, 이것이야말로 건축을 실제로 가능하게 만들어 준다는 것이다. 여기서 한 걸음 더 나아가 그는 "사건이 없는 공간은 없다"고 주장한다(Tschumi, 1994b: 139; Tschumi, 1981 참조). 공간은 아마도 **사건의 발생이라는 은총에 의해서만** 존재할 수 있다고 말할 수 있을지 모른다. 그리고 사건은 정의상 건축 프로그램으로 예견할 수도 통제할 수도 없고, 오직 프로그램들을 "가로지르지만" 또한 그것에 의해서만 이루어질 수 있는 우연한 발생들이다.

추미의 공간 개념은 **이접의 공간**이라 명명될 수 있으며 이는 객관주의적 공간도 현상학적 공간도 아닌, 새로운 공간 이해 방식을 제안한다. 추미의 공간이 현상학적 공간이 아니라는 점은 그것이 객관적 공간이 아니라는 것만큼이나 중요하다. 왜냐하면 추미의 건축 공간에 대한 이해에서 주체의 능동적 공헌이 핵심적 역할을 하지만, 이때 건축 공간 개념을 주체의 개별적이고 현상학적인 공간 **경험**으로 환원시키지는 않기 때문이다. 건축 공간은 공간과 사건의 이접 속에서 발견되는 것이며, 이에 대해 우리는 오직 그 속에서 존재하고 현상하는 것이라고 말할 수 있다. 그러므로 추미는 주체의 등장 이전에 존재하는 순수 공간을 가정하지도 않으며, 공간의 등장 이전에 존재하는 순수 주체를 가정하지도 않는다. 이접 공간은 건축이 허용하는 바로 그 사용에 의해 끊임없이 필연적으로 위협받는 질서의 항시적 상호 위반의 공간이다. 따라서 공간의 사용자**이자** 남용자로서의 주체가 출현하는 것은 바로 이접의 그 **순간**인 것이다.

이접 공간으로서의 건축 공간에 대한 추미의 설명은 독특한 존재로서의 주체가 어떻게 출현하게 되는가라는 질문의 해답을 탐색하는 데 유익한 첫걸음이 된다. 추미는 주체가 출현하게 되는 위치나 공간은 단지 주체의 "바깥에" 있는 환경이나 맥락이 아니라, 그 공간 자체가 복잡하고 이접적인 방식으로 주체의 출현과 얽혀 있다는 점을 보이고 있다. 마치 주체 자체가 공간이 출현하는 방식과 복잡하게 얽혀 있는 것과 마찬가지로 말이다. 이에 대해서는 4장에서 보다 상세하게 다룰 것이다. 그러나 추미의 설명에는 주체가 출현하는 공간의 사회적 차원에 대한 인식이 부족하다. 이를 위해 상호주체적 공간이라는 아이디어를 탐색함으로써 이 논의에 다른 층위를 더할 필요가 있다.

타자의 공간: 상호주체적 공간

상호주체적 공간이라는 개념을 통해 내가 말하고자 하는 바는 애당초 극복하고자 했던 휴머니즘 관점의 상호주체성으로 회귀하고자 하는 것이 아니다. 그보다 이 개념이 부각하는 것은, 유일한 존재, 즉 그 누구로서 주체의 출현은 우리가 대략 사회적 상황이라고 부르는 것에서 발생한다는 것이다. 이 절에서 내가 강조하고 싶은 핵심은 어떤 존재가 **누구**인가라는 질문은 조사한다고 해결될 수 있는 것이 아니라 타인과의 마주침을 필요로 한다는 사실이다. 이것의 함의를 이해하기 위한 한 가지 방식이 한나 아렌트(Hannah Arendt)의 행위 개념인데, 이 개념에 관해서는 이후의 장에서 다시 상세히 설명할 것이다.

아렌트는『인간의 조건(*The Human Condition*)』(Arendt, 1977b)에서 인간의 근본적인 세 가지 활동을 노동, 작업, 행위로 구분한다. **노동**(Labor)은 "인간 신체의 생물학적 과정에 상응"하는 활동이고, **작업**(work)은 "모든 자연적 환경과 구분되는 인공 사물의 세계"를 제공한다는 점에서 "인간 존재의 비자연성"에 상응하는 활동인 반면, **행위**(action)는 "사물이나 물질의 매개 없이 인간들 간에 직접적으로 이루어지는 유일한 활동"이다(Arendt, 1997b: 7).

가장 일반적 의미에서 행위한다는 것은 무엇보다도 주도권을 쥐는 것, 즉 시작하는 것이다. 따라서 행위는 **탄생성**(natality)이라는 인간 조건과 밀접하게 연관되어 있다. "출생에 내재한 새로운 시작은 새로 오는 자가 새로운 어떤 것을 시작할 수 있는 힘, 즉 행위할 수 있는 능력을 소유하고 있기 때문에 세계에 그 모습을 드러낼 수 있다"(1997b, 9). 아렌트는 인간 존재가 "똑같은 모델을 끝없이 반복해서 재생산해낼 수 있고, 그 사람의 본성이나 본질이 다른 사물의 본성이나 본질처럼 모두에게 똑같이 예측 가능한 것으로 된다면", 행위는 "불필요한 사치품"이 될 것이며 일반적인 행동 법칙에 변덕스러운 개입이 될 뿐이라고 주장한다(Arendt, 1977b: 7). 하지만 인간 존재는 "같은 모델의 반복적 재생산"이 아니다. 아렌트가 지적한 대로, "우리, 즉 인간은 지금까지 살았고, 살고 있고, 혹은 살게 될 그 누구와도 같지 않은 방식으로만 동일하다"(Arendt, 1977b: 8). 그리하여 타인과 구별되는 유일성을 드러내는 것, 우리의 유일한 개인적 정체성을 능동적으로 드러내는 것은 오직 행위를 통해서이다(Arendt, 1977b: 179).

이 드러냄에 있어 핵심은 이미 존재하고 있는 정체성을 나타내는 것이 **아니다**. 아렌트도 강조하고 있듯이, 말과 행위를 통해 자신을 드러낼 때 그가 나타내는 것은 아무도 알 수 없다. 이것은 자신이나 타인 모두에게 오직 행위를 통해서만 분명해진다(Arendt, 1977b: 180). 그러나 행위에 있어 중요한 사실은, 우리의 행위는 "자신만의 행위를 할 수 있는" 다른 존재들에게 작용한다는 것이다(Arendt, 1977b: 190). 우리가 세계 속에서 우리 자신의 시작을 하기 위해 노력하듯이, 타인들도 세계 속에서 그들의 시작을 하기 위해 노력한다. 우리가 우리 자신의 시작을 할 수 있는 것은 오직 자신만의 행위를 할 수 있는 타인들을 대상으로 할 때이며, 이때에만 우리는 세계 속에 출현하게 된다. 행위 속에서 드러나는 행위자는 "저자"나 "생산자"가 아니라 세계에 대해 이중적 의미에서의 **주체**, 즉 행위할 수 있고 그 결과로 인해 고통받는 자로서의 **주체**이다(Arendt, 1977b: 184). 그러나 이 "고통"은 우리가 세계 속에서 우리가 시작할 수 있는 조건이기 때문에 필연적인 고통이다. 인간 존재가 행위 속에서 자신을 드러내고, 행위는 자신만의 행위할 수 있는 존재들을 대상으로만 이루어지기 때문에, 행위의 영역은 "무제한적"이고 "본질상 예측 불가능"하다(Arendt, 1977b: 190-191). 이것이 행위자의 드러냄이 인간 존재들 사이에 존재하는 공간에서만 이루어지고, 항상 위험이 수반될 수밖에 없는 이유이다.

아렌트의 행위에 대한 아이디어가 분명히 보여주는 것은 다음과 같은 것이다. 주체는 누구인가라는 질문은 개인들이 세계 속에 그들 자신의 시작할 수 있는 방식, 즉 개인들이 출현하는 방식에 초점을 맞출 때에만 대답될 수 있는 질문이라는 것이다. 덧붙여, 아렌트는 우리가 자신만의 행위할 수 있는 존재들과 함께 행위하는 상황에서만 출현할 수 있다고 말한다. 출현한다는 것, 이것은 나의 논의에서 매우 중요한 단계로서, 다른 시작하는 자들에 의해 창출된 세계인 복수성과 차이의 세계에 출현하는 것을 함의한다. 따라서 행위한다는 것은, 자신을 단지 세계 속에 개입시키는 것 그 이상, 그리고 타인들에 대하여 자신의 시작을 강제로 만들어내는 것(이것은 아렌트의 용어로 행위가 아닌 작업이다) 그 이상의 의미를 가진다. 행위에 담긴 아렌트의 요지는 타인들이 행위할 수 있다면, 다시 말하여 타인들이 세계 속에 자신의 시작을 가져올 수 있다면, **바로 그 순간에만** 우리도 행위할 수 있다는 것이다. 이것이 아렌트가 "복수성은 인간 행위의 조건"(Arendt, 1977b: 8)이라고 강조한 이유이다. 따라서 아렌트의 행위 개념은 마치 추미가 건축 공간을 이접 공간으로 이해할 때처럼 주체가 출현한다는 것의 복잡함을 인식한다는 것을 드러내준다. 출현하는 것은 단지 자신을 세계에 나타내는 과정이 아니다. 그것은 타인들이 시작할 수 있는 기회가 인위적으로 만들어지지 않는 방식으로, 시작하는 타인들로 가득한 세계 속에서 시작하는 것에 관한 것이다. 그러므로 출현한다는 것은 우리와 같지 않은 타인들에게 나타나는 것이다. 이는 낭시가 지적한 바와 같이, 공동체의 본질이 없는 공동체의 나타남이다(Nancy, 1991: 8). 이 공동체는 전혀 공통성이 없는 사람들의 공동체로서, 다음 장에서 보다 상세히 다룰 것이다. 그러나 보다 상세하게 질문한다면, 우리가 출현할 때 우리를 고유하게 만들어 주는 것은 무엇인가? 우리는 어떻게 세계 속에 고유하고 유일한 존재로 출현하는가? 이 질문에 대한 답을 찾기 위해 이제 레비나스의 작업으로 돌아가겠다.

책임의 공간: 윤리적 공간

레비나스는 근원적인 '세계-내-존재(being-in-the-world)'는 '세계 내 타자들과 함께 있는 존재(being-in-the-world-with-others)'라는 상호주체적 공간 개념의 핵심적 아이디어에 매우 근접한 통찰을 보이고 있다. 레비나스는 서양 철학의 공통된 가정에 대한 비판을 출발점으로 삼는다. 서양 철학에서는 의식이라는 생각하는 자아가 먼저 있는 것으로 간주하고, 이 자아가 세계, 혹은 다른 존재들과 맺는 근본적인 관계는 지식의 관계라고 가정한다. 그러나 레비나스는 "개별적 인간은 의식을 통한 인간"이라고 가정하는 "서구 전통의 지혜"에 도전한다(Levinas, 1998b: 190). 그는 "주체와 의식은 동일한 개념"이라는 아이디어에 도전하며(Levinas, 1989a: 92), 주체는 "자아보다 더 오래되고 원리들보다 선행하는" 관계에 참여하고 있다고 반박한다(Levinas, 1989a: 107). 이 관계는 아직 그것을 알 수 있는 자아도 의식도 없으므로 지식 관계도 아니고, 그렇다고 행위도 아니다. 레비나스는 이를 타자를 위한 무한 책임의 관계로서 **윤리적** 관계로 특징짓는다(Levinas, 1989b 참조).

레비나스에 의하면, 타자에 대한 이 책임은 우리가 선택하거나 외면할 수 있는 것이 아닌데, 왜냐하면 선택이나 외면의 책임은 이 관계 속에 새겨지기 **이전에** 우리가 에고나 의식으로 존재했을 때만 가능한 것이기 때문이다. 이러한 의미에서 그 책임은 "**어떠한 선행된 헌신에 의해서도 정당화되지 않는 책임**"이다(Levinas, 1998a: 92, 강조는 원문의 것). 레비나스는 이 책임을 "시대를 불문하고 어떤 헌신보다 선행하는 의무", "선험(a priori)보다 오래된" 의미에서, "선재(anteriority)"로 기술한다(Levinas, 1989a: 96). 그는 또한 이 책임의 관계를 "무-정부적(an-archical)"이라고 부르는데(Levinas, 1989a: 92), 이를 통해 그는 "어떤 원리의 매개"(Levinas, 1989a: 92)가 **없는** 유일한 타자와의 관계를 강조하고자 한다. 이를 레비나스는 “열정”이라 부르고, 이 열정은 어떠한 아프리오리 없이 붙들어야 할 절대라고 주장한다(Levinas, 1989a: 92). 레비나스의 설명에 따르면, “의식은 그것에 다가오는 이미지를 형성하기도 전에 이미 영향을 받고, 자기도 모르게 영향을 받는다”(Levinas, 1989a: 92). 레비나스는 이 관계를 **집착**이라 부르고, 이러한 그의 관점을 “주체는 인질”이라는, 간결하지만 곤혹스러운 문구로 요약한다. 그 책임은 주체의 결정에 좌우되지 않기 때문이다.

이 점에서 레비나스는 아렌트가 우리의 근원적 존재는 타자와 함께 있는 존재(being-with-others)로서, 우리 자신과 함께하기 이전에 타자들과 함께하며, 우리는 자기 자신이기 이전에 타자를 위한 존재라고 주장하였던 것과 맥을 같이한다. 그러나 레비나스는 타자와 함께하는 존재는 윤리적 존재로서 근원적인 책임에 의해 규정된다는 것을 강조하며, 이 점에서 더 세밀하고 급진적인 설명을 제시하고 있다. 이 때문에 우리는 주체(the subject)가 출현하는 공간을 윤리적 공간이라고 부를 수 있을 것이다. 그러나 레비나스가 전통적인 의미에서의 윤리학, 즉 자아(ego)의 결정에 근거하는 윤리적 행위를 말하고 있지 않다는 점은 아무리 강조해도 지나치지 않다. “자아(the ego)는 마치 실체가 속성을 가지듯이, 혹은 사건들이 쌓여서 과정이 되듯이, 그와 같은 방식으로 도덕이라 불리는 특정 자질을 가진 존재자일 뿐만 아니라 그것이 형성되는 과정에서 도덕을 우연적으로 취하게 되는 존재이다"(Levinas, 1989a: 106).

이를 두고 마치 우리가 타인에 대한 관심을 선택할 수 있다는 것처럼 생각해서는 안 된다. 왜냐하면 이것은 "자아는 오직 자신에게만 관심을 둔다는 것을 이미 전제하고 있을 때만 의미를 지니기 때문이다"(Levinas, 1989a: 107). 정확히 이 전제를 레비나스는 부정한다. 주체(the subject)는 자기 자신의 주도권으로부터 시작되는 어떤 것이 **아니다**(Levinas, 1989a: 95 참조). 그것은 "추상적 지점" 혹은 "회전의 중심축"이 아니며, 그보다는 "바깥으로부터 이미 확인된 지점"이다(Levinas, 1989a: 96). 그것은 자아가 자아되게 위임하는, 회피할 수 없는 응답의 위임이다(Levinas, 1989a: 96).

따라서 우리는 타인에 의하여 자기 자신(a self)이 되도록 부름 받았다고 말할 수 있을지도 모른다. 여기에서 우리를 고유하게 만드는 것은 그 부름이 일반적인 인간 존재로의 부름이 아니라는 점이다. 타인의 부름을 받는 것은 바로 **나인 것**이다. 레비나스가 설명하듯이, 자기 자신은 "위임에서 떨어져나갈 수 없다". 여기서 위임은 어떤 일반성을 지향하지 않는데, 왜냐하면 인질은 "나이자 다른 누구도 아니기" 때문이다(Levinas, 1989a: 116). 자아(ego)가 아닌 나(I)를 선택하는 것은 "특권이거나 정당화할 수 없는 선택"이다(Levinas, 1989a: 116). 따라서 자기 자신(oneself)은 "진리와 동일시하는 것과 일치하지 않고 의식, 담론, 의도성의 용어로 진술되지 않는다"(Levinas, 1989a: 96). 자기 자신은 "개별자와 보편자 간의 구별보다 선행하는" 유일성이며, 따라서 "말해질 수 없고 정당화될 수도 없다"(Levinas, 1989a: 97). 이 점에서 레비나스는 자기 자신은 존재자가 **아니다**라고 결론짓는다. 왜냐하면 존재자라면 그것은 여전히 사물일 것이기 때문이다(Levinas, 1989a: 117). 자기 자신은 "존재자의 정체성이 보존되는 곳이자 그 안에서만 존재할 수 있는 행위와 열정의 통상적인 작용을 넘어선다"(Levinas, 1989a: 104). 따라서 레비나스는 주체가 상호주체적 공간에 출현한다는 점에 동의하면서도, 여기에서 한 걸음 더 나아가 고유하고 유일한 "존재", "자기 자신"으로서의 주체는 다른 어느 누구로도 대체될 수 없는 상황에서 자신을 발견하기 때문에 출현하는 것이라고 주장한다. 페퍼자크(Adrian Peperzak)가 설명하듯이, "나는 타인의 인질이며, 아무도 이 봉사에서 나를 대신할 수 없다". 그리고 "나를 이렇게 유별한 개인으로 구성해주는 것은 바로 이 상황이다"(Peperzak, 1991: 62). 나의 주체성은 타인에게 종속되어 있으며, 이것의 의미를 가장 단순하게 말하자면, 레비나스에게 "주체는 종속이다"(Critchley, 1999: 63).

결론

이 장에서 나는 소위 주체의 죽음 이후에 주체의 물음에 어떻게 접근할 수 있는지를 탐색하였다. 나는 주체의 죽음과 인간의 종말에 관한 주장에서 문제 삼고 있는 것은 인간 주체의 소멸 그 자체가 **아니라는 것**을 설명하였다. 여기서 진짜 문제가 되는 것은 휴머니즘에 대한 비판으로서, 인간이 된다는 것의 본질을 규정하는 것이 가능하다는 아이디어인 것이다. 푸코를 통하여 나는 휴머니즘을 극복하기 위해서 우리가 할 일은 인간 주체에 관한 또 다른 새 진리를 찾는 것이 아니라, 주체성의 질문에 대한 새로운 접근이라고 제안하였다. 나의 제안은 인간 존재의 실체나 본질을 찾는 것보다는, 유별한 개인으로서의 인간 존재가 **어디에서 출현하는지**를 질문해야 한다는 것이었다. 나는 객관적 공간에 대한 논의를 통하여, 출현의 공간이 주체를 특정하게 고정된 위치나 지도상의 지점으로만 할당하게 되면 아무도, 즉 **한** 사람도 출현할 수 없다는 것을 설명하였다. 이접 공간의 아이디어에서 제안한 대로, 고유하고 유일한 존재의 출현은 공간에 의해 통제될 수 있는 어떤 것이 아니라 필연적으로 그 프로그램에 "개입하는" 어떤 것이다. 이 개입은 공간의 순수함을 위협하는 방해로보다는 어떤 출현의 징후로 여겨져야 한다. 상호주체적 공간에 관한 논의는 출현한다는 것이 누군가가 자기 혼자서 할 수 있는 어떤 것이 아니라는 것을 보여준다. 우리는 자신의 시작을 세계 속에 가지고 올 수 있지만, 이 세계 속에 출현하기 위해서는 다른 "시작하는 자들"로 구성된 세계를 필요로 한다. 우리가 세계에 오기 위해서는 새롭고 예측할 수 없는 방식으로 자신의 시작을 개시하는 타인들을 필요로 한다. 이것이 의미하는 바는 상호주체적 공간으로서 사회적 공간은 궁극적으로 우리의 진정한 자아를 보고 발견할 수 있는 거울이 아니라는 것이다. 상호주체성의 공간은 어쩌면 곤혹스러운 공간이라 말할 수 있을 텐데, 이때의 곤혹은 필연적인 곤혹으로서 우리가 세계 속에 출현하도록 해주는 곤혹이라 할 수 있다. 윤리적 공간의 논의는 우리가 책임을 **짊어질 수 있는** 행위자, 인식자, 자아(the ego)이기 이전에, 이미 이 자아보다 더 오래된 책임에 의해 바깥으로부터 위치 지어졌고 확인되었다는 것을 보여준다. 이 위임에서 나를 유별하게 만드는 것, 나를 유일하게 구별 짓는 것, 나를 고유하고 유일하게 "만드는 것"은 나의 정체성이나 나에게 속한 속성들이 아니라, 내가 책임 지워져 있으며 이 위임으로부터 벗어날 수 없다는 사실이다. 윤리적 공간의 논의에서 매우 흥미로운 사실은, 주체에 관한 첫 번째 질문이 "나는 어디에 있는가?"가 아니라 "너는 어디에 있는가?"라는 것이다. 이 후자의 질문은 우리를 구별 지어주며, 아주 근본적인 의미에서 교육적 질문으로 이해될 수 있다. 이것은 우리를 출현하도록 부르는 질문이다. 보다 정확하게는 **나를** 유일한 존재로서, **누군가로서** 세계 속으로 부르는 질문이다. 이 장에서 줄곧 강조했듯이, 이 세계는 필연적으로 복수성과 차이의 세계이며 타자성의 세계이다. 이제 이 세계를 어떻게 이해할 수 있는가의 질문으로 돌아가겠다.

• 3장 •

공통성이 없는 사람들의 공동체: 교육과 책임의 언어

근대 사회: 근대적 공동체

포스트모던 이방인

공통성이 없는 사람들의 공동체

책임의 언어

합리적 공동체와 "타자" 공동체

교육 공동체

결론

공동체란 무엇이며, 무엇으로 구성되는가? 『공통성이 없는 사람들의 공동체(*The Community of Those Who Have Nothing in Common*)』에서 알폰소 링기스(Alphonso Lingis)가 관찰한 바에 따르면, 보통 공동체라고 하면 공통의 언어, 공통의 개념틀과 같은 공통점을 가진 개인들이 나라, 정치체, 제도 등의 공통된 무엇인가를 구축한 것으로 여겨진다(Lingis, 1994: ix). 여기에 해당하는 특별한 사례는 링기스가 **합리적 공동체**(rational community)라고 부르는 것에서 찾을 수 있다. 합리적 공동체는 단순히 공통의 준법과 행위 준칙, 공통의 신념만으로 구성되는 것은 아니며, 훨씬 더 강한 의미에서 공통의 담론을 만들고 그것에 의해 만들어진다(Lingis, 1994: 109). 합리적 공동체에서 "개인들의 통찰은 보편적 범주로 공식화되며, 그것을 처음 형성한 사람들의 지금-여기의 지표와는 분리된다 … 공통 담론은 … 이상적으로는, 말로 표현되는 모든 것들이 합리적 담론의 법칙과 이론들을 내포하는 합리적 시스템이다"(Lingis, 1994: 110).

합리적 공동체의 구성원은 "공통 담론의 대변인" 격인 "합리적 행위자"로서 말하게 된다(Lingis, 1994: 110). 합리적 공동체의 대변인으로서 말할 때, 우리는 링기스가 "진지한 발화"(Lingis, 1994: 112)로 불렀던 것에 참여하게 된다. "그것의 진지함은 무엇을 발언해야 할지를 결정짓는 합리적 강제성의 무게이다"(Lingis, 1994: 112). 따라서 진지한 발화에서 중요한 것은 발언되는 **내용**이다. 우리가 의사나 수의사 혹은 전기기술자들에게 기대하는 것은, 그들이 대표하는 공동체의 합리적 담론의 규칙과 원칙에 따라서 말해지는 내용인 것이다.

그러나 이것이 함의하는 바는 말하는 방식, 즉 말할 것을 특정 화자의 특정 목소리로 발화하는 방식이 **비본질적**이라는 것이다 (Lingis, 1994: 112). 지금 말하고 있다는 바로 그 사실은 비본질적인데, 왜냐하면 말할 내용은 도서관 문서들 속에 존재하거나, 그렇지 않다면 합리적 담론의 방법, 이론, 그것을 지배하는 범주들 속에 이미 암시되어 있기 때문이다(Lingis, 1994: 112). 따라서 합리적 공동체에서 우리는 **상호 교환**이 가능하다. 발언된 내용이 "이치에 맞기만 하면" 누가 그것을 말하는가는 중요하지 않다. 합리적 공동체는 개인들간의 의사소통을 매우 특별한 방식으로 허용한다. 그 방식이란 개인이 자신의 비전이나 통찰을 중립화하여 공통의 합리적 담론의 관점에서 구성하고, 타인들과 동등하고 교체 가능한 대변인으로서 말할 내용을 발언하는 것이다 (Lingis, 1994: 116).

합리적 공동체를 구성하고 재생산하는 일에서 학교나 다른 교육기관의 교육적 역할을 인식하는 것은 별로 어렵지 않을 것이다. 아마도 이것이 학교의 주된 과업이자 맨 처음 학교가 생기게 된 유일한 이유라고 주장하는 경향이 있다. 이와 같은 관점에서 교육을 보게 되면 학교는 학생들에게 단순히 그냥 목소리를 허락한다거나 말하는 것을 가르치는 일만 하는 것이 아니라고 생각하게 된다. 즉, 학교는 학생들에게 교육과정을 통해서 합리적 공동체가 대변하는 매우 특별한 목소리를 부여하는 것이다. 학생들에게 그와 같은 목소리를 줌으로써, 학교는 특별한 방식의 말하기를 합법화할 뿐만 아니라 그와 동시에 다른 방식의 말하기를 불법화한다. (이것은 교육사회학자들이 보여준 바와 같이, 교육 시스템에서 성공하기 위해 왜 어떤 학생들은 다른 학생들보다 더 많이 잊어버려야 하는지를 설명해준다.)

근대 사회: 근대적 공동체

링기스는 주로 인식론적 관점에서 합리적 공동체를 기술하고 있다. 링기스에게 있어 합리적 공동체는 주로 합리적 지식이 무엇인지, 어떤 집단이 합리적 지식을 보유하고 있는지의 연장선에 있다(예를 들어, Bloor, 1976; Barnes, 1977; Apple, 1979). 합리적 공동체라는 이념을 사회학적 관점에서 본다면, 이 공동체는 전부는 아니더라도 많은 부분에서 지그문트 바우만(Zygmunt Bauman)이 '근대 사회(modern society)'의 전형적인 특징이라고 불렀던 측면을 지닌다고 할 수 있다(근대 사회를 단수로 표현한 것은 오직 하나의 합리적 사회만이 존재할 수 있기 때문이다. 아래 참조).

바우만은 근대 사회를 **질서** 체제로 기술한다. 그의 주장에 따르면 근대적 "기획"은 개인들에게 절대적 시작의 혜택을 주기 위해 그들이 "물려받은 정체성"으로부터 자유롭게 해방시켜서, 자신이 살고 싶은 삶을 자유롭게 선택하고, 그것을 유일한 합법적 권력이 명시한 규율의 틀 안에서 감시하고 운영하는 것을 의미했다(Bauman, 1995: 203). 근대 국가는 개인들을 전근대적 상태에서 해방시켜주고 싶어 했다. 그 유일한 방법은 개인들을 **모든 전통 너머**에 있는 어떤 것으로 승격시키는 것이다. 이것은 단지 국가가 "공동체와 전통이라는 매개적 권력을 체계적으로 불신하고 부인하며 뿌리 뽑는 것"에 참여할 필요성만을 의미하는 것은 아니다. 국가는 탈전통의 질서를 구축하기 위해 단일한 하나의 탈전통적 비전에 의해 인도되어야 한다는 것 또한 의미하는 것이다.

다시 돌아와서, 이와 같은 노력에서 근대 교육의 역할을 인식하는 것은 그리 어렵지 않을 것이다. 왜냐하면 근대 교육은 정확히 아이들과 학생들을 그들이 "물려받은 현재의 개별적인 정체성을 벗어나"(Hailey, 1984) 근대 사회의 질서 있고 합리적인 영역으로 안내하려는 시도로 이해되었기 때문이다. 아닌 게 아니라,

내가 이전 장에서도 설명하였듯이 근대 교육의 이상은 아이들과 학생들을 그들이 속한 국지적, 역사적, 문화적 상황에서 해방시켜서 일반적이고 합리적인 관점을 접할 수 있도록 이끄는 데 있다(Biesta, 2002b 참조).

근대 사회에 대한 바우만의 설명이 중요한 이유는 합리적 공동체가 어떻게 보이는지에 대한 보다 경험적인 설명을 제공하고 있고, 근대 사회가 궁극적으로는 합리적 공동체로 이해될 수 있다는 것을 제시하기 때문만은 아니다. 그는 근대 사회의 합리적 공동체가 그것의 바깥에 있는 이방인을 대하는 매우 독특한 접근 방식을 보여주고 있다. 바우만에 의하면, 이방인은 "그 세계의 인지적, 도덕적, 미적 지도에 적합하지 않은 사람들"이다(Bauman, 1995: 200). 바우만은 모든 공동체가 자신만의 이방인을 생산하고 있다고 주장한다. 그러나 바우만은 근대 사회가 하나의 탈전통적 비전에 기초하고 있기 때문에 그 공동체의 이방인들에게 어떠한 기반도 줄 수 없었을 것이라고 역설한다(아마도 우리는 이를 현재 시제로 반복해서 말해야 할 것이다). 바우만은 이를 좀 더 일반화하여 "인간 조건의 점진적 보편화"(Bauman, 1995: 202)를 근대 사회와 근대성의 결정적 특징으로 간주하는데, 이것은 그 사회가 생산한 이방인들을 다루는 두 가지 상이하지만 연관된 방식으로 설명된다. 첫 번째 전략은 동화로서, 이것의 특징은 '**먹어치우는**(anthropophagic)' 것이다. 즉 "이방인들을 먹어치우고 소화시켜서 자신과 다른 것을 구분할 수 없는 조직으로 변형시킴으로써 이방인들을 전멸시키는 것"이다(Bauman, 1995: 201). 두 번째 전략은 '**쫓아내는**(anthropoemic)' 것이다. 즉 "이방인들을 토해내고, 질서 정연한 세계의 경계 바깥으로 추방하며, 공동체 내의 모든 소통에 접근을 금하는 것"(Bauman, 1995: 201)이다. 이 전략은 **배제**로서, 궁극적으로 이방인의 신체적 파괴로 귀결된다. 아마도 이 또한 현재 시제로 반복해서 말할 수 있을 것이다. 고려되지 않았던 유일한 선택지는 이방인과의 **영구적 공존**이라는 아이디어이다. 바우만은 "이방인과 함께 사는 것의 유용성에 대해서는 진지한 기획으로서 실제로 직접 대면할 필요가 없었던 것"이라고 결론짓고 있다(Bauman, 1995: 202).

강조하건대, 내가 지금까지 논의한 내용, 그리고 이어서 다룰 내용을 통해 말하고자 하는 바는 모든 타자성이나 이방인됨은 단지 다르고 낯선 것이 가치롭고 존중되어야 하기 때문에 좋다는 것이 아니다. 우리가 물어야 할 진짜로 중요하고 어려운 질문들 중에는, 예를 들어 누가 누구를 관용해야 하는가와 같은 관용의 한계에 대한 질문도 있다. 지금까지의 논의에서 배워야 할 가장 중요한 교훈은 바우만이 말했던 바, 그 집단 자체로 적합하고 익숙하며 합리적인 것이 무엇인지를 구체적으로 구축한 결과로 어떻게 이방인이 만들어지는지, 그 방식에 대한 관심이다. 이것은 모든 타자성이 범주적으로 선하다는 것을 말하는 것이 아니다. 가장 먼저 보아야 할 것은, 무엇을 낯선 것으로 간주하느냐는 무엇을 익숙한 것으로 간주하느냐에 달려있다는 것이다. 다시 말하여, 이방인은 결코 자연적 범주가 아니다.

포스트모던 이방인

링기스의 합리적 공동체에 관한 설명과 바우만의 근대 사회에 관한 설명을 종합하면 이런 결론이 나온다. 이 공동체의 관점, 즉 공동체 **안에** 있는 사람들의 관점에서 볼 때, 우리와 전혀 공통점이 없는 이방인은 극복되어야 할 어떤 문제로 보이며, 따라서 그들을 우리와 비슷하게 만들든지, 아니면 그들의 이질성을 눈에 안 보이게 만들어야 한다는 것이다. 그러나 이방인이 문제라는 결론은 우리가 합리적 공동체만이 유일하게 실현 가능한 공동체이고, 보다 규범적 용어로는 그것만이 "모든 가능한 세계들 중에서는 최선"이라고 가정할 때에만 뒤따른다는 사실을 잊어서는 안 된다. 어떤 사람들은 이것이 사실이라고 주장할지 모른다. 그들이 교육적 이유를 들어 주장하는 것은, 자신의 목소리로 말할 수 있는 능력을 습득할 수 있는 유일한 방법은 오직 합리적 공동체의 구성원이 되는 것을 통해서이기 때문이라는 것이다. 합리적 공동체의 옹호자들은 합리적 공동체가 이방인을 파괴하고서만 지속될 수 있다는 생각은 싫어하지만, 반면에 동화의 강한 버전은 좋아할 수 있다. 아마도 그들은 이 또한 언제나 제거를 함의한다는 사실을 보지 못할 수도 있다. 아마도 그들은 이것이 인류와 인간 조건에 관한 "점진적 보편화"를 위해 치러야만 할 대가라고 주장하고 싶을 것이다.

위와 같은 생각에 대한 바우만의 대답은 부분적으로는 경험적이다. 그는 우리의 "포스트모던" 사회는 매우 급격하게 변화되었기 때문에 더 이상 이방인을 바깥으로 배제할 수 있다고 가정하는 것은 가능하지 않다고 한다. 그는 포스트모던 이방인을 "우리 삶의 일부"라고 쓰고 있다(Bauman, 1995: 213). 더 나아가 바우만은 다소 낙관적 어조로 포스트모던 사회는 이미 **이종적**으로 되었다고 주장한다(Bauman, 1995: 213). 왜냐하면 "포스트모던 시대에 차이는 단지 불가피한 것이 되었을 뿐만 아니라, 더 나아가 그것은 선하고 소중하며 보호하고 개발할 필요가 있다는 데에 거의 모두가 동의하기 때문이다"(Bauman, 1995: 214) 그러나 그는 얼른 덧붙이기를, 이것이 전근대 종족 다원주의의 복귀로 귀결되어서는 안 된다고 말한다. 왜냐하면 그 경우에 근대적 기획의 본질주의는, 즉 생각하고 행하는 것에 궁극적으로 오직 한 가지 옳은 길만 있다는 근대적 아이디어는 "권력 쟁취를 새로운 권력 박탈로, 해방을 새로운 억압으로" 바꾸는, 또 다른 형태의 본질주의로 대체될 뿐이기 때문이다(Bauman, 1995: 215).

바우만은 포스트모더니즘에서 "진정한 해방의 기회"는 "이방인을 쫓아내기 위한 국경 분쟁을 중단하고 무기를 내려놓는 것, 그들을 멀리하고 분리하기 위해 매일 세워지는 작은 베를린 장벽들을 허무는 것"이라고 본다(Bauman, 1995: 216). 그러나 이 기회는 "중생한 민족주의의 자축 속에, 그리고 진짜든 만든 것이든 종족주의의 전통 속에 **있지 않다**"(Bauman, 1995: 216). 그것은 합리적 공동체와 같은 "강한 공동체"로의 회귀에 있다기보다, "주체의 자기형성의 복잡한 과정을 있는 그대로 드러냄으로써, 또 시민성의 핵심을 구성하는 개인적 자유의 조건을 드러냄으로써, 근대성의 '탈맥락화' 작업을 종결하는 것"에 있다(Bauman, 1995: 216).

바우만이 여기서 주장하는 바는 포스트모더니즘의 진정한 해방적 기회는 우리 자신의 민족 정체성을 확인하는 "새로운 종족주의"에서 발견되는 것이 아니라는 것이다. 그보다 우리는 이것을 바우만이 자유, 시민성과 관련지었던 주체(a subject)의 의미에 관한 질문으로 바꿀 필요가 있다. 바우만은 이를 『포스트모던 윤리학(*Postmodern Ethics*)』에서 보다 상세히 탐색하고 있다(Bauman, 1993; Biesta, 2004a 참조). 여기에서 주체성 혹은 주체가 된다는 것은 내가 속한 종족과 관련된 것이 아니며, 타인들 혹은 바우만의 용어로 **이방인**과 함께 있는 공적 공간에서 행위하는 것과 관련된다. 바우만은 다음과 같이 진술한다. "인간이 함께할 수 있는 기회는 이방인의 권리에 달려있지, 국가든 종족이든 누가 이방인인지를 결정할 권한을 가지는가의 질문에 답하는 것에 달려있지 않다"(Bauman, 1995: 216).

따라서 바우만이 보기에, 포스트모더니즘의 해방적 가능성은 어떤 의미에서는 우리 모두가 서로에게 이방인이 되는 상이한 공동체의 "구성원 자격"에서 발견된다. 링기스는 이와 같은 공동체를 공통성이 없는 사람들의 공동체로 언급한 바 있다.

공통성이 없는 사람들의 공동체

바우만식 접근은 여러 가지 질문을 제기한다. 일반적 수준에서 이와 같은 "공동체 없는 공동체"(Derrida, 1997)를 어떻게 이해할 것인가라는 질문이 있다. 더 세부적 수준에서 "합리적 공동체의 범위 바깥에서 어떤 종류의 목소리와 말, 그리고 발언이 가능할까"라는, 목소리에 관한 질문이 있을 수 있다. 또한 이러한 질문들과 관련해서 교육은 무엇을 할 수 있고, 또 해야만 하는가라는 질문이 있다. 첫 두 질문에 대한 답을 찾기 위해서는 링기스로 돌아갈 필요가 있다.

우리는 합리적 공동체가 공통의 언어와 공통의 논리로 구성된다는 것을 살펴보았다. 그 공동체는 우리에게 목소리를 주지만, 그것은 오직 대표적 목소리일 뿐이다. 합리적 공동체는 우리가 말할 수 있게 해주지만, 오직 공동체의 언어와 논리 안에서이다. 우리가 **무엇을** 말하는지가 중요하지, **누가** 말하고 있는지는 중요하지 않은데, 합리적 공동체에서 우리는 교환 가능하기 때문이다. 그렇다면 합리적 공동체 "바깥에서" 말한다는 것은 무엇을 의미하는가? 만약 공동의 언어를 공유하지 않는 사람, 즉 이방인과 말하고 싶다면 어떤 목소리를 사용할 수 있을까?

링기스는 이 질문에 대한 답을 찾기 위해 두 가지 의사소통의 한계 상황을 검토한다. 한 가지 사례는 우리가 죽어가는 누군가와 함께 있는 상황을 다룬다. 그와 같은 상황에서 우리는 무슨 말을 할 수 있겠는가? 무슨 말을 해도 그 말은 다소 공허하고 허황되게 들릴 것이다. 그러나 링기스의 주장에 따르면, 그러한 상황에서 말할 때 중요한 것은 말하는 **내용**이 아니다. 그것은 거의 중요하지 않다. 물론 우리는 잘못된 것을 말하고 싶어 하지 않는다는 사실을 너무나 잘 알고 있지만 말이다. 이때 가장 중요하고 유일하게 문제시되는 것은, 당신이 무엇인가를 말한다는 사실이다. 여기서 문제는 당신이 말하기 기술을 갖고 있지 않다든가, 혹은 당신이 이러한 상황을 겪어보지 않아서 뭐라고 말해야 할지 잘 모른다는 등의 문제가 아니다. 문제는 "언어 그 자체는 권력을 갖고 있지 않다는 사실"이다(Lingis, 1994: 108).

합리적 공동체가 우리에게 목소리를 주고 말할 수 있게 하는 방식과 위의 상황은 두 가지 차이점이 있다. 첫 번째 차이는 위 상황에서는 당신이 무엇을 말하는지가 거의 중요하지 않고, 당신이 무엇인가를 말한다는 사실 자체가 매우 중요하다는 것이다. 이것의 심층적인 함의는 당신과 전혀 공통점이 없는 누군가와 말하는 그 목소리는 빌려온 것이거나 대표적인 목소리가 아니라, 다른 누구도 아닌 당신 **자신의** 목소리여야만 한다는 것이다.

링기스가 논의하고 있는 또 다른 한계 상황은 언어의 종착점이 아닌 시작점과 관련된다. 부모와 아이들이 하는 최초의 의사소통은 합리적 공동체에 속하기 **이전**이기 때문에 합리적 공동체의 언어나 논리, 목소리에 의존하지 않고 의사소통이 이루어진다. 또한 이 상황에서 부모는 아이에게 합리적 공동체에서 빌려온 대표적 목소리로 말할 수 없다. 이 상황에서 요구되는 것은 부모가 아이를 위해 유일하고 전례 없고, 항상 새로운 방식으로 응답하고 책임을 지는 것이다. 링기스는 이 마주침을 다음과 같이 묘사한다.

> 가을의 마지막 따뜻한 날이다. 엄마는 아이와 공원에 가야 한다. 그녀는 이번 주말에 준비해야 하는 회의, 써야 될 모든 편지를 다 잊고, 친구들도 다 잊은 채, 완전히 지금의 일에 몰두해 있다. 그녀는 풀장에 앉아 있다. 늦가을 햇살이 비추자 물 위를 가로질러 무지개가 빛난다. 그녀는 풀장의 무지개를 가리킨다. 눈이 커지고 빛나며 입술의 가장자리가 환희로 떨린다. 아이의 눈으로 이것을 보게 해주어야 된다. 오늘 말이다. 아이는 아직 너무 어려서 눈으로 하늘의 무지개를 볼 수 없다. 내년이면 너무 늦을 것이다. 내년이면 유치원에 있을테고 텔레비전 화면에 비친 전자파 무지개에 시선이 고정될 텐데. 책에서 알파벳 철자들과 결합되어 있는 무지개 그림을 보겠지. 그녀는 아이의 눈을 고정시켜 무지개를 보도록 아이를 가르친다. 그녀는 무지개라는 단어를 가르쳐야 한다. 물가

> 의 저 무지개를, 아이는 그 단어와 경이로움을 배워야 한다. 그녀는 그 일의 긴박함과 어려움에 완전히 몰두해 있다. 그녀는 두려움과 흥분으로 지켜본다. 아이의 눈에 경이로움이 차오르고, 미소와 함께 눈가가 촉촉해지며, 그 눈에 무지개가 담길 때까지(Lingis, 1994: 116-117).

합리적 공동체의 대표적 목소리에 기댈 수 없는 이와 같은 한계 상황에서 말하고 있는 이는 과연 누구인가? 링기스는 "이러한 임종이나 시작의 상황에서 말하는 것은 무엇인가? 그것은 감각 인상들을 합리적으로 조직하는 선험적 형식과 선험적 범주를 지닌 보편적 이성의 대표자, 혹은 합리적 마음으로서의 자아(the ego)가 아니다. 말하는 것은 지구에 발 딛고 사는 물질성을 지닌 누군가이다"(Lingis, 1994: 117)라고 말한다.

이것이 함의하는 바는, 합리적 공동체의 목소리로 말할 때 말하는 것은 진짜 **나**가 아니라는 것이다. 내 목소리는 단지 합리적 공동체의 교환 가능한 목소리일 뿐이다. 그러나 이방인과 말할 때, 나 자신을 이방인에게 노출시킬 때, 나와 전혀 공통성이 없는 사람들의 공동체에서 말하고자 할 때, 그때 나는 나 자신의 목소리를 발견해야만 한다. 그때 말해야 하는 사람은 바로 **나**로서, 아무도 나를 대신할 수 없다. 다시 말하여, 나를 유일한 개별자로, 즉 다른 누군가가 아닌 **나**로 구성하는 것은 바로 이와 같은 말하기 방식인 것이다.

책임의 언어

이제 우리는 이방인과 마주칠 때 말해야 하는 이가 누구인지를 알 수 있게 되었지만, 이 마주침에서 사용할 수 있는 언어에 대하여 조금 더 말할 필요가 있다. 합리적 공동체의 테두리 바깥에서 우리 자신에 대해 말할 때 우리가 말할 수 있는 것은 무엇이며, 어떤 언어를 사용할 수 있는가? 나는 그와 같은 마주침에서 사용할 수 있는 언어를 일련의 단어 나열이나 발설의 의미로만 이해해서는 안 된다고 제안하고 싶다. 중요한 것은 우리가 말한 것의 내용이 아니라 **행한 것**이다. 행한 것, 행해질 필요가 있는 것, 행할 수 있는 유일한 것은 이방인에게 **응답**하는 것으로서, 이방인이 나에게 요청하는 것에 **응답적**으로 되는 것이고, **책임**을 지는 것이다. 다시 한번 링기스를 인용하면 다음과 같다.

> 다른 사람이 나를 향해 돌아서며 말한다. 그(녀)는 나에게 무언가를 요청한다. 그녀의 말은 정보와 지시를 요청하며, 나는 그것이 내 모국어이기 때문에 이해할 수 있다. 그들이 요청하는 응답은 책임지는 응답, 이유에 대한 이유를 주는 응답, 답변에 대한 답변에 헌신하는 응답이다. 그러나 무엇보다도, 그들은 응답에 대한 호소로 나를 맞이한다(Lingis, 1994: 130-131).

우리가 이방인과 말할 수 있는 "언어", 즉 우리에게 자신의 유일하고 고유한 목소리를 주는 "언어"는 다르게 말하면 응답과 책임의 언어이다. 우리가 어떤 단어들을 사용하는가는 중요하지 않다. 어떤 의미에서는 그러한 단어들은 없기 때문이다. 정말로 중요한 것은 우리가 응답하는 것, 책임지는 것, **우리에게 주어진** 책임을 지는 것이다.

그러나 이것이 의미하는 바는 아무런 공통성이 없는 사람들의 공동체, 이방인들의 공동체, 공동체 없는 공동체는 본질상 윤리적 문제라는 것이다. 공통성이 없는 공동체는 이방인에 대한 우리의 응답으로 구성된다. 그 이방인들은 **나**의 응답을 구하고 찾고(레비나스의 용어로는 요구하고), **나**의 유일한 목소리를 듣고자 하는 이들이다.

우리 자신만의 목소리로 말할 수 있는 유일한 방법은 우리 안의 다른 목소리를 사라지게 하는 것이다. 이것이 의미하는 바는 "타자공동체"란 "자신의 공동체적 정체성을 가지고 자신의 본질을 생산하는 구성원으로 하여금 아무런 공통점이 없는 이방인에게 자신을 노출시킬 것을 요구하는 공동체"라는 것이다(Lingis, 1994: 10). 링기스가 강조하는 바로는, 이방인에게 자신을 노출하고 "명령"(Lingis, 1994: 11)에 노출하는 것은 자신의 합리적 지성을 가지고 하는 것이 아니다. 다시 말하여 우리의 응답은 다른 사람에 대한 '지식'에 기초하고 있는 것이 아니다. 먼저 무엇을 책임져야 할지를 알아야, 그 다음에 이 책임을 지기로 결정할 수 있는 것이 아니다. 다시 말하여, 책임의 언어는 계산이 아니다. 그것은 매우 근본적인 의미에서 토대가 없으며, 동일하게 근본적인 의미에서 한계가 없다. 데리다는 이 통찰을 다음과 같이 설명한다.

> 길이 깨끗하게 주어져 있을 때, 어떤 지식이 미리 길을 열어 보일 때, 이미 결정이 이루어졌을 때는, 당연히 아무것도 만들 것이 없다고 말해진다. 무책임하게, 그리고 착한 양심을 따라, 사람들은 단지 프로그램만 적용하거나 작동시킬 뿐이다. 그것은 응용의 결과로, 그리고 지식이나 방법의 적용으로 행위를 만들 뿐이다. 그것은 윤리와 정치를 기술로 만들어버린다. 실천적 이성이나 결정을 따르지 않을 때, 그것은 무책임해지기 시작한다(Derrida, 1992: 45).

합리적 공동체와 "타자" 공동체

공동체의 이념에 대한 탐색에서 마지막 지점은 합리적 공동체와 "타자" 공동체를 두 개의 분리된 공동체로 이해해서는 안 된다는 것이며, 또한 우리가 선택할 수 있는 두 가지 선택지로 이해해서도 안 된다는 것이다. 합리적 공동체(들)의 중요성을 부정할 수 없는 이유는 그것이 특정한 방식의 말하기와 행위를 가능하게 해주기 때문이다. 물론 우리는 이 말하기가 대표하는 말이라는 것을 잊어서도 안 된다. 또한 합리적 공동체가 구성될 때마다 경계를 짓고, 그와 동시에 안과 밖을 만들어낸다는 것도 잊어서는 안 된다. 링기스는 다음과 같이 말한다. "공통된 것을 생산하는 공동체, 즉 진리를 세우고 이제 복제품으로 된 기술공학적 우주를 세우는 공동체는, 야만과 미신, 사이코들을 배제하고 그들의 말과 몸을 배제한다"(Lingis, 1994: 13).

따라서 링기스의 결론에 따르면, 타자공동체의 형식은 합리적 공동체의 작업과 사안에 **개입**하는 것으로 출현한다. 타자공동체는 "합리적 공동체의 다른 짝으로 혹은 그것의 그림자로 반복하고 … 괴롭힌다"(Lingis, 1994: 10). 그것은 끊임없는 가능성으로 합리적 공동체 "안에" 살면서 타자에게, 타자의 타자성에게, 합리적 공동체의 담론과 논리로 보면 낯선 것에 응답하는 순간 출현한다. 그것은 고유하고 유일하며 전례 없던 자신만의 목소리로 말할 때 존재하게 된다. 그 전에는 결코 들어본 적 없는 목소리로.

교육 공동체

이상에서 살펴본 공동체의 이념에 대한 탐색은 타인과 함께 사는 것의 의미를 이해하는 데 (적어도) 상이한 두 가지 방식이 있다는 것을 나타낸다. 두 공동체 모두 "의사소통에의 진입"을 제공하지만(Lingis, 1994: 116), 두 공동체가 우리에게 말하도록 하는 방식에는 중요한 차이점이 있다. 합리적 공동체에서는 **무엇을** 말하는지가 중요한 반면, 타자공동체에서는 **누가** 말하는지가 중요하다. 또한 합리적 공동체에서 우리 목소리는 **대표 목소리**인 반면, **우리 자신만의** 유일하고 전례 없는 방식으로 말하는 것은 오직 타자공동체에서이다. 이것이 의미하는 것은, 우리가 이 세계에 인간의 일반적 "형식"의 사례로서가 아니라 유일하고 독특한 존재로 오는 것은 오직 타자공동체에의 참여 속에서 그리고 그것을 통해서만 가능하다는 것이다. 다시 말하여 우리가 낯설고 다른 것에 우리 자신을 노출시키는 방식 안에서 그리고 그것을 통해서만 가능하다는 것이다.

앞서 나는 합리적 공동체와 교육의 관련성에 대하여 이미 언급한 바 있다. 즉 학교의 가장 두드러진 기능은 아이들과 학생들을 합리적 공동체로 입문시키는 역할에 있다고 보는 것이다. 이 장에서 구분한 두 가지 공동체는 내가 1장에서 소개하였던 학습에 관한 두 가지 접근과도 관련된다. 1장에서 나는 아마도 가장 영향력 있고 흔한 학습 개념은 학습을 **획득**으로 보는 견해라고 주장하였다. 이때의 학습은 지식, 가치, 기술과 같이 외부에 있는 것, 학습의 행위 이전에 존재하고 있던 것들을 습득하는 것으로서, 학습의 결과로 학습자가 소유하게 되는 것이다. 이와 같은 종류의 학습 이론은 학습을 뇌의 변화로 보는 것에서부터 완전히 사회적 노력으로 설명하는 것까지 매우 다양하지만, 그 이론은 모두 학습을 획득으로 보는 아이디어에 기대고 있다. 획득으로서의 학습이라는 아이디어는 합리적 공동체에 매우 잘 부합한다. 진정으로, 개인들이 합리적 공동체의 구성원이 될 수 있는 유일한 방법은 합리적 공동체를 구성하는 지식의 형식, 논리, 가치 등을 획득함으로써 가능하다고 주장할 수도 있다. 더 나아가 많은 나라의 교육시스템은 정확히 이 아이디어에 기반하고 있다고 주장할 수도 있다.

그러나 학습을 이해하는 다른 방식도 있다. 이것은 학습을 이미 존재하는 어떤 것의 획득으로 보는 대신, "질문"에 대한 응답처럼 학습을 응답으로 보는 것이다. 만약 학습을 이와 같은 방식으로 본다면 누군가가 무엇을 배웠다는 것은 이미 존재하는 것을 복사하고 재생산할 수 있을 때가 **아니라**, 낯설고 다른 것, 도전적이고 성가시고 심지어 방해하는 것에 응답할 때라고 말할 수 있다. 여기에서 학습은 창조와 발명이자, 이 세계에 새로운 어떤 것을 가지고 오는 과정이 된다. 자기 자신의 유일한 응답으로서 말이다.

나는 후자의 학습이 교육적으로 가장 중요하고 의미 있는 형식이라고 믿는다. 왜냐하면 이것은 우리가 유일하고 고유한 존재들로 출현하는 방식과 관계되기 때문이다. 교육자로서 우리가 부정해서도 잊어서도 안 되는 것은, 우리는 합리적 공동체의 세계에 살고 있다는 것, 또 이 공동체는 특별한 목적을 위해 중요하다는 것, 적어도 역사적 관점에서 학교가 존재하는 주된 이유는 합리적 공동체의 세계를 재생산하기 위해서라는 것이다. 그러나 또한 우리가 잊지 말아야 할 것은, 그것만이 인생의 전부가 아니라는 것, 아마도 궁극적으로 중요한 것은 합리적 공동체의 재생산이 아니라 타자공동체가 존속할 수 있도록 해줄 가능성에 있을지도 모른다는 것이다. 만약 합리적 공동체 이외의 타자공동체가 더 이상 가능하지 않다면 세계는 끝났다고 말할 수 있다. 왜냐하면 이 세계에 합리적 공동체뿐이라면 누가 이 세계에 살고 누가 살지 않는지는 더 이상 중요하지 않게 되기 때문이다. 결국 우리는 대체 가능한 존재로 되고 말 것이다.

이것이 타자공동체, 즉 공통성이 없는 사람들의 공동체가 교육에 그토록 중요한 이유이다. 여기서 제기될 필요가 있는 질문 한 가지는 우리 학교에 얼마나 많은 타자공동체가 실지로 가능한가 하는 것이다. 그러나 타자공동체와 관련된 문제는 그것을 의도적, 기술적 방식으로는 존재하도록 할 수가 없다는 것이다. 타자공동체는 작업의 결과가 아니며, 기술이나 기법을 적용함으로써 존재하게 되는 것도 아니다. 이 점에서 타자공동체는 결코 새로운 교육적 방도나 새로운 교육 프로그램으로 성취될 수가 없다. 우리는 학생들에게 타자적인 것과 상이하고 낯선 것에 자신을 노출하라고 강요할 수 없다. 우리가 할 수 있는 유일한 방법은 적어도 교육 안에 다르고 낯선 타자성을 만나고 마주칠 수 있는 기회들이 존재한다는 것을 확신하는 것, 또한 우리 학생들이 진짜로 그들의 목소리, 그들 자신만의 말하는 방식을 발견하고 응답할 기회가 있다는 것을 확신하는 것이다. 우리 교사와 교육자들이 명심할 것은 합리적 공동체의 순조로운 작용을 방해하는 것이 반드시 교육적 과정을 혼란케 하는 것일 필요는 없지만, 그것은 학생들이 자신의 응답적이고 책임 있는 목소리를 발견하기 시작하는 바로 그 지점일 수 있다는 것이다.

결론

이 장에서 나는 우리와 같지 않은 타자들이 살아가는 세계 속으로 온다는 것이 무엇을 의미하는지를 보다 상세하게 이해하기 위해 "공동체" 개념을 탐색하였다. 우리의 주체성은 우리를 고유하고 유일한 존재로 만들어주는 것으로서, 윤리적 "본질"을 지니고 있다는 것이 이 장의 핵심 요지이다. 우리가 이 세계에 고유하고 유일한 존재로 출현하게 되는 것은 우리가 타자에, 타자의 타자성에, 낯설고 다른 것에 응답하는 방식을 통해서이며, 이때 응답한다는 것은 반응하는 것이며 책임지는 것이다.

바우만처럼 주체성을 이해하는 방식은 우리가 누구인가라는 정체성을 우리가 속한 공동체, 민족, 종족으로 환원시키지 않고, 그렇다고 우리 주체성을 보편적인 합리성의 양식으로 고양시키지도 않는다고 할 수 있다. 이 책에서 탐색되었던 해방적 잠재성의 접근은 보다 정확히 말하면 주체성을 이해하는 데 있어 정체성과 보편성을 넘어서는 제3의 방식에 해당한다. 이러한 배경하에서 내가 주장하는 바는, 무엇보다도 교육은 인간이 자신의 목소리를 발견하고, 유일하고 고유한 존재로 자신을 세우고, 이 세계에 출현하도록 해주는 기회와 관련된 것으로 간주되어야 한다는 것이다. 다시 말하여, 교육의 가장 우선적 관심은 어떻게 아이들과 학생들이 자신의 목소리로 말하는 법을 배울 수 있는가에 관한 것이다. 이것은 교육과 학교교육에서 합리적 공동체의 재생산으로서의 역할을 배제하거나 부정하는 것이 아니다. 다만 이것은 교육시스템 내에서 타자공동체가 얼마만큼 가능한가, 또한 이것이 가능하기 위해서 교육에 요청되는 것은 무엇인가라는 질문을 제기한다. 이 질문에 관해서는 다음 장에서 다루도록 하겠다.

이 장에서 사용했던 범주들은 인식론과 형이상학의 범주가 아니라 윤리학과 정치학의 범주이다. 나는 우리 주체성의 기원을 양심이나 합리적 정신(인식론)의 관점에서 생각해서는 안 되며, 우리가 소유하는 것이나 근본적 토대(형이상학)와 같은 본질로 생각해서도 안 된다고 주장하였다. 우리의 주체성을 구성하는 것, 주체성에서 우리를 구성하는 것은 유일한 존재로서의 너와 나, 즉 우리가 응답하는 방식이다. 이 능력이 우리의 궁극적(형이상학) 본질이 아니라는 것을 깨닫기만 한다면, 아마도 이것을 우리의 응답-능력으로 부를 수 있을 것이다. 결국 사람들이 응답하도록 보장해 줄 수 있는 것은 없으며, 우리를 응답하도록 만들어줄 기제도 없다. 그것은 오직 가능성일 뿐이다. 우리는 연약한 존재이지만 그러한 연약함이 결코 자동적으로 책임과 응답적 행위로 번역되는 것은 아니다.

내가 주장했듯이, 책임은 우리가 이미 아는 것에 관한 것이 아니다. 책임은 계산을 배제하며 이에 반대한다. 정확히 이 이유 때문에 책임은 공통성이 없는 사람들의 공동체와 관련된다. 궁극적으로 우리의 "제2의 탄생", 즉 유일하고 개별적 존재로서 이 세계에 출현하도록 해주는 것은 바로 이 공동체이다. 우리의 첫 번째 생물학적 탄생처럼 이것은 반드시 즐거운 경험일 필요는 없다. 세계에 출현하는 것, 우리를 기다리는 책임을 떠맡는 것, 그리고 우리 자신을 다른 타자에 노출시키는 것은 어렵고 고통스러울 수 있다. 그러나 이것이 우리를 유일한 존재로 만들어 주는 것이며, 어떤 의미에서 우리를 인간으로 만들어 주는 것이다.

• 4장 •

교육은 얼마나 어려워야 하는가?

서구 교육에서 눈에 띄는 특징 중 하나는 교육과 학교교육에 대한 **기술공학적**(technological) **기대**가 지속되어 왔다는 것이다. 이것은 세계 각국의 정부가 수행력을 향상시키기 위해 교육제도를 압박하는 데서 확인할 수 있는데, 이 때의 수행력은 종종 미리 정해진 특정 결과물을 산출하라는 요구를 의미한다. 그러한 압박은 교육 체제 전반의 차원, 그리고 개별적인 학교, 교실, 교사의 차원 양자 모두에서 이루어진다. 전자의 예는 국가 교육과정이나 학생성취에 대한 국제 비교를 통해서, 또 후자의 예는 학교 성적 순위표 발행이나 더 조밀해진 감시와 통제를 통해서 확인된다.

교육에 대한 기술공학적 태도에 들어있는 아이디어는 교육이 미리 정해진 목적을 이루기 위한 수단이나 도구로 사용될 수 있다는 것으로서, 다양한 측면을 가진다. 교육에서 기술공학적 기대는 기술이나 지식을 전수하는 것에 관련될 뿐만 아니라, 가치와 규범의 영역에서도 발견되는데, 특정 시민성 교육 개념이나 인성 교육에 대한 최근의 요청, 혹은 교육이 사회적 분열을 극복하는 데 사용될 수 있다는 발상은 모두 그 예시들이다. 또한 기술공학적 태도는 보수적 교육 어젠다를 추구하는 우파 정치인들만의 배타적 특권이 아니다. 사회는 교육을 통해 변혁될 수 있고 학교는 새로운 사회 질서를 창출할 수 있다는 좌파적인 소망(Counts, 1939)은 교육이 성취할 수 있는 것에 관한 유사한 기대에 근거하고 있다. 더욱이, 정부와 정책가들만이 교육 체제가 성취도에 대한 책무성을 지녀야 한다고 더 강하게 주장하는 공적 영역의 유일한 행위자는 아니다. 다수의 학부모들도 자녀의 학교와 관련해서 더 이상 자신들을 동료 교육자로 보지 않고, 학교가 제공해주어야 하는 교육 상품에 대한 소비자로 자신을 재정의한다(Biesta, 2004a).

기술공학적 태도에 깔려있는 주요 전제는 교육이 특정 정해진 목적을 이루는 데 작동하는 도구라는 관념이다. "긍정적인" 측면에서 이와 같은 관념은 교육이 더 나은 수단을 개발하는 가운데 향상될 수 있다는 생각을 낳게 되고, 이러한 생각이 교육의 목적과 목표에 관한 심도 깊은 논의에 기여하는 교육 연구 대신에, 주로 더 나은 기술과 전략을 찾는 교육 연구에 집중하도록 만든다. "부정적인" 측면에서 교육의 기술공학적 관점은 교육이 목적을 성취하는 데 성공적이지 **않은** 경우, 즉 교육이 **어렵거나** 심지어 불가능하게 보이는 경우에 그러한 결과는 정상적인 경로를 이탈한 것이라는 관점을 낳게 된다. 그 다음 단계에서 이 어려움은 단지 기술공학적 질서의 문제로서 원칙상 언젠가 올바른 진행방법을 발견하면 극복될 수 있다는 생각을 제시하게 된다.

이 장에서 나는 조금 다른 각도에서 교육의 어려움을 보려고 한다. 교육의 과정을 적절하게 이해하기 위해서는 무엇이 정상이고 비정상인지에 관해 조금은 다른 질서 속에서 생각해볼 필요가 있다. 우리는 교육의 어려움을 "외부에서" 오는 이탈이나 위험, 위협, 방해로 생각해서는 **안 된다**. 나는 이러한 어려움을 교육에 속한 적절한 무엇으로, 교육을 최우선으로 가능하게 만드는 무엇으로 간주해야 한다고 제안하고자 한다. 다시 말하여 교육에 관한 이해는 바로 이러한 교육의 어려움으로부터 출발해야 한다고 주장하고자 한다(Donald, 1992).

이 장에서 내가 탐색하고자 하는 접근은 교육의 가능성의 조건이 동시에 교육의 불가능성의 조건이라는 아이디어에 입각하여 교육과정의 "논리"를 이해하고자 시도한다는 점에서 교육에 대한 **해체적** 이해로 특징지을 수 있다(Derrida, 1988; Caputo, 1997; Biesta, 2001). 이 주장은 극도로 조심스럽게 읽어야 한다. 내가 이 장에서 살펴보고자 하는 해체적 관점의 사유는 교육이 단지 불가능하고, 따라서 쓸모없다는 것을 주장하려는 시도가 아니다. 그보다는 교육에 관하여 다르게 생각해 보고자 하는 시도이다. 즉 교육을 어렵게 만들고 때로 불가능하게 만드는 바로 그것이 교육을 우선적으로 가능하게 만든다는 것을 보이고자 하는 시도이다(예를 들어 Vanderstraeten & Biesta, 2001; Biesta, 2004b). 교육을 해체적으로 "읽는다"는 것은 교육을 기술공학적 틀로 제한된 것의 바깥에서, 즉 기술공학적 태도의 테두리 바깥에서 교육을 이해하는 것이 가능하다는 것을 보여준다. 이것은 특히 3장에서 지적된 부분과 관련하여 특히 중요한데, 3장에서 나는 공통성이 없는 "타자공동체"는 의도적이고 기술공학적인 방식으로는 존재할 수 없으며, 그 때문에 결코 새로운 교육 기법이 될 수 없다고 주장한 바 있다. 만약 타자공동체를 통하여 개인들이 세계 속에 유일하고 독특한 존재로 올 수 있다는 것이 사실이라면, 이 공동체는 특정한 교육 기법을 적용해서 얻을 수 없더라도 결코 교육의 범위 너머에 있지 않다는 것을 아는 것은 대단히 중요하다.

이 장에서 취하는 접근은 어떤 의미에서는 다소 모호한데, 교육의 어려움을 정치와 정치적인 것의 어려움이라는 렌즈를 통해 검토하기 때문에 그러하다. 이렇게 하는 주된 이유는 인간의 상호작용의 어려움에 관한 질문은 교육 내에서보다는 정치적 맥락에서 훨씬 더 치열하게 논의되어 왔기 때문이다. 이 장에서 논의할 아이디어들은 특히 교육에 매우 적절하다. 왜냐하면 인간의 상호작용의 어려움이라는 전체적인 이슈와 관련해서는 정치와 교육의 영역 간에 전혀 근본적인 차이가 없으며, 아마도 정도의 차이도 없을 것이기 때문이다. 그렇다면 인간의 상호작용을 어렵게 만드는 것은 무엇인가?

정치와 정치적 공동체

인간 상호작용의 어려움은 한나 아렌트가 말했듯이, "단수의 인간(Man)이 아닌 복수의 인간들(men)이 지구에 살며, 세계에 거주한다"(Arendt, 1977b: 7)는 사실에서 비롯된다. 다른 말로 하자면 그 어려움은 복수성, 다양성, 차이의 존재로부터 비롯된다. 따라서 정치와 정치이론의 가장 근본적인 질문 중 하나는 복수성(plurality)의 사실에 어떻게 응답할 것인가하는 것이다. 보니 호니그(Bonnie Honig)는 저서 『정치적 이론과 정치의 이탈(*Political Theory and the Displacement of Politics*)』에서 서구 철학은 이 질문에 답하기 위해 일반적으로 두 가지 상이한 전략을 발전시켜왔다고 주장한다. 저자는 대부분의 정치 이론이 동의를 구하고 합의를 주장하며 공동체와 정체성을 강화하는 것으로 정치를 제한한다고 주장한다. 이들은 정치의 성공이 불일치, 저항, 갈등, 투쟁을 제거하는 데 있다고 가정한다. 이들은 정치의 기본적인 책무를 "제도적 질문을 해결하는 것" 그리고 "근대 주체를 정치적 갈등과 불안정에서 해방시키는 것"에 있다고 본다(Honig, 1993: 2).

호니그가 **덕 이론가**(virtue theorists)로 부르는 이 이론가들은 그들이 좋아하는 이론과 제도가 주체들의 정체성에 적합하고 그것을 표현한다고 믿는 반면에, **비르투 이론가**(virtù theorists)들은 그러한 적합성은 가능하지 않다고 주장한다. 비르투 이론가들은 역설하기를, 모든 정치적 해결에는 나머지, 즉 잔류자가 있기 마련이고, 실제로 그러한 모든 정치적 해결에 저항이 발생하며, 심지어 그 저항이 비교적 합법적이고 권한을 지닌 경우도 예외는 아니라고 한다(Honig, 1933: 3). 비르투 이론가들이 정치적 경쟁의 영속성을 안전하게 확보하려고 하는 것은 영속적으로 발생된 나머지를 위해서이다[덕 이론가들과 비르투 이론가들의 차이는 자유주의자와 공동체주의자의 차이에 상응하지 않는다. 호니그 접근의 독창성은 자유주의자와 공동체주의자가 동일한 정치적 "스타일"의 주창자로 간주될 수 있다는 것을 보여준 데 있다. 따라서 호니그는 롤스와 샌델(그리고 칸트)을 모두 덕 이론가들로 제시하고, 니체와 아렌트를 비르투 접근을 취한 대표적 인물로 다루고 있다].

호니그의 분석은 복수성을 정치에 의해 극복되어야 하고 극복될 수 있다고 보는 사람들(덕 이론가들)과, 정치에 의해 극복될 수 없고 극복되어서도 안 된다고 믿는 사람들(비르투 이론가들) 사이의 구분이 존재한다는 것을 드러내어 준다. 표면적으로는 덕 이론가들이 옳은 것처럼 보인다. 사람들이 주장하는 대로 정치란 주어진 실체적 차이들의 존재 위에 사회 질서를 세우기 위해 존재하기 때문이다. 물론 어떤 사회 질서라도 덕 이론가들이 가정하듯이 완전히 포괄적일 수 있느냐, 혹은 분리와 배제의 행위에 의해서만 성취될 수 있느냐, 그리하여 어느 경우라도 항상 그리고 필연적으로 나머지는 생길 수밖에 없느냐고 질문할 수도 있다. 그러나 이 차이는 본질적 차이라기보다 정도적 차이에 가까

워 보인다. 호니그가 옳게 지적했듯이, 비록 사회 질서가 완전히 포괄적일 수 있다고 가정하는 사람들도 “자신들의 질서를 안정화하기 위해 잔류자들에게 의존할 때조차” 그들에 대한 다소 비민주적 불감증을 드러내지만 말이다(Honig, 1993: 4).

여기에서 내가 관심을 가지고 있는 질문은 단지 정치가 복수성을 **다루어야 하는가 혹은 다루지 말아야 하는가**라는 당위의 문제가 아니라, 정치가 복수성을 **어떻게** 다루어야 하는가이다. 후자의 질문에 비추어볼 때 덕 이론과 비르투 이론 간의 미묘한 차이를 더 분명히 볼 수 있다. 덕 이론과 비르투 이론의 차이는, 전자가 복수성과 차이를 정치가 해법을 제시해야 하는 문젯거리 혹은 어려움으로 간주한다는 데 있다. 보다 정확히 말하면, 덕 이론은 복수성을 사회적 삶의 장애물 혹은 방해와 약점으로 간주하며, 정치를 이 **약점**에 대한 치유책으로 본다. 이것의 암묵적인 전제는, 사회적 삶은 함께 살아가는 사람들 간의 합의나 공통점이 충분한 정도로 있을 때만 가능하다는 것이다. 따라서 덕 이론가들은 사회적 삶이 가능하도록 하기 위해서 정치의 기본 과업을 정치적 공동체, 즉 충분히 공통적인 공동체를 정립하는 것에 두는데, 물론 이것은 충분히 다양화되지 못한 공동체를 의미한다.

예를 들어 이 입장에서 내세우는 전략은 다양한 버전의 자유주의 정치이론에서 발견된다. 롤스에 따르면 자유주의는 “다원주의”의 사실을 비억압적인 방식으로 다룰 수 있는 정치 질서의 이상을 설명하고자 한다(Rawls, 1993: 192 참조). 그것의 목적은 어떠한 선의 개념에도 특권을 부여하지 않으면서 선에 관한 다양한 개념을 지닌 사람들 간의 공존을 조직하는 방법에 관한 답을 찾기 위함이다. 그 해답의 두 가지 주요 구성요소는 선보다 권리를 우선하는 아이디어와, 사적/공적 영역 간의 구분이다. 첫째 원칙에는 개인의 권리는 일반적 선을 위해 희생될 수 없다는 것, 그리고 이 권리를 상술하는 정의의 원리는 특정 형태의 선을 전제해서는 안 된다는 주장이 뒤따른다. 따라서 각 개인들이 자신의 가치와 목적을 선택할 수 있으면서 타인들과 비슷한 자유를 누리며 공존할 수 있도록 해주는 공정한 틀을 개발하는 것이 중요하다. 사적/공적 영역의 구분은 다양한 선의 개념이 허용되는 영역(사적 영역)과 그렇지 않은 영역(공적 영역)을 가리키기 위해 만들어졌다.

이것은 자유주의 정치 철학에서는 적어도 복수성을 사회적 삶에 대한 모종의 위협으로 보는 경향이 있다는 것을 보여준다. 이에 대한 해법은 다원화되지 않은 공동체로 특징 지워질 수 있는 특별한 종류의 정치 공동체인 "공적 영역"을 창조하는 것으로 제시된다. 이런 식으로 자유주의는 무페(Chantal Mouffe)가 주장했듯이, 공적 영역에서 발생하는 모든 다원주의와 불화를 사적 영역으로 격하시킴으로써 공적 영역에서의 동의를 확보하고자 한다. 또한 모든 논쟁적인 사안은 합리적 동의의 조건을 창출하기 위해 정치적 어젠다로 환송된다(Mouffe, 1993: 140 참조).

비록 자유주의 진영에서 복수성이라는 사안을 거론하지만, 가능한 한 공적 영역에서 복수성을 제거함으로써 그렇게 하는 것이 분명하다. 그것은 정치 바깥에서 극대화된 다양성 표현을 허용하는 정치적 틀, 그리하여 최소한으로만 어떤 것을 공유하도록 되어 있는 정치적 틀을 발전시키고자 하는 시도라고 할 수 있다. 자유주의 진영의 보다 근본적인 문제는 무엇이 사적이고 무엇이 공적인지 분명한 구분이 가능한가라는 실질적 질문 외에도 (이에 반하는 악명 높은 사례로 낙태와 안락사 문제를 들 수 있다), 정치를 유사한 사람들을 위한 어떤 것으로 간주하는 것처럼 보인다는 것이며, 이것은 모든 **덕 이론**의 문제이기도 하다. 자유주의는 사회적 삶에서 가능한 한 포용적으로 되려고 노력하지만 정치의 영역에서 복수성을 제거함으로써 그렇게 한다. 여기에 따르는 위험은 정치적 참여가 그 게임의 규칙에 동의하는 사람들에게만 열려있다는 것이다.

여기서 나의 목표는 자유주의에 찬성하느냐 반대하느냐를 논하는 것이 아니다. 그보다는, 이상에서 개관된 자유주의 버전의 정치 철학이 정치 공동체를 구성하는 특정 개념, 즉 복수성과 차이를 방해거리나 극복되어야 할 것으로 보는 개념의 사례라는 것을 보이는 것이다. 나는 자유주의를 포함해서 모든 정치 질서가 그 자체의 나머지를 발생시킨다는 사실을 부정하는 것은 나머지를 사라지게 하는 해결책이 아니라 오히려 "그 문제를 다룸에 있어 당황과 무능으로 이끌 위험이 있다"는 무페의 견해에 전적으로 동의한다(Mouffe, 1993: 140). 다만, 자유주의가 실행 가능한 정치적 개념인지 아닌지는, (물론 문제가 되는 복잡한 이론적 쟁점들이 있기는 하지만) 어떤 의미에서 경험적 질문이다.

덕 이론이 정치적 삶을 위해 어느 정도로 현실적인 프로그램을 제공해줄 수 있는지를 질문하는 것도 중요하지만, 적어도 비르투 이론이 그것에 겨룰 만한 대안을 제시하는지, 즉 복수성과 정치의 관계(인간 상호작용에서 복수성의 역할)를 약점이나 위협으로 보는 것이 아니라 그것의 핵심으로 보는 방식이 가능한지의 질문도 그만큼 중요하다. 이 경로를 탐색한 몇 안 되는 철학자 중의 한 사람이 한나 아렌트이다.

한나 아렌트와 정치의 어려움

아렌트는 정치에 대한 이해에 있어서 복수성의 위치에 대해 매우 분명한 입장을 취한다. 『인간의 조건(*The Human Condition*)』 첫 페이지에서 아렌트는 "보편적 인간(Man)이 아닌 복수의 인간들(men)이 지구상에 살며 세계에 거주한다"라고 말하며, 복수성의 사실이 "모든 정치적 삶의 … 유일한 조건"이라고 선언한다. 복수성은 정치적 삶의 "**필수불가결한 조건**(the conditio sine qua non)", 즉 그것이 없으면 정치적 삶이 존속될 수 없는 조건일 뿐만 아니라, 정치적 삶의 "**궁극적 조건**(the conditio per quam)"

이기도 한데, 그것을 통해 정치적 삶이 지속될 수 있기 때문이다(Arendt, 1977b: 7).

복수성은 "인간이 지구상의 생명을 영위할 수 있는" 세 가지 조건 중 하나이다. 이 조건들은(아래 참조) 세 가지 근본적 활동인 노동, 작업, 행위에 상응하며, 이것이 인간의 **활동적 삶**(vita activa)을 구성한다. 활동적 삶은 아렌트가 서구 철학 시작부터 **관조적 삶**(vita comtemplativa)에 의해 추방당하여 그 자리를 잃어버렸던 실천적 삶(praxis)의 회복과 관련된다.

아렌트는 **노동**을 인간 신체의 생물학적 과정에 상응하는 활동으로 묘사한다. 노동은 생명을 유지하고자 하는 필연성에서 촉발되며, 생명의 유지에 배타적인 강조점이 있다. "사람은 노동하기 위해 먹어야 하고, 먹기 위해 노동해야 한다"는 말처럼, 노동은 끝없는 반복이다(Arendt, 1977b: 143). 따라서 노동의 조건은 "생명 그 자체"이다(Arendt, 1977b: 7). 반면에, **작업**은 인간 실존의 "비자연성"에 상응한다. 작업은 자연적 환경과는 분명히 구별되는 인공적인 사물의 세계를 제공한다. 작업은 "전적으로 수단과 목적의 범주에 의해 결정"되는 **도구성** 때문에 **제작**에 관계된다(Arendt, 1977b: 143). 작업은 지속성과 영속성을 지니는 대상들의 세계를 주조해내는 것과 관련되기 때문에 "객관성"을 지닌다(Arendt, 1977b: 137). 따라서 작업의 조건은 "세계성"이다(Arendt, 1977b: 7).

노동과 작업이 인간 존재가 물질 세계와 상호작용하는 것과 관련된다면, **행위**는 "사물이나 물질의 매개" 없이 "인간들 사이에서 직접적으로 이루어지는" 활동이다. 행위한다는 것은 가장 일반적인 의미에서 주도권을 쥐는 것, 즉 시작한다는 것을 의미한다. 아렌트는 인간이 "**이니시움**(initium)", 즉 "시작이며 시작하는 자"라고 주장한다(Arendt, 1977b: 170). 이 점에서 모든 행위는 "기대할 수 없었던 무엇", 즉 기적이다(Arendt, 1977b: 169). 행위는 인간 존재의 가장 일반적 조건 중의 하나인 **탄생성**의 인간 조건과 매우 밀접하게 관련되어 있다. 시작으로서 행위는 탄생이라는 사실에 상응한다. 왜냐하면 각 탄생은 고유하게 새로운 무엇이 세계 속에 들어오기 때문이다. 행위는 "탄생성이라는 인간 조건의 현실화"인 것이다(Arendt, 1977b: 178).

행위가 복수성의 인간 조건에 상응하는 이유는 우리는 항상 "자신만의 행위를 할 수 있는" 존재자들을 향해 행위한다는 사실에 있다(Arendt, 1977b: 190). 인간이 만일 "같은 모델을 끝없이 반복해서 재생산하는 것이 가능하다면" 행위는 "불필요한 사치요, 행동의 일반화된 법칙에 대한 변덕스러운 개입"이 될 것이다(Arendt, 1977b: 8). 그러나 그렇지 않다. **복수성**은 인간 행위의 조건이 되는데, 그 이유는 "어떤 누구도 지금껏 살았고, 현재 살고 있으며, 앞으로 살게 될 다른 누구와 동일하지 않다"는 방식으로만 우리 인간은 모두 동등하기 때문이며, 이때의 동등함은 우리 모두가 각자의 시작을 이룰 수 있다는 의미인 것이다(Arendt, 1977b: 8).

부정적 측면에서 (나는 이 부정적 측면의 특별한 성격을 아래에서 다시 다룰 것이다) 자신만의 행위를 할 수 있는 존재들을 향해 행위한다는 사실은 행위의 영역이 무제한적이고 예측 불가능하다는 것을 함의한다(Arendt, 1977b: 190-191 참조). 아렌트는 "행위의 좌절"로 인한 분노는 거의 기록된 역사만큼 오래되었다고 쓰고 있다. 따라서 "인간사의 영역이 행위자들의 복수성에 내재하는 위험성으로부터 피하고자 하는 희망"에서 행위를 다른 것으로 대체하고자 하는 유혹이 항상 있었다(Arendt, 1977b: 220). 행위의 곤경에 대한 해결책은 언제나 한 사람이 시작부터 끝까지 그의 행위의 주인으로 남아있는 활동 속에서 피난처를 찾는 것이었다(Arendt, 1977b: 220). 행위를 제작으로 대체하고자 하는 이 시도는 정치를 **작업**의 관점, 즉 도구성의 관점에서 생각하는 것으로서 "'민주주의'에 반(反)하는 일체의 논변 속에" 드러나며, 종국에는 정치의 본질에 반(反)하는 논변으로 바뀔 것이다(Arendt, 1977b: 220).

그 이유에 대해 아렌트는 행위가 공동 주체적 과정이 아니라는 사실에서 비롯된다고 주장한다. 행위는 개인들이 함께 **작업**해서 사물을 생산하는 과정이 아니다. 아렌트는 인간의 행위할 수 있는 능력, 특히 함께 행위할 수 있는 능력은 "자기 방어나 자기 이익의 목적에 지극히 유용하다"는 것을 인정한다(Arendt, 1977b: 179). 그러나 "행위를 수단-목적 관계로만 사용한다면", 그 동일한 목적이 훨씬 더 쉽게 성취될 수 있다는 점 또한 명백하다.

이 이유로 아렌트는 "행위가 폭력의 효과적인 대체물인 것 같지 않다"고 결론짓는다(Arendt, 1977b: 179). 그러나 핵심은 보다 중요한 것이 **있다**는 데 있다. 여기서 우리는 자기 자신만의 행위를 할 수 있는 존재들을 향해 행위한다는 사실의 긍정적 함의를 지적할 수 있다(나는 이 긍정의 특별한 성격에 대해서도 아래에서 다룰 것이다).

그렇다면 왜 행위가 중요한가? 우리는 아렌트에게 인간 복수성은 **고유한** 존재들의 "역설적 복수성"이라는 것을 살펴보았다. 즉 우리는 어느 누구와도 같지 않은 방식으로만 동등한 것이다. 아렌트가 말하고자 하는 바는 우리의 고유한 유일성이 드러나는 것은 노동이나 작업이 **아닌** 오직 행위에서라는 것이다. 아렌트에 의하면 우리는 "말과 행위로" 우리 자신을 이 세계 속에 개입시키는데, 이 개입은 제2의 탄생과 같다(Arendt, 1977b: 176). 그러므로 말과 행위는 인간 존재가 세계로 오는, 혹은 출현하는 양식이며, 이것은 **필연적으로** 타인에게 출현하는 것이다. 행위 속에서 행위자가 출현하는 것은 근본적인 의미에서 우리가 하는 어떤 것이기는 하지만, 동일하게 근본적인 의미에서 그것은 또한 우리가 삼갈 수 있는 어떤 것은 아니다. 말과 행위는 그 **내용**이 노동과 작업에 관한 것일 때에도 "행위자를 드러내는 능력"을 지니고 있다. 이 점에서 드러냄은 **불가피한** 것이다(Arendt, 1977b: 183).

내가 2장에서 강조하였듯이 드러냄의 사건은 미리 존재하던 정체성을 드러내는 것이 아니다. 아렌트는 "말과 행위로 자신을 드러낼 때 그가 드러내는 것이 무엇이고 또 누구인지는 아무도 모른다"는 것을 강조한다(Arendt, 1977b: 180). 이것은 행위의 영역에서만 분명하게 된다. 따라서 행위를 통해 드러나는 행위자는 저자나 생산자가 아니라 이중적 의미의 주체로서, 자신의 행위를 시작하는 사람, 그리고 그 결과로 고통받는 사람인 것이다(Arendt, 1977b: 184). 정확히 여기에 "드러냄의 (본질적) 위험"이 존재한다(Arendt, 1977b: 180).

어떤 의미에서 복수성의 조건은 언제나 행위를 좌절시키지만, 아렌트는 반복해서 강조하기를 행위만이 실재하는 이유는 오직 행위의 "매개성"이 지니는 그 특수한 성격 때문이라고 한다(Arendt, 1977b: 184). 그리하여 이것은 "행위의 목적 자체에 행위를 좌절시키는 그 무엇이 있다"는 사실을 가리킨다(Arendt, 1977b: 182). 바로 이 이유로 항상 스스로 행위할 능력을 가진 이들을 향해서만 우리가 행위한다는 사실이 나타내는 부정적 함의는 곧이 곧대로 부정적인 것이 아니다. 마치 그것의 긍정적 함의가 곧이 곧대로 긍정적이기만 한 것은 아니듯이 말이다. 정치에 대한 아렌트적 이해, 보다 일반적으로 인간 상호작용에 대한 아렌트적 이해의 해체주의적 성격이 등장하는 것은 바로 이 지점이다.

행위의 곤경

아렌트 논의의 중심 아이디어는 인간 존재는 시작이며 시작하는 자라는 주장에 있다. 따라서 인간 상호작용의 영역에서 우리는 언제나 자신만의 행위를 할 수 있는 존재들을 향하여 행위한다. 우리는 언제나 우리의 시작을 시작한다. 다르게 말하여 나와 다른 시작하는 자들로 이루어진 세계 속에서 시작한다. 그러나 이것은 우리가 자신의 시작을 추구하려면 언제나 시작하는 다른 자의 행위에 의존해야만 한다는 것을 의미한다. 어떤 점에서 이것은 우리 자신의 시작의 "순수함"을 좌절시키고 방해하기도 하지만, 이와 같이 "우리 자신이 한 일의 고유한 주인으로 남기 불가능함"은 동시에 우리의 시작이 세계 속으로 출현하기 위한 조건, 말하자면 유일한 조건이다(Arendt, 1977b: 220 참조). 제작과 달리 행위는 고립 속에서는 결코 가능하지 않다. 심지어 아렌트는 "고립된다는 것은 행위할 수 있는 능력을 박탈당하는 것"이라고 주장한다(Arendt, 1977b: 188).

행위의 곤경은 고대 그리스와 로마의 정치적 맥락에서는 중심적인 역할을 했지만, 한 사람에 의한 행위의 시작과, 그 시작된 행위의 기획을 '품거나' '마무리 하는' 다수에 의한 행위의 성취 간의 구분은 서구 전통이 행위를 이해하는 방식에서 점차로 사라지게 되었다. "시작하는 자가 타인들의 도움에 의지하고, 타인들은 그에게 의지해서 행위할 기회를 구하는 것"(Arendt, 1977b: 189)은 명령을 내리는 것과 그것을 수행하는 것이라는 전혀 다른 두 가지 기능으로 갈라졌다. 아렌트에 의하면, 플라톤 이래로 대부분 정치철학은 시작하는 자가 자신의 시작의 완전한 주인으로 남을 수 있는 안전책을 확보하기 위해 그 이론적 토대와 실제적 방책을 찾으려고 노력한 역사이다(Arendt, 1977b: 222 참조). 이 과정에서 "통치자, 시작자, 지도자"는 "그가 시작한 그 무엇이든", 실제로 그것을 수행할 수 있고 행위할 수 있는 것은 오직 타인의 도움으로만 가능하다는 통찰을 잃어버리게 되었다(Arendt, 1977b: 166).

이어지는 논의는 행위 영역의 "무제한성"과 "예측 불가능성"이 왜 곧바로 부정적으로 귀결되지는 않는지를 이해하는 데 도움이 된다. 결국은 바로 이 무제한성과 예측 불가능성 덕분에 우리의 시작이 세계에 출현할 수 있고, 그리하여 실재할 수 있다. 행위에 대한 아렌트의 이해는 우리가 타인들과 함께하는 것을 **어렵게** 만드는 것(즉, 복수성)은 동시에 그것을 **가능하게 해주는 것**이라는 점을 드러내준다. 다시 말하면, 우리가 타인들과 함께함을 **타인들과** 더불어 존재하는 것으로 생각하는 한 그러하다는 것이다. 그러나 우리의 시작을 타인에게 강제하는 선택지는 항상 존재한다. 그리하여 타자의 타자성을 지우고 부정하게 될 수도 있다. 바로 여기가 행위가 제작으로 변하는 지점이며, 활동의 양식이 기술공학적으로 변하는 지점이다.

자유, 행위, 복수성

행위의 무제한성이 지닌 부정적 함의가 아렌트의 사유를 해체주의적으로 "변모"시키듯이, 그 긍정적 함의 또한 직접적이지는 않다. 이것은 자유의 문제에 대한 아렌트적 접근에서도 분명하게 드러난다. 아렌트는 자유에 대하여, 우리가 선택한 것은 무엇이든지 할 수 있다는 의지의 현상으로 이해해서는 안 되며, 그보다는 "이전에 존재하지 않았던 그 무엇을 존재하도록 불러내는 것"으로 생각해야 한다고 주장한다(Arendt, 1977a: 151). 주권으로서의 자유와 시작으로서의 자유 간의 미묘한 차이는 전혀 다른 결과를 불러올 수 있다. 이것의 주된 함의는 자유가 "내적 감정"이나 사적 경험이 아니라, 필연적으로 공적이며 정치적 현상이라는 것이다. "정치의 존재 이유는 자유이며, 그것을 경험하는 장이 행위"라고 아렌트는 주장한다(Arendt, 1977a: 146).

아렌트는 이러한 자유야말로 자유의 가장 원초적 형태로서, 전제 정치를 찬양하는 사람들조차 고려해야만 하고, "외적 강압으로부터 도망해서 내면 공간에서 자유롭다고 **느끼는**" 내적인 자유와는 정반대되는 것이라 주장한다(Arendt, 1977a: 146). "먼저 세상 속에서 생생한 실재로서 자유의 조건을 경험하지 않는다면 우리는 내적 자유에 대해서도 아무것도 알 수 없다"고 말하는 편이 안전할 것이다(Arendt, 1977a: 148). 아렌트에 따르면, 우리는 자유 혹은 부자유를 우리 자신과의 관계 속에서가 아니라 타인과의 관계 속에서 먼저 알게 된다. 따라서 내적 자유의 경험은 자유가 부정되는 세계로부터의 물러남을 전제한다는 점에서 **파생적** 성격을 지니고 있다.

내적 자유로서의 자유가 가지는 문제점은 외적 현시가 없다는 것이다. 바로 이 이유 때문에 그것은 "정의상 정치적으로 부적절하다"(Arendt, 1977a: 146). 아렌트가 반복해서 강조하는 바는, 자유는 그것이 현시하기 위해 "세계성의 공간", 즉 "공적 영역"을 필요로 한다는 것이다(Arendt, 1977a: 146). 아렌트는 "확실히, 자유는 인간의 가슴에 열망, 의지, 희망, 갈망으로 남아있지만, 우리 모두가 알듯이 인간의 가슴은 매우 캄캄해서 그 암흑 속에 무엇이 지나가도 입증할 만한 사실로 부르기 어렵다"고 쓰고 있다(Arendt, 1977a: 149). 따라서 자유는 "다수가 거주하는 정치적 삶의 영역을 떠난 곳에서만 시작한다"는 생각과 반대로(Arendt, 1977a: 157), 아렌트는 자유가 오직 공적 영역에 드러날 때만 존재할 수 있으며 실재한다는 **정치적** 이해를 주장한다.

자유의 공적 특징이 지니는 주된 함의 중 하나는, 자유를 더 이상 개인이 소유하는 어떤 것으로 생각할 수 없다는 것이다. 자유는 오직 **행위 속에서만** 존재한다. 이것은 자유라는 선물은 소유하는 것과 다르며, 인간은 행위 전에도 행위 후에도 아닌, 오직 행위를 하는 동안만 **자유롭다**는 것을 의미한다(Arendt, 1977a: 153, 157).

자유는 행위 속에서만 존재할 수 있기 때문에, 아렌트는 그것을 (예술작품을 만드는 것과는 다르게) 공연 예술의 관점에서 생각해볼 수 있다고 제안한다. 이 연관성을 제안하는 데는 두 가지 이유가 있다. 첫째, 창작 예술품을 만드는 것과 반대로, 예술 행위를 수행할 때 그것이 지속되고 존재할 수 있게 해주는 것은 예술품 자체가 아니라 그것의 수행 자체이다. 다시 말하여 창작 행위의 질은 그 결과물을 통해서 평가되는 것이 아니라 "작품의 수행 솜씨 자체"에 놓여있다(Arendt, 1977a: 153). 둘째, 아렌트는 "마치 행위가 드러나기 위해 타인의 현존을 요청하는 것처럼", 공연 예술가들도 "그들의 공연을 보여주기 위해 청중을 필요로 한다"고 주장한다. 여기서의 차이는 물론 예술품을 제작하는 것에 청중이 필요 없다는 것이 아니다. 관건은 공연 예술은 그 자체로 타인에게 **의존**한다는 것으로서, 그림을 그리는 것과 달리 공연은 청중없이 존재할 수 없다. 행위자는 이중의 의미에서 "그들의 '작품'을 위해 공적으로 조직된 공간"을 필요로 한다(Arendt, 1977a: 154).

자유에 관한 아렌트의 설명은 자유가 타인과 함께할 때에만 존재할 수 있다는 것을 드러낸다. 다르게 말하여, 자유는 "비주권성의 조건하에서만" 존재할 수 있다(Arendt, 1977a: 164). 아렌트는 전통 철학의 개념적 틀 안에서 자유와 비주권성이 어떻게 함께할 수 있는지를 이해하는 것은 매우 어려웠다고 역설한다. 그러나 복수성의 사실에 의해 결정되는 인간의 조건하에서 보면, 자유와 주권성은 동시에 존재할 수 없다는 점에서 둘은 전혀 다르다(Arendt, 1977a: 164). 아렌트는 "만약 자유롭고 싶다면" 인간이 거부해야 하는 것은 정확히 주권성이라고 요약하고 있다(Arendt, 1977a: 165). 따라서 우리는 다시, 자유를 어렵게 만드는 것, 즉 복수성이라는 사실은 곧 자유를 가능하게 만드는 것이라고 말할 수 있다.

자유가 출현하는 공간

이상의 개관은 아렌트가 넓게는 인간의 상호작용을, 좁게는 정치적 삶을 복수성, 다양성, 차이의 관점에서 얼마나 끈질기게 이해하고자 노력하였는지를 드러내어 준다. 디슈(Lisa Disch)가 아렌트의 철학 연구에서 보여주듯이, 아렌트는 정치가 행위자 서로 간의 복수성에서 시작한다는 전제, 즉 철학자들이 피하고 싶어 했던 전제를 취하여서 그것을 "인간 조건의 '본질적 약점'으로부터 고유한 인간 권력의 원천으로" 변화시킨다(Disch, 1994: 31). 거듭해서 아렌트는 우리의 집단적 행위를 어렵게 또 어떤 의미에서 불가능하게 만드는 것이야말로 우리의 집단적 행위를 유일하게 가능하고 현실적으로 만드는 것이라고 결론짓는다.

이 점에서 아렌트는 호니그가 **덕** 이론에 관해 언급한 것과는 완전히 다른 관점을 취한다. 덕 이론은 복수성을 제거함으로써 정치적 행위를 가능하게 만드는 것을 목표로 삼는 반면, 아렌트는 복수성을 가능하게 만드는 것을 정치적 행위의 주된 과업으로 본다. 정치의 목적이자 존재 이유는 "자유가 탁월성(virtuosity)으로 출현하는 공간을 세우고 존속하도록 하는 것"이라고 아렌트는 쓰고 있다(Arendt, 1977a: 154).

"자유**하다**는 것과 행위하다는 것은 같은 것이기 때문에"(Arendt, 1977a: 153), 자유가 출현하는 공간은 새로운 시작들이 세계에 오는 공간이자 주체들이 "현현하는" 공간이며, 극도로 **깨어지기 쉬운** 공간이라는 것을 깨닫는 것이 중요하다. 파세린(Passerin d'Entrèves)이 명시하였듯이 출현의 공간은 "행위자들이 공적 관심사에 관해 논의하고 숙고할 목적으로 함께 모일 때마다 존재를 드러내며, 이 행위들이 중단되는 순간 그것은 사라진다"(Passerin d'Entrèves, 1994: 77). 아렌트가 쓰기를, 출현의 공간은 "인간들이 말과 행위의 태도로 함께 모이는 곳 어디든" 존재한다(Arendt, 1977b: 199). 그러나 우리 손에 의한 작업의 공간과 달리, 존재를 가져오는 운동의 실재성은 "지속되지 못하고 활동 그 자체의 억압 혹은 소멸과 함께 … 사라진다"(Arendt, 1977b: 199). 사람들이 함께 모이는 곳마다 그 공간은 **잠재적으로는** 거기 있지만, "오직 잠재적으로만 그러할 뿐 반드시는 아니며, 영원히는 더욱 아니다"(Arendt, 1977b: 199).

그러므로 우리가 타인과 함께 있는 곳이라고 해서 출현의 공간으로 당연시해서는 안 된다. 자유가 탁월함으로 출현할 수 있는 공간을 세우고 유지하는 것은 정확히 말하면 정치의 목적이자 존재 이유이다. 만약 이것이 정치적 목적이라면, 또 이 공간이 공통의 행위 **속에서만** 존재한다면, 자유가 출현하도록 하기 위해 공통의 행위를 어떻게 지속시킬 수 있을까? 다르게 말하여 어떻게 우리는 복수성과 차이를 제거하지 않고 "협력하여 행위(act in concert)"할 수 있을까? 다른 한편으로 "무수히 다양한 관점들이 동시에 존재하는 가운데 공통 세계가 모습을 드러내고 어떤 공통의 척도나 준거가 제시되지 않는" 조건에서 어떻게 공통의 행위가 가능할까? 왜냐하면 "공통 세계는 모두가 그것을 둘러싸고 만나는 공통의 기반일지라도 참여하는 사람들은 다른 위치를 가지며, 그 위치는 두 개의 사물의 위치가 일치하지 않는 것처럼 결코 일치할 수가 없기 때문이다"(Arendt, 1977b: 57).

우리가 살펴본 대로 **덕** 이론은 이 질문에 완벽하고 지각 있는 분명한 답을 가지고 있다. 즉 우리는 공통의 기반, 공통의 정체성을 가진 공동체를 가진다면, 달리 말해서 합리적 공동체를 세울 수 있다면 그때에만 우리는 함께 행위할 수 있고 협력하여 행위할 수 있다. 반면에 아렌트의 답은 복수성과 자유에 지속적으로 헌신하는 것이다. 다음 절에서 나는 디슈가 아렌트의 정치적 판단에 대한 아이디어를 "방문하기"로 개념화하고 있는 내용을 살펴보고자 한다(Disch, 1994 참조).

방문하기

방문하기라는 아이디어를 이해하기 위해 명심해야 할 첫 번째는 정치와 정치적 행위에 대한 자유주의적 시각과 가능한 한 먼 거리를 두기는 하지만, 아렌트는 단지 복수성이 존재하는 것만으로는 공동의 행위가 가능하지 않다는 점을 적극 인정한다는 사실이다. 공동 행위는 단순히 복수성에 기반해서는 가능하지 않은데, 물론 이것은 동일성에 기반해서만 가능하다는 것과는 완전히 다른 이야기이다. 따라서 아렌트의 정치적 이해는 내가 "단절된 다원주의"로 부르는 것에 대한 반대를 분명히 하고 있다.

복수성의 인간 조건에 관한 아렌트의 설명이 함의하는 바는 비록 차이 내에서의 연결일지라도 연결은 **가능하다**는 전제이다. 복수성의 조건하에서 공동의 행위를, 새로 오는 자들이 단지 타인들에게 그들의 시작을 강요하는 경쟁적인 투쟁으로 생각해서는 안 된다. 공동의 행위는 결단, 숙의, 판단을 요청한다. 그러나 아렌트는 **판단-없는-다원주의**(pluralism-without-judgment)를 거부하였듯이, 내가 **다원주의-없는-판단**(judgment-without-pluralism)으로 부르는 것 역시 거부한다. 다시 말하여 아렌트는 복수성의 그물망 바깥에서 작동하는 어떠한 형식의 정치 판단도 다 거부한다.

아렌트는 칸트의 『판단력 비판(*Critique of Judgement*)』에 대

한 논의에서 정치적 판단에 관한 자신의 생각을 설명하고 있다(Arendt, 1982). 정치적 판단은 타인과 함께 있는 것과 관련되기 때문에 대표적이어야 한다. 다시 말하여, 일반성의 형식, 아렌트가 좋아하는 단어로는 "다른 사람의 사유와 접촉하는 데서 일어나는 선호"인 **공공성**을 요청한다(Arendt, 1982: 42). 그러나 칸트는 "다른 사람"의 입장에서 생각할 수 있기 위해서 자신의 우연적 상황으로부터 **추상화**하는 형식으로서 대표적 사유(representative thinking)라는 아이디어를 옹호했다. 이와 대조적으로 아렌트는 이 아이디어를 **다양한 관점의 이해**(multiperspective understanding)라는 형식으로 접근한다(Disch, 1994: 152-153 참조). 아렌트에게 있어 "'확장된 사유'를 설명하는 것은 추상이 아니라 개별자에 대한 사려 깊은 관심이다"(Disch, 1994: 153). 그러므로 대표적 사유는 개별자들, 즉 "자신만의 '일반적 관점'에 도달하기 위해 통과해야만 하는 관점들의 개별자적 조건"과 밀접하게 관련되어 있다(Arendt, 1982: 44).

이를 성취하기 위해 판단 행위는 사유와 결정 이상의 것으로 구성되어야 한다. 여기에는 **상상력**의 도움이 필요하다. 칸트는 상상력이, 보편적 관점을 가정하려면 필수적으로 요청되는 거리두기에만 필요하다고 보았다. 이와 달리, 아렌트는 '사물을 적절하게 적당한 거리에 두기 위해서', **그리고** '심연의 다리를 건너 타인에게 닿기 위해서', 이 양자 모두를 위해 상상력이 필요하다고 주장한다(Disch, 1994: 157). 판단 중 후자와 관련된 상상력의 활동을 **방문하기**라고 부른다. 디슈의 설명에 따르면, 방문하기는 "말하는 데 관심이 있을 수도 있는 다양한 관점들 각각에서 하나의 사건에 대한 이야기를 만드는 것", "그리고"(여기서 그리고는 매우 중요하다) "나와는 매우 다른 그 이야기 속의 등장인물로서 나는 어떻게 반응할까를 상상하는 것"을 포함한다(Disch, 1994: 158). 방문하기는 전혀 방문하지 않고 집에만 머무르는 **편협주의**와 같은 것이 아니다. 또한 방문하기는 당신이 여행할 때에도 집에 있는 듯이 편안하게 필요한 것을 다 가질 수 있도록 보장해주는 **여행주의**와도 다르다(Disch, 1994: 158-159). 방문하기는 **공감**과도 구분되어야 한다. 공감은 동화의 형식으로서, 당신의 집이 아닌 곳의 관습을 부과하면서 편하게 쉬라고 강제하는 것이다(Disch, 1994: 159).

여행주의와 공감의 문제점은 양자 모두 복수성을 제거하는 경향이 있다는 것이다. 전자는 다양한 문화들이 오직 타자로만 출현할 수 있는 렌즈를 낀 채 우리가 어떻게 할 것인가를 논의하는 입장, 객관주의자의 입장을 취함으로써 그렇게 한다. 후자는 이 관찰자의 렌즈를 원주민의 안경인 척 바꾸고는, 낯선 장소에 있는 불편함을 피하기 위해 새로운 문화와 동일시함으로써 그렇게 한다(Disch, 1994: 159). 이와 대조적으로 방문하기는 실제로 나 자신이 아닌 곳에서 나 자신의 정체성으로 존재하고 생각하는 것이다(Arendt, 1977a: 241). 이것은 자신의 것과 매우 다른 이야기 속에서 자신의 생각을 가지고 생각하는 것이며, 그로 인해 타인에게는 이 세계가 얼마나 다르게 보이는지를 이해하는 데 필요한 위치로 자신을 이동시키는 것이다(Disch, 1994: 159).

방문하기라는 아이디어의 혁신적 특징은 단지 여행하기와 다르다는 사실에 있지 않다고 주장하고 싶다. 분명한 것은 정치적 판단에 대한 어떠한 접근도 복수성을 제거하고 싶지 않다면, 그것은 타인과 타자성에 참여할 수밖에 없다는 것이다. 이것은 물리적으로도 가상적으로도 안전하게 집에 머무르는 것과는 다르며, 이는 여행객이 여행의 끝에서 무엇을 발견할지 이미 알고 있기 때문에 낯선 장소로 들어가는 것이 결코 아니라는 점에서 보면 더욱 그러하다. 방문하기의 혁신적 특징은 그것이 **공감**의 대안을 제공한다는 사실에 있다. 내 생각에 공감의 가장 큰 문제는 단순히, (그리고 편하게) 우리가 타인의 입장을 취할 수 있는 것처럼 가정함으로써, 그로 인해 자신이 보는 것과 생각하는 것, 타인이 보는 것과 생각하는 것 모두의 상황적 맥락을 부인한다는 것이다. 따라서 방문하기는 다른 누군가의 눈을 통해 보는 것이 아니라 **당신 자신의 눈으로** 보되, 당신 자신의 입장이 **아닌** 관점에서 보는 것이며, 더 정확히는 자신의 것과 매우 다른 이야기 속에서 보는 것이다.

"방문하기"의 아이디어는 자유가 출현하는 공간을 어떻게 세우고 지속할 것인가의 질문에 대한 아렌트의 답이 무엇인지 그 단서를 준다. "방문하기"는 출발점과 목적 둘 다에서 복수성을 견지한다는 점에서, 여행이나 공감을 넘어서는 "맥락화된 일반성"의 형식을 가져올 수 있다. 아렌트의 아이디어에 따르면, 복수성의 종말은 동시에 자유의 가능성의 종말로서, 새롭고 고유한 어떤 것이 이 세계에 출현할 가능성의 종말이다. 무엇이 우리 존재가 타인들과 함께 하는 것을 어렵게 만드는지를 심각하게 고려할 때에만, 이를 위한 최소한의 가능성이 복수성과 차이의 세계 속으로 드러나고 현존하며 출현하기 시작하는 것이다.

교육은 얼마나 어려워야 하는가?

이 장에서 타인과 함께 존재함에 관한 사유 방식의 하나로서 복수성의 사실을, 공동 행위가 가능하기 위해 극복해야 할 문제가 **아니라** 타인과 함께 존재하는 것을 가능하고도 가장 실재적인 것으로 만들어 주는 것으로 이해하는 방식을 보여주고자 하였다. 다시 말하여 우리의 상호작용을 어렵게 만들고 어떤 의미에서 불가능하게 만드는 것은 공동 행위의 위협이라기보다 내적인 가능 조건이라는 것을 명시화하고자 하였다. 나는 이것을 인간의 상호작용에 관한 해체주의적 독해라고 규정하였다.

아렌트의 사유에서 이 해체주의적 사고가 발견되는 지점이 두 군데 있다. 첫 번째 사례는 우리가 한 일의 고유한 주인으로 남을 수 없다는 불가능성은 우리의 시작이 세계에 출현할 수 있는 조건이 된다는 주장이다. 여기에서 아렌트는 우리가 세계에 출현하는 것은 구조적으로 우리의 시작을 떠맡고 있는 타인들의 활동에 의존하지만, 타인들은 언제나 자신만의 예측할 수 없는 방식으로 그렇게 한다는 것을 보여준다. 두 번째 사례는 자유는 오직 행위 **속에서만**, 즉 정의상 타인과-함께-행위함 속에서만 존재한다는 아렌트의 주장에서 발견된다. 만일 우리가 혼자 있거나 고립되어 있다면 자유로울 수 없다. 우리는 오직 행위할 때에만 자유로울 수 있다. 이것이 의미하는 것은 우리는 복수성과 차이의 공간으로서의 세계성의 공간에서만 자유로울 수 있다는 것이다. 우리는 동질적이고 다양성이 제거된 공간에서 자유로울 수 없다. 그러한 공간에서 우리가 경험할 수 있는 종류의 자유는 아무런 위태로울 것이 없는 곳에서의 자유이며, "어려운 자유"가 아니다. 아렌트의 행위로서의 자유는 우리가 **타인들과** 함께 있는 공간에서만 위험할 수 있고, 따라서 실재하는 자유이다.

새로운 시작이 출현할 수 있는 공간은 우리의 행위와 독립적으로 존재할 수 없다. 마치 공연이 공연 자체로만 존재할 수 있듯이 자유의 공간은 오직 **행위 속에서**, 즉 정의상 타인과 함께하는 행위 속에서만 존재한다. 아렌트가 행위는 다른 사물이나 물질의 매개 없이 인간들 사이에서 행해지는 활동이라고 주장할 때, 이는 행위의 어떤 신비하고 비물질적인 특징을 강조하기 위한 것이 아니다. 다만 그 핵심은 행위가 행위의 영역 **바깥에** 어떤 견고함이나 영원성을 소유하고 있지 않다는 것이다. 아렌트가 제도와 같은 견고한 구조의 역할에 충분히 관심을 기울이지 않는다는 주장이 제기될 수 있고 또 그렇게 주장되어 온 것에서도 알 수 있듯이(Passerin d'Entrèves, 1994 참조) 제도가 중요한 것은 사실이지만, 아렌트의 입장에서 핵심은 자유가 출현할 수 있는 공간을 보장하는 것은 단지 제도의 존재 유무에 있지 않다는 것이다. 필요한 것은 행위의 "질적" 측면에 대해 끊임없는 관심을 가지는 것과, 자유가 출현할 수 있고 그 결과 새로운 시작이 세계에 올 수 있는 방식으로 행위에 지속적으로 헌신하는 것이다. 나는 이것이 성취될 수 있는 가능한 한 가지 방식으로 방문하기를 제안하였다.

정치의 영역에서 교육의 영역으로 이동하는 지점에서 중요하게 명심해야 할 것은, 무엇보다 정치를 교육의 **비유**로서 생각하면 **안 된다**는 것이다. 새로운 시작이 세계에 도래할 수 있도록 자유가 출현할 수 있는 공간을 세우고 유지하기 위한 것은 정치 그 자체의 유일한 목적일 뿐만 아니라, 내가 주장하였듯이 교육의 핵심이자 궁극의 관심이기도 하다. 융그렌(Carsten Ljunggren)이 주장했듯이 교육은 인간 본성을 억압할 것인가 혹은 해방할 것인가에 관한 것이 아니라 "개인이 누군가 중요한 사람이 되는 것"에 관한 것이며(Ljunggren, 1999: 55), 이제 우리는 그것을 필연적으로 행위를 통해서, 우리 존재가 타인과 함께 있음을 통해서 일어나는 것이라고 말할 수 있다. 물론 학교와 여타 학습기관에서 일어나는 일은 누군가 중요한 사람이 되는 과정에만 강조점이 놓여있지 않고, 또 배타적으로 그것에만 초점을 두어야 하는 것도 아니다. 교육과 학교교육을 이것으로 환원할 수 있고 환원되어야 한다고 생각한다면 그것은 착각이다. 그 이유는 교육이 항상 지식, 기술, 역량, 태도 등의 획득에 관심을 가지기 때문만은 아니다. 그보다 중요한 이유는 교육을 '중요한 사람이 되는 것'에 관한 것인가 **아니면** '학습'에 관한 것인가의 이분법으로 생각하는 것이 오류이기 때문이다. 배우는 것에 참여하는 방식을 통해 우리는 중요한 사람이 된다고 말하는 것이 더욱 적절한 방식이다.

이 장에서 내가 주장했던 것을 종합해보면, 교육을 기법으로 만들고자 하거나 그것을 도구성의 관점에서 파악하고자 하는 어떠한 시도도 교육을 **통해** 누군가가 중요한 존재로 될 가능성에 대한 위협이자, 아렌트의 표현을 빌리면, "교육의 본질" 그 자체에 역행하게 된다는 것은 분명하다. 결국 교육을 기술로 만드는 것은 복수성, 다양성, 차이를 제거하는 것을 요구하게 된다. 다른 말로 교육을 어렵게 만드는 것을 제거하는 것이다. 이러한 이유로 복수성은 인간 행위의 조건일 뿐만 아니라 교육 그 자체의 조건이라고 말할 수 있다. 나는 이 복수성이, 분리되고 연결되지 않은 사적 공간들의 공존이 아니라는 것을 한 번 더 강조하고 싶다. 우리 존재가 타인과 함께 있는 데서만 복수성이 출현한다는 의미에서, 존재하는 것은 오직 복수성뿐인 것이다. 다시 말하여 이는 상호작용 속에서만 존재하는 복수성인 것이다.

종합하면, 교육의 어려움은 교육의 가능성에 관한 긍정적 조건만이 아니라는 것이다. 행위의 조건은 계속해서 성취되어야 하기에 이 어려움은 그냥 거기에 있는 것이 아니다. 결론적으로 말하여, 자유가 출현할 수 있는 공간, 즉 고유하고 유일한 개인들이 이 세계에 오는 공간을 지속하는 것이 바로 교육의 유일한 과업이자 책임이라고 할 수 있다.

각주

1. 이 지점에서 나는 디슈(1994: 71)의 견해, 즉 아렌트의 기획이 정치적 행위의 실제적 결과에 대해 무관심한 심미주의적 위대함의 부자연스러운 경축과는 다르다고 한 견해에 동의한다. 나는 또한 아렌트는 (하버마스가 아렌트의 작업에 대해 취했던 "연합주의적" 해석과 같은) 계몽적 보편주의의 옹호자가 아니라는 디슈의 주장에도 동의한다(Disch, 1994: 72-73). "방문하기"는 이 두 선택지를 넘어서는 방안을 제시한다.

• 5장 •

교육의 건축: 세계성의 공간 창조하기

오늘날 교육의 역할은 무엇인가? 교사들, 부모들, "새로 오는 자들"을 향한 교육의 책임을 맡은 모든 이들, 우리 교육자들이 해야 할 일은 무엇인가? 이 질문들은 개념적으로나 실제적으로나 모두 어려운 질문들이다. "교육"이라는 말로 우리는 무엇을 이해하는가? 교육적 책임을 진다는 것은 무엇을 의미하는가? 이 교육적 책임은 누가 지는가? 이런 책임은 어디서 오고 무엇이 뒤따르는가? **오늘날** 교육적 책임이 함의하는 바를 우리는 어떻게 포착하고 특징지을 수 있는가? 이 질문들은 어려울 뿐만 아니라 절박하기도 하다. 다음 세대까지 기다릴 수 없다. 그러나 가장 긴급한 문제는 비록 그래야 함에도 불구하고, 이 질문에 적합한 답을 찾는 데에 있는 것이 아닐지도 모르겠다. 아마도 오늘날 주요 문제는 답이 너무 많다는 사실에 있을지도 모른다. 더 정확히 말하자면 이 질문들이 실제로 무엇을 의미하고 우리에게 무엇을 요구하는지에 대한 의심을 너무 안 한다는 것이다. 문제는 이 질문들을 전혀 어렵게 여기지 않는다는 바로 그 사실일 수 있다. 결국, 답은 다음과 같이 뻔한 것들이다. 교육의 목적은 세계 경제에서 국가 경쟁력을 확보하는 것이다, 오늘날 교육의 목적은 좋은 시민성에 필요한 지식, 가치, 성향을 전달하는 것이다, 오늘날 교육의 목적은 학생들이 국제 시험에서 가장 높은 점수를 얻도록 확실하게 해주는 것이다, 등등.

이상과 같은 대답들도 진실의 일부분을 포함하고 있기에 노골적으로 거부할 일은 아니다. 경제와 사회 정의 사이에는, 비록 이것이 어떻게 경쟁의 관점에서 설명될 수 있는지 이해하기는 어렵지만, 관련성이 존재한다. 비록 좋은 시민성이 무엇인지 정확히 정의하는 것은 불가능할 수 있지만, 타인의 복지를 위협하는 행동들의 예시는 분명히 있는 것이다. 그리고 대부분의 부모는, 비록 성적표의 높은 점수가 꼭 그들의 가치와 열망에 부합하는 것은 아니지만, 자신들의 자녀가 학교에서 공부를 잘하기 바란다. 그러므로 이 대답들의 문제점은 그것이 **완전히** 무의미하지는 않다는 것이다. 그리고 그 대답들도 어느 정도 말이 된다는 사실, 바로 여기에 매력이 있다. 하지만 이 대답들에는 두 가지 이상의 문제점이 존재한다.

첫 번째 문제는 일반적으로 이 대답들이 자명하고 필연적인 것으로 제시된다는 것이다. 이 점에서 그것은 바우만(Zygmunt Bauman)이 TINA(There Is No Alternative; 대안이 없다) 신조라 부른 것의 예시가 된다(Bauman, 1999: 98). TINA 신조는 교육의 역할과 과업을 정하는 데 가치 판단이 포함되지 않는다는 것을 암시한다. TINA 신조가 암시하는 것은 세계 경제는 특정 이익을 충족시키기 위해 누군가 염원한 것이 아니라 단지 우리의 교육적 노력을 맞춰가야 하는 현실이라는 것이다. TINA 신조는 교육의 미래에 대한 결정이 단지 국제 성적표와 OECD 통계로부터 이루어지는 것이며, 그런 결과들의 의미와 가치에 대해서는 어떤 판단도 필요치 않다고 말한다.

교육의 목적에 대한 통념과 관련하여 두 번째 문제는 교육이 무엇이고 무엇을 성취할 수 있는지에 대한 암묵적인 전제에 관한 것이다. 일반적으로 교육에 대한 "상식적" 사유는 새로 오는 자들을 특정 질서에 편입시키는 것이다. 교육은 평생학습자, 좋은 시민, 성취도가 높은 학생 등 특정 정체성을 만들어내는 차원에서, 그리고 경쟁적, 안정적, 성공적 사회 질서를 만들어내는 차원에서 이해된다. 이것이 가능하려면 교육과정 자체는 기술공학으로서, 예정된 목적을 달성하기 위해 작동하는 도구로 묘사되어야 한다. 만약 이 도구가 실패한다면 보통 그 책임은 동기가 부족한 학생들, 충분한 지원을 해주지 못한 부모들, 또는 효과적으로 가르치는 기술이 없는 교사들 탓으로 돌아갈 뿐, 교육이 실제적으로 성취할 수 있는 것에 관한 (결점투성이의) 전제는 문제 삼지 않는다.

앞 장에서 나는 교육을 이해하는 하나의 다른 관점을 제시하였다. 즉 교육을 편입이나 적응, 특정 사회 질서의 생산으로 여기는 것이 아니라 고유하고 유일한 존재들이 세계로 오는 것으로 이해하는 것이다. 이 장에서 나는 이 대안적 관점에 한 가지 차원을 추가하여 교육적 책임의 문제를 집중해서 탐구하고자 한다. 그러한 책임을 진다는 것의 의미는 무엇인가? 그러한 책임은 무엇을 수반하는가? 그리고 무엇보다 중요한 것으로, 만약 교육이 기술이나 도구로 생각될 수 없다면 도대체 교육자들이 실제로 **할 수 있는** 일은 무엇인가?

이 질문들에 답하기 위해 이번 장에서는 영어로 "자기함양(edification)"으로 번역되기도 하는 **빌둥**(Bildung)의 전통과 실천을 논의함으로써 교육과 건축 간의 비교를 탐구하고자 한다. 나는 빌둥의 교육 전통에 관심이 있는데, 왜냐하면 내가 프롤로그에서 언급했듯이 이 전통은 그 다양한 변용에도 불구하고 항상 인간 존재의 인간됨에 대한 관심을 표명해왔고, 따라서 오늘날의 주도적인 교육 담론과는 현저히 다른 교육적 사고와 실천의 방식을 나타내기 때문이다. 이 장에서의 내 질문은 빌둥의 전통을 오늘날 얼마나 회복하고 복원할 수 있는지에 관한 것이 아니다(Biesta, 2002a; 2002b 참조). 내가 주장하는 바는, 빌둥의 전통을 특정 문제와 도전에 응한 일련의 구체적이고 맥락적인 응답으로 이해해야 한다는 것이다. 이렇게 볼 때, 오늘날 우리 앞에 놓인 과제는 과거를 재생산하는 것이 **아니라**, 오히려 오늘날 우리가 당면한 문제와 도전에 대해 어떻게 교육적으로 응답할 것인가를 질문하는 것이 된다. 이 장에서 나는 이 도전의 일부를 차례로 확인하고, 그 후 가능한 교육적 대답을 간추려볼 것이다.

앞 장의 사유를 따라 나는 오늘날의 교육적 책임은 세계성의 공간, 즉 복수성과 차이의 공간, 자유가 출현할 수 있는 공간, 고유하고 유일한 개인이 세계로 올 수 있는 공간을 "창조"하는 것과 관련된다는 것을 제안할 것이다. 이러한 공간을 창조한다는 것이 무엇을 의미할 수 있는지를 검토하기 위해, 나는 최근의 건축 이론과 실천에서 이 질문이 어떻게 수용되었는지를 살펴볼 것이다. 이 장에서의 내 결론은 건축가들과 교육자들 모두에게 세계성의 공간을 창조하는 것은 이중의 해체적 의무를 수반한다는 것이다. 즉 그러한 공간의 창조와 그것의 끊임없는 해체라는 두 가지 의무 말이다.

교육과 빌둥의 전통

우리는 오늘날도 여전히 빌둥의 전통과 연결될 수 있는가, 아니면 이 전통은 이제 낡고 시대에 뒤떨어진 것이 되었는가? 이 질문에 대답하기 위해 우리는 빌둥이라는 아이디어의 역사를 이해할 필요가 있다. 이 역사를 이해할 수 있는 방법 중 한 가지를 잠깐 살펴보면 여기에는 교육적 차원과 정치적 차원이 모두 존재한다는 사실이 드러난다. 한편으로는, 내가 서문에서 간략하게 다루었듯이, 빌둥은 그리스 사회에서 처음 등장한 뒤 로마 문화, 휴머니즘, 신휴머니즘, 그리고 계몽주의를 통과하면서 서구 근대 교육 전통의 중심 개념 중 하나가 된 교육적 이상을 상징한다. 이 전통에서 핵심 질문은 교육받은 인간, 혹은 교양 있는 인간을 구성하는 것은 무엇인가 하는 것이다. 일반적으로 이 질문에 대한 대답은 훈련이나 사회화와 같은 기존의 외적 질서에 대한 적응의 관점에서 주어지지 않았다. **빌둥**은 오히려 내면적 삶의 계발, 인간 마음이나 인간 영혼의 계발에 대해 말한다. 처음에 이 질문은 빌둥의 내용의 관점에서 접근되었다. 교육받은 사람은 특정 경전에 통달한 사람이었던 것이다. 특정한 내용들을 습득하는 것이 그 자체로 빌둥의 구성적 측면으로 인정되었을 때 중요한 진보가 이루어졌다. 그때부터 빌둥은 항상 자기형성(self-Bildung)으로 이해되어 왔다(Klafki, 1986; Biesta, 2002b 참조).

빌둥의 현대적 개념은 주로 계몽주의 시대에 합리적 자율성의 관점에서 자기형성을 정의하면서 만들어졌다고 볼 수 있다. 앞서 살펴보았듯이 칸트는 "인간이 자신의 이해를 통하여 자기 스스로에게 책임이 있는 미성숙으로부터 해방"(Kant, 1992: 90)되어야 한다는 계몽의 고전적 정의를 제공하였다. 또한 매우 흥미롭게도, 칸트는 "인간의 자유로운 사고에 대한 성향과 소명"은 오직 교육을 통해서만 불러일으킬 수 있다고 주장했다(Kant, 1982: 701 참조; 또한 이 책 2장 참조). 따라서 그는 계몽주의의 가장 핵심을 교육에 두고, 자율적 인간을 만들기 위해 그들의 합리성을 해방시켜야 할 임무와 책임을 교육자들에게 부과하였다. 비록 칸트는 합리적 자율성을 주된 교육적 이상으로 보았지만, 그의 교육적 사고는 **정치적** 질문과 밀접하게 관련되어 있었다. 예를 들면, 그가 살던 시대와 장소적 맥락에서 부상하던 시민 사회, 즉 프리드리히 2세 통치하의 프로이센과 같은 시민사회에서 어떤 종류의 주체성이 필요한가라는 질문과 깊이 연결되어 있었던 것이다. 칸트의 주장은 시민 사회를 위해 스스로 생각할 수 있고 스스로 판단을 내릴 능력이 있는 주체들이 필요하다는 것이었다.

우리가 이렇게 빌둥의 개념에 대한 역사를 잠깐 살펴봄으로서 배울 수 있는 것은 특히 근대 계몽주의 형태에 있어서 빌둥은, 정치적 질문들과 특정 정치적 배경과 긴밀히 얽혀 있었다는 사실이다. 빌둥은 "질문"에 대한 "응답"으로 이해되어야 하며, 심지어 정치적 질문에 대한 교육적 응답이라고까지 말할 수 있을지도 모르겠다. 이는 빌둥의 전통을 이해하는 데 도움이 되는 방법이다. 왜냐하면 오늘날 이 전통을 이해하고 싶어 한다면 빌둥이 오늘날도 여전히 가능한지, 혹은 어떻게 그 전통을 회복하고 복원할 수 있을지를 질문하기보다, 오히려 오늘날 우리는 어떤 문제들을 직면하고 있는지에 대해 질문해야 한다는 것을 암시하기 때문이다. 무엇이 우리의 응답을 이끌어내는가? 무엇이 우리의 응답 중 **교육적** 응답을 이끌어내는가? 무엇이 특별히 **오늘날** 요청되는 우리의 교육적 응답인가? 이제 나는 이 질문들에 대하여 적어도 부분적 대답이라도 시도해보고자 한다.

오늘날 우리는 어디에 있는가?

오늘날 우리가 처한 상황에서 내가 강조하고 싶은 첫 번째 측면은 우리는 보편성이라는 개념, 즉 보편적 가치와 보편적 진실이 문제시되어버린 세상에서 살고 있다는 사실이다. 여기서 요점은 우리가 복수성의 세계에 살고 있다고 말하는 것이 **아니다**. 인류의 역사를 살펴보면 복수성은 항상 존재해왔기 때문이다. 변한 것은 이 복수성이 이해되고 접근되는 방식이다. 외부자적인 중립적 관점에서 복수성을 보고 개관하고 설명하고 개념화하는 것이 가능하다는 관념 자체가 의문시 되어 왔다는 것이다. 여기서 문제 되고 있는 것을 설명하는 한 가지 방법은 다양성(diversity)과 차이(difference)를 구분하는 관점에서 서술하는 것이다(Bhabha, 1990; Säfström & Biesta, 2001 참조). 다양성은 복수성을 동일한 배경하의 다양한 변용들 혹은 모든 것을 아우르는 틀 안의 일련의 입장들로 보려는 시도를 나타낸다. 이것의 예시는 복수성을 보편적 인간 본성을 전제한 문화적 변용의 관점에서 생각하는 것이다. 이런 시각이 제시하는 바는 우리는 기본적으로 모두 같으며, 우리의 차이는 "단지 문화적"이라는 사실이다. 바바(Homi Bhabha)가 분명히 밝히고 있듯이 이런 관점의 문제점은 "다양성을 허용하는 보편성이 역설적으로 자민족 중심적인 규범, 가치와 관심을 숨긴다"(Bhabha, 1990: 208)는 사실과,

"문화적 · 정치적 판단을 구성하는 그 자체의 보편적이고 규범적인 입장을 일반적으로 인식하지 못한다"(Bhabha, 1990: 29)는 사실이다.

다른 한편으로 차이는, 우리가 그것을 맞닥뜨리며 경험하는 순간 우리는 다르다는 사실을 받아들인다. 이는 대체로 차이가 우리를 직면한다는 것을 의미한다. 이 두 번째 접근이 함의하는 바는, 모든 것을 포괄하는 틀 속에 차이를 위치시키고 이해하고 말이 되게 만들려는 어떠한 시도도 그러한 틀 내의 한 가지 입장을 취하는 방식으로 이루어질 수밖에 없다는 인식이다. 이는 그 입장이 틀 내에만 존재하는 것은 아닌 것처럼, 이 틀 자체도 모든 것을 포괄하지는 않는다는 것을 이미 보여주고 있다. 차이를 진지하게 받아들인다는 것은, 타자성과 차이는 그것에 참여하기 전에 그것을 이해할 수 있고 알 수 있고 또 그래야만 한다는 생각을 포기해야 한다는 것을 의미한다. 그것은 타자에 대한 지식이 타자와 관계맺기 위한 필요충분조건이라는 생각을 포기하는 것이다. 차이는 복수성과 타자성을 향하여 다른 태도를 요청한다. 하나는 책임의 개념이 지식의 개념보다 더 적합하다는 점에서, 그리고 다른 하나는 윤리학이 인식론보다 더 중요하다는 점에서 말이다.

내가 강조하고 싶은 두 번째 차원은, 우리는 인간이 된다는 것의 본질을 알 수 있다는 생각이 의문시되는 세계에 살고 있다는 사실이다. 내가 2장에서 다루었듯이, 철학적으로 이 질문은 "인간의 본질"(Heidegger, 1993: 225)을 규정하고자 했던 휴머니즘에 대한 비판의 형태로 표현된 바 있다. 우리가 인간 존재의 본질을 알 수 있다는 생각을 포기하는 것은, 당연한 말이지만 위험성이 없는 것은 아니다. 왜냐하면 그것은 인간성에 대한 상이한 선택지와 정의, 그리고 표현의 범주를 광범위하게 허용하기 때문이다. 하지만 휴머니즘에 대한 비판의 요점은 인간다움의 모든 표현들이 단순하고 자동적으로 좋고 바람직하다고 말하는 것이 아니다. 휴머니즘 비판의 핵심은 우리가 이것을 미리 알 수 없고, 또한 인간됨에 대한 기회들을 제한하는 것이 우리의 선택권을 열어놓는 것에 비해 더 큰 위험을 내포할 수 있다는 것이다. 이것은 어떠한 판단도 필요하지 않다거나 요구되지 않는다는 것을 의미하지 않는다. 이것이 의미하는 바는 오직 그러한 판단은 인간이 되는 새롭고 다양한 방법들의 표현과 경험 **이후**에 와야 한다는 것이다.

휴머니즘 비판의 동기가 오로지 철학적 관심에 의한 것만은 아니라는 것을 아는 것이 중요하다. 우리는 인간이란 진정 무엇으로 생각될 수 있는지 그 정의에 의해서 대량학살이 동기를 얻고 정당화되었던 시대의 그늘에서 살고 있다. 그리고 더 불편한 진실은 대체로 낙태와 안락사에 대한 결정이 종종 인간다운 삶이 무엇이어야 하는지의 정의에 기반하고 있는 것을 목격한다는 점이다. 인간 존재의 인간성이 무엇으로 구성되는지 안다는 휴머니즘의 주장은, 따라서 사활이 걸린 중대한 문제가 되었다. 이것이 휴머니즘이 의문시된 가장 중요한 이유이자, 삶이 시작되기도 전에 인간과 비인간 사이의 경계선이 어디에 있는지 타인에게 정의해주려는 시도가 의심스러운 이유이다.

내가 주목하고 싶은 세 번째 측면은 우리가 세계화의 시대에 살고 있다는 사실이다. 세계화가 무엇이고 또 무엇이 아닌지를 인식하는 것은 중요한 문제이다. 세계화는 편평한 운동장을 창조하는 것과는 아무런 관련이 없다. 세계화는 매우 비대칭적인 과정이다. 그것은 어떤 실천과 활동들이 타인의 논리 속으로 병합되는 과정인 것이다. 세계화는 특정 네트워크와 실천의 헤게모니를 위주로 확장된다. 세계화는 상호 의존성의 창조인 동시에 새로운 의존성의 창조에 대한 것이다. 이 점에서 보면, 세계화는 심지어 식민주의의 현대적 형태라고도 말할 수 있을지 모르겠다.

세계화는 서로 다른 여러 영역에서 일어난다. 가장 뚜렷한 것은 말할 것도 없이 경제 영역이다. 생산, 소비, 그리고 재정은 모두 하나의 글로벌 네트워크의 부분이 되었다. 이 네트워크 자체는 세계적이지만, 그것을 주로 조종하는 것은 OPEC, OECD, G8 같은 서양 세력들이다. 그 결과, 세계 경제는 그것의 반대편에서 일하는 이들의 이익보다는 그들 자신의 이익을 훨씬 잘 반영한다. 의사소통과 미디어의 세계화와 대중문화의 세계화는 세계자본주의의 이해관계로 아주 긴밀하게 얽혀 있다. 그 동기는 민주적 세계시민주의를 이루고자 하는 헌신보다는, 새 소프트웨어나 하드웨어, 혹은 세계 엔터테인먼트 산업제품을 생산하기 위해 새로운 시장을 만들고자 하는 필요에 의해 추동된다. 그러나 세계화의 한 가지 차원은 이와 정반대 방향으로 작동하는 것처럼 보이는데, 바로 환경 문제의 세계화이다. 세계 자본주의는 세계의 한 부분에 부가 축적되는 결과를 초래하는 반면, 글로벌 생산이 야기하는 환경 문제들은 경제가 가장 취약한 곳, 그리고 단순히 경제적 생존을 이유로 환경 규제가 최소한인 곳에 집중되는 경향이 있다.

교육적으로 세계 자본주의의 가장 충격적인 특징은 그것이 특정한 종류의 주체성을 "생산"한다는 것이다. 보다 정확히 말하자면 그것은 한 가지 가능한 주체로서의 지위에만 주된 관심이 있는데, 그것은 바로 소비자로서의 주체이다. 이상적 소비자는 "유행의 열렬한 추종자"로서, 자신이 원하는 바를 자본주의 생산의 지속적 확장의 필요에 내맡기는 주체이다. 세계 자본주의는 개별적 차이나 다양한 방식의 주체성 모델에는 관심이 없으며, 그보다는 새로운 틈새시장의 창조나 새로운 트렌드와 패션의 발명에 주된 관심이 있다. 이 점에서 세계 자본주의는 주체가 되는 서로 다른 방식들, 자신의 삶을 주도하고 인간이 되는 서로 다른 방식들의 기회를 위협한다. 그것은 우연적인 한 가지 주체의 입장인 소비자로서의 주체를 불가피하고 거의 자연적인 어떤 것으로, 따라서 다른 대안이 없는 주체성의 한 양식으로 만들려는 경향이 있다. 많은 사람들의 삶에서 쇼핑이 가장 의미 있는 활동

중 하나가 되었다는 사실은 세계 자본주의에 의해 “제안된” 주체-지위가 내면화되고 “자연화”되었다는 증거이다.

빌둥: 세계성의 공간 창조하기

우리는 이러한 도전 앞에서 인간 존재의 인간다움에 대한 질문에 어떻게 접근해야 할까? 그리고 이로부터 어떤 종류의 교육적 응답이 뒤따를까? 이제 나는 세 가지 도전을 역순으로 다루고자 한다.

나는 세계 자본주의는 주체성의 한 가지 양태인 소비자로서의 주체에만 관심이 있다고 주장했다. 단순한 관심을 넘어서, 세계 자본주의는 상이한 작업과 전략을 폭넓게 구사함으로써 이 주체의 지위를 적극적으로 조장한다. 세계 자본주의는 생활방식 외에는 무엇이 개인들을 특이하고 고유하며 다르게 만드는지에 관심이 없다. 그러나 소비의 관점에서 모든 개인들은 상호교체가 가능하다. 여기에서 소비자들이 충분하기만 하다면, **누가** 소비하는지는 중요치 않다. 만약 빌둥 전통의 핵심 차원을 따라 우리의 교육적 책임을 인간 존재의 인간다움에 대한 책임이라고 본다면, 모든 인간 존재를 단순히 상호교환 가능한 단위로 보는 주장은 거부되어야 한다는 것이 명백하다. 세계 자본주의라는 ‘그리 숨겨져 있지 않은’ 안건에 대한 응답으로, 우리의 교육적 책임은

개별적인 인간 존재의 고유성과 유일성에 대한 책임으로 이해되어야 한다.

이것은 우리를 휴머니즘에 대한 논의로 이끈다. 내가 이미 주장했듯이, 휴머니즘의 문제는 인간 존재의 인간성이 무엇으로 구성되는지를 정의하려는 욕망에 뿌리를 두고 있다. 인간 존재의 진정한 본질을 안다고 주장하는 "강한" 휴머니즘은 분명히 인간이 되는 상이한 방식들을 방해한다. 하지만 휴머니즘의 문제는 그것이 주체성의 상이한 방식과 모델을 제한할 뿐만 아니라, 주체성이 어떠한 형태로 표현되기도 전에 그렇게 한다는 점이다. 교육적 응답은 개방적이어야 한다. 인간이 되는 새롭고 상이한 방법들의 개방성 말이다. 따라서 이 응답은 실험적이고 경험적이어야 한다. 인간 존재의 인간성에 대한 질문은 주체성의 모든 새로운 표현마다, 모든 새로 오는 자들의 도착마다 응답을 요구하는 실천적 질문으로 받아들여야 한다.

이것은 당연히 어떠한 표현이라도 무조건 받아들여야 한다는 말은 아니다. 주체성은 단순히 표현을 기다리는 내적 자아 같은 것이 아니다. 앞 장에서 보았듯이, 우리는 타인들이 우리에게 응답하는 방식의 결과로서만 이 세계에 하나의 존재로 들어올 수 있다. 이는 아렌트가 잘 표현하였듯이, "[우리가] 한 일의 고유한 주인으로 남을 수 없음"이고, 우리의 시작이 세계 속으로 들어올 수 있는 단 하나의 유일한 조건이다(Arendt, 1977b: 220). 이 때문에 새로 시작하는 자들과 새로운 시작이 세계 속에 오는 것에 관심을 둔다고 하더라도, 어떠한 새로운 시작이라도 다 수용되어야 하는 것은 아니다. 그보다, 이것은 새로 오는 자들이 시작할 수 있는 사회 구조의 역동성과 복잡성에 대한 관심을 수반한다. 이는 우리의 행위가 언제나 스스로 자신만의 행위를 할 수 있는 존재에 대하여 이루어지며, 우리가 세계로 오는 것이 그들의 응답에 의존하고 있는 것처럼 그들이 세계로 오는 것도 우리의 응답에 의존하고 있다는 것에 대한 인식이다. 바로 **이것**이 인간 행위의 곤경이며, 이로부터 빠져나갈 쉬운 길은 없다. 필요한 것은 매번 "깨어있는" 판단이다.

만약 우리가 이러한 사항들을 유념해서 오늘날 우리가 직면하고 있는 도전에 대한 응답으로서 인간 존재의 인간성에 관한 이해라 할 수 있는 빌둥의 전통에 어떻게 연결될 수 있을지를 묻는다면, 교육적 책임은 반드시 고유하고 유일한 존재들이 세계 속으로 들어오는 것에 강조점을 두어야 한다는 것이 명백해진다. 이것은 교육적 공학 기술을 적용해서 특정 정체성이나 주체성을 생산하자는 것이 아니며 혹은 특정한 교육적 개입을 통해 사회 질서를 창조하자는 것도 아니다. 다만 세계가 중립적 장소가 아니라는 사실을 기억하는 것이 중요하다. 자유가 출현할 수 있는 공간으로서의 세계는 필연적으로 복수성과 차이의 세계이다. 하지만 이것은 교육적 책임 혹은 교육자의 책임이 단지 "새로 오는 자들"만을 위한 것이 아니라, 그와 동시에 세계를 위한 책임이기도 하다는 것을 의미한다. 이것은 새로운 시작들이 출현할 수 있는 "세계성의 공간"을 창조하고 존속시킬 책임인 것이다.

그러나 이를 어떻게 이룰 수 있는가? 타자성과 차이의 공간으로서 "세계성의 공간"을 창조하고 지속하기 위해 무엇이 필요한가? 이러한 창조 행위는 가능한가, 아니면 이것은 또다시 교육적 공학 기술을 요구하는가? 이러한 질문들에 답하기 위해, 아니면 최소한 이 질문들에 무엇이 관련되어 있는지를 이해하기 위해, 이제 건축의 영역으로 고개를 돌려서 공간의 창조를 주된 관심사로 하는 이들로부터 무엇을 배울 수 있는지 살펴보자.

건축: 세계성의 공간 창조하기

건물과 그것의 사용 간에는 어떤 관계가 있는가? 건물이 자신의 사용을 통제할 수 있는가, 그래서 건축가들은 자신이 설계하는 공간의 이용을 통제할 수 있는가? 만약 그렇다면, 이것이 건축의 임무로 적절할까? 이 질문들에 대한 건축가들의 일치된 대답이 없고 그 아이디어도 시간에 따라 변천해왔다는 것은 그리 놀랍지 않을 것이다. 어떤 건축가들은 특정 사용을 처방하는 공간을 창조하는 것이야말로 진정 그들이 할 일이라고 믿는다. 근대건축학은 보수적 입장이든 진보적 입장이든 건축을 통해 사회를 바꾸고자 열망했던 여러 사례들을 보여주었다. 기라도(Diane Ghirardo)가 주장하듯, 건축에서 근대적 운동의 특징은 "세상을 변혁할 수 있는 형식의 힘", 그리고 "올바른" 건축으로 사회 문제를 해결할 수 있다는 이념에 대한 강한 신념이라 할 수 있다 (Ghirardo, 1996: 9). 이 경향은 단지 과거의 일이 아니라는 것을 인식하는 것이 중요하다. 오늘날까지도 건축가들과 도시 계획가들은 "바로잡기 위해 노력"하고 있거나, 최소한 과거의 디자인과 계획상의 실수들을 반복하지 않으려고 노력하고 있다. 이 모든 것에서 우리는 변화를 이루고자 했던 건축가들의 선한 의도를 의심하지 말아야 한다. 그러나 건축을 통해 사회 문제를 공표하고자 하는 갈망과, 인간 행위의 기회를 제한하는 감시와 통제의 새 형식을 창조하는 것 사이에는 매우 미세한 차이만이 있을 뿐이다.

모스본 학교(Mossbourne Community Academy)

후자를 잘 보여주는 예시는 영국의 런던 동부 해크니(Hackney) 경내에 있는 신생 종합중등학교인 모스본 학교(Mossbourne Community Academy)에서 찾을 수 있다. 영국의 첫 사립-공립 협력 학교 중 하나인 이곳은 저명한 건축가 로저스(Richard Rogers)와 교장인 윌쇼(Michael Wilshaw)의 긴밀한 협업하에 설계되었다. 그들의 목표는 "학생들이 잘 자랄 수 있는 환경을 창조하는 것"이었다. 그러나 이 훌륭한 생각이 실제로는 무엇을 낳았는가? 모스본 학교에는 교사진이 학생들로부터 떨어져 있지 않도록 별도의 교무실이 없다. 그 대신 학생들이 교사들을 잘 볼 수 있고 가까이 다가갈 수 있는 전용 공간이 건물 전체에 퍼져있다. 이 학교에는 복도가 없다. 교장에 의하면 복도는 학교폭력이 가장 많이 발생하는 장소이기 때문이라고 한다. 그리고 교실의 앞뒤 벽은 유리로 되어 있어 교내 전망이 괜찮은 곳이라면 어디서든 무슨 일이 벌어지고 있는지를 볼 수 있다. 교장은 이 모든 것을 요약해서 다음과 같이 말한다. “만약 내게 빈 종이가 한 장 있다면, 나는 일어나는 모든 일을 쉽게 볼 수 있고 구석구석까지 감독할 수 있는 그런 학교를 설계할 것이다. 아이들이 안 보이거나 혹은 교사들이 고립된 것처럼 느끼는 공간은 효율적이지 않다. 여기서는 내가 어디에 서 있든지 아이들을 볼 수 있다”(Neil, 2004: 39).

여기가 현대 건축학의 기능주의가 문제시되는 지점이다. 이 특수한 사례에서 학생들이 잘 자랄 수 있는 환경을 만들고자 하는 열망이, 모든 사람과 모든 것을 중앙의 감시 장소에서 다 볼 수 있기 때문에 “적절한 행위”를 보장해주는 감시 기계로 변한다. 이것은 단지 벤담의 파놉티콘(Panopticon)을 연상시키는 데서 그치지 않는다. 이것은 바로 근대적 파놉티콘인 것이다(Foucault, 1995: 195-228 참조).

알프레드 러너 홀(Alfred Lerner Hall)

건축가들이 기능주의를 극복하는 것이 가능한가? 내가 2장에서 잠깐 다루었듯이, 스위스 건축가 추미의 작품은 바로 기능주의에 대한 도전을 목표로 하고 있다. 추미는 그의 이론작업을 통해 건축의 전통적 개념을 "못박기", "고정하기"의 기술이라고 도전했다(Tschumi, 1994a: 10). 그는 효율성 모델에 의존하는 건축의 기능주의 개념을 비판하고 있는데, 이것은 "건물이 … '그 지정된 사용에 따라서 작동'해야만" 하며 "공간과 그 사용 간에 흠 없는 일치"(Tschumi, 1994a: 10)가 존재하고, 또 존재해야만 한다는 가정에 의존하고 있다. 추미의 주장은 우리가 건축을 단순히 공간의 창조에 관한 것으로만 생각하면 안 된다는 것이며, 건축의 개념에는 반드시 공간의 '사용'도 포함해야 한다는 것이다. 이것이 추미가 건축은 "공간과 사건의 동시성"이라는 정의를 옹호하는 이유이다(Tschumi, 1994b: 23). 형태와 의미 사이의 불일치, 공간과 사용 사이의 불일치를 실패로 이해하는 대신, 추미는 바로 이 "사용과 공간 사이의 … (예측된) 인과 관계의 불일치, 이접, 실패의 지점…"에 건축학의 강점이 있다고 보았다.

추미의 주장이 지니는 중요성은 기능주의와 그것의 남용을 극복하는 것에 한정되지 않는다. 정의상 예측할 수 없고 계산할 수 없는 사건을 건축의 정의에 포함함으로써, 그는 주체성의 다양한 형태의 표현, 그리고 세상으로 들어오는 다양한 방식의 표현에 열려 있는 건축의 형식을 암시하고 있다. 하지만 두 가지 문제가 남는다. 첫 번째는 추미의 건축 개념이 반드시 세계성의 공간, 즉 타자성과 차이와 조우하고 그것에 노출되는 공간으로 귀결되지는 않는다는 점이다. 그의 정의가 건축가로 하여금 "똑바로 하기 위한" 유혹을 견디게 도와줄 수는 있지만, 이 정의를 이용해서 설계된 건물들과 창조된 공간들이 여전히 단일한 문화의 공간으로 사용되는 것으로 끝날 수도 있다. 그러므로 무언가가 더 요구된다. 추미의 제안과 관련된 두 번째 질문은 그것이 건축의 실천에 실질적인 어떤 변화라도 일으킬 수 있는지의 여부이다. 건축가에게 "건축은 공간과 사건 모두"라는 아이디어에 기초하여 공간을 설계한다는 것은 실제로 무엇을 의미하는가?

추미 자신의 건축물들이 그의 이론에서 내세운 기대를 충족시키는가라는 진짜 질문도 있다. 뉴욕 컬럼비아 대학교의 학생회관인 알프레드 러너 홀(Alfred Lerner Hall)의 설계에서 그의 중심 아이디어는 일련의 복도들과 복도 비슷한 공간들을 건물에 포함하는 것이다(Tschumi, 2001 참조). 이 공간들의 표면적인 목적은 만남을 촉진하기 위한 것이다. 추미는 만남의 발생이든 "내용"이든 간에 이런 만남들을 통제하고 싶어 하지 않는다. 이 점에서 정말로 그는 사건이 발생하는 공간을 창조하고 싶어 했다고 볼 수도 있다. 하지만 만남들이 발생할 수 있는 **가능성**을 설계하고자 했다는 측면에서 여전히 그의 접근에는 기능주의의 흔적이 남아있다. 그의 접근은 건물의 사용과 사용자의 행동을 처방하는 것을 목표로 하지는 않지만, 대신에 어떤 행위와 사건이 **불가능하지 않도록** 하는 것을 목표로 하기 때문에, **소극적 기능주의**의 형태라고 부를 수 있을 것이다. 이 특정한 건물에서 더욱 보기 어려운 것은 건축 기획의 실제적 위반과 같은 "진짜" 사건을 제공하는 것에 어느 정도로 성공했는가 하는 것이다. 알프레드 러너 홀은 세계성의 공간인가? 그것은 세계성의 공간으로 사용되고 있는가? 그것은 복수성과 차이의 공간인가? 이 특별한 건물의 문제점의 일부는 추미에게 완전히 책임이 있다고 보기 어려울 수도 있는 '위치'라는 요소에 있을지도 모른다. 이 건물은 분명히 만남을 촉진할 것이지만, 그럼에도 불구하고 우리는 이 만남이 문자적으로나 비유적으로나 컬럼비아 대학교 입구를 통과한 사람들 간의 만남이라는 사실을 잊어서는 안 된다. 컬럼비아 대학교 학생 회관은 결국 엄중한 경비가 서있는 부유한 북미 대학의 일부이고, 이것은 수많은 만남, 사건, 위반이 처음부터 배제되어 있다는 것을 의미한다.

몬테소리 대학부설학교(Montessori College Oost)

네덜란드의 건축가 헤르츠베르거(Herman Hertzberger)의 작업에서도 세계성의 공간 창조에 관한 질문은 중요하다. 헤르츠베르거의 작업에서 중요한 것은 집단 공간과 사회 공간 사이의 구분이다. 집단 공간과 사회 공간을 구분 짓는 것은 만남과 상호작용이다. "집단 공간을 사회 공간으로 변화시키는 것은 사회적 접촉이다"(Hertzberger, 2000: 135). 교회나 모스크 같은 집단 공간은 거의 전적으로 메시지가 선포되는 지점을 중심으로 조직된다. 이와 유사하게 극장이나 강당에서도 관심은 중심을 향한다. 이 모든 상황에는 "조직화된 특정 사건에 참여하는 이들 사이에 함께 집중하고 조화시키고자 하는 포괄적인 구성이 존재한다"(Hertzberger, 2000: 135). 집단 공간도 분명히 사회에서 어떤 기능을 하지만, 헤르츠베르거는 이와는 다른 종류의 공간의 필요성을 역설한다. 그 공간은 "단지 동일한 한 가지 활동을 목표할 뿐만" 아니라 "모두가 스스로의 의도와 움직임에 따라 행동할 수 있고 그곳에 있는 타자들과 관계 맺을 수 있는 자신의 공간을 찾는 기회가 주어지는" 방식으로 "조직된" 공간이다(Hertzberger, 2000: 135). 이것은 주로 거리나 도시와 동일시되는 특징이다. 헤르츠베르거에게 도시는 "사회의 모델"로서, "우리가 타인 앞에서 우리 자신을 보이고, 사회적 상황에서 대화를 통해 상대의 의견을 파악하고, 타인과 스스로를 비교하는 우리의 세계이자 경기장"이다(Hertzberger, 2000: 120). 따라서 헤르츠베르거의 도시 개념은 만남과 차이의 공간인 세계성의 공간의 개념에 가깝다. 헤르츠베르거는 "우리가 누구인지를 결정하는 것은 우리 자신이 아니고 주로 타인이기" 때문에 "도시"는 우리가 "지속적으로 서로에 대하여 자신을 비교하고 비춰보고 경쟁하는 공간"이라고 말한다(Hertzberger, 2000: 120). 그러므로 도시의 "목표"는 "우리가 타인을 조사하고 평가하고 지켜보고 부딪히는 기회를 제공하는 것"이다(Hertzberger, 2000: 120).

헤르츠베르거에게 도시는 본질적으로 내가 세계성의 공간이라 부르는 것의 **비유**라고 인식하는 것이 중요하다. 헤르츠베르거는 "공적"과 "사적" 구분이 상대적인 개념이라고 지적하는데, 이는 현존하는 도시들은 정의상 공적, 사회적 공간이 아니라는 것을 의미한다. 그는 그뿐만 아니라 "집단적인 것이 사적 관심사들을 감소시키지 않도록, 사적 요새들의 개방성과 거리의 연속성을 지탱해 줄 건축학적이고 도시적인 수단들을 찾기 위해 (건축가들이) 분투해야" 한다고 강조한다(Hertzberger, 2000: 134). 헤르츠베르거가 가장 관심을 두는 것은 쇼핑몰이나 경비가 엄중한 대학교 같은 유사 공적 공간으로서, 이곳은 공적인 것처럼 보이지만 실제로는 사적 이해관계를 중심으로 조직되어 만남과 위반을 제한하고 한정한다. 이것이 헤르츠베르거가 집단적으로 사용되는 건물들이 "더욱 도시같이"(Hertzberger, 2000: 137) 조직되어야 한다고 주장하는 이유이며, 건축가의 가장 중요한 책임으로 삼는 곳도 바로 여기이다.

헤르츠베르거는 "건물 내부에 … 사회 공간의 특질을 부여하기 위해 설계자들의 의식적이고 유목적적인 태도가 필요하다"고 주장한다(Hertzberger, 2000: 156). 그러나 이것만으로는 충분하지 않다. "건물이 제대로 기능하려면, 사람들이 진정으로 서로 만날 수 있도록 조직되는 것이 필수적이다"(Hertzberger, 2000:

156). 모스본 학교의 설계자들처럼 헤르츠베르거는 "전략적인 시선"과 "투명성"의 가시성을 중요하게 강조한다. 그러나 모스본 학교와 달리, 헤르츠베르거의 관심은 중심에서 모든 것과 모든 사람을 볼 수 있고 감독할 수 있는 파놉티콘에 관한 것이 아니다. 그에게 있어 가시성은 "타인을 만나거나 피하기 위한 가능성과 가시적 관계"(Hertzberger, 2000: 156)와 관련된다. 그러므로 그는 "모두가 모두의 길을 가로지를 수 있는 건물의 구조를 만들기 위한 공간 형식을 계속해서 탐색해야 한다"고 결론짓는다(Hertzberger, 2000: 172).

내가 보기에 헤르츠베르거는 세계성의 공간을 창조하는 것과 관련하여 추미보다 더 지각력이 있을 뿐만 아니라, 그의 몇몇 건축물은 이 도전을 성공적으로 이루었다. 그의 가장 최근 건축물 중 하나는 "몬테소리 대학부설학교"로, 암스테르담에 위치한 중등 직업 훈련 학교이다. 이 학교는 1200여 명의 학생을 수용하는데, 이 중 95%는 대략 50개국의 서로 다른 나라 출신이다(Bergers, 2003: 231 참조). 이 학교 건물의 가장 인상적인 특징은 발코니와 난간을 갖추고, 수많은 계단식 다리로 나뉘어 있는 큰 아트리움이다. 건물의 거의 모든 구석마다 계단과 층계, 그리고 앉아서 글을 쓸 수 있는 벤치가 있다. 건물을 사용해본 첫 경험은 헤르츠베르거가 진정 모두가 모두와 만나는 건물, 즉 그가 "도시적 특질"로 부른 만남, 사용, 사건을 위한 기회를 주는 건물을 만드는 데 성공했다는 것이다. 발코니와 계단들은 수많은 시선들, 그리고 시각적 관계를 위한 기회를 생성한다. 학교 이사 모엔(Nico Moen)에 의하면 광대한 시선의 효과 중 하나는 "학생들 서로가 더욱 존중을 보이고, 서로에게 긍정적인 방향으로 일정한 통제력을 행사한다"(Bergers, 2003: 231)는 것이다. 흥미롭게도, 유일하게 가시성이 없는 공간인 화장실은 더러움과 욕설의 공간이자 다툼의 현장이었다. 이 문제에 대한 "해결책"은 로비로 통하는 문을 제거하는 것이었다. 비록 모엔은 이 해결책에 온전히 만족하지는 않지만, 이것을 "감시와 사생활 사이의 균형을 찾으려는 지속적 분투"의 일부로 본다. 또한 그는 바로 이것이 몬테소리식 접근과 이 특정 건물의 설계 모두에 깔려있는 핵심 교육 원리라고 여긴다.

결론: 빌둥/건축의 역설

이상의 사례들로부터 도출할 수 있는 결론은 건축가들이 기능주의로부터 완전히 벗어나는 것은 가능하지 않다는 것이다. 유일한 출구는 당연하게도, 아무것도 만들지 않는 것이지만, 이것은 건축의 종말을 의미할 뿐이다. 이것을 건축가의 딜레마이자 건축의 역설이라고 부를 수 있을 것이다. 건축가들이 기능주의로부터 탈출하고 싶다면, 또 그들이 통제 욕구를 포기하고 싶다면, 건축을 포기해야 한다. 그러나 만약 그들이 건축가가 되고 싶다면, 또 건축가의 책임을 지고 싶다면, 그들은 어떤 식으로든 기능주의자가 되어야 한다. 어떤 측면에서는 이 두 선택 모두 건축가의 책임을 배신하거나 아니면 최소한, 사람들의 건물 사용 방식을 통제하지 않으려는 건축가의 책임을 배신한다. 그러나 이 딜레마의 출구는 "입"구라고 표현하는 것이 더 적절할 수도 있겠지만, 두 선택 중 하나를 택하는 데 있지 않다. 오히려 이 모순을 진지하게 받아들이고, 그것을 중심으로 건축가가 된다는 것의 의미를 이해하는 데에 그 방도가 있다. 내가 데리다(1992: 80)를 따라서 이중의 의무라고 부르는 건축가의 의무는 정확히 공간과 사건 모두에, 설계와 설계의 위반 모두에, 건축과 해체 모두에 헌신하는 것이다.

이것은 교육자들에게도 크게 다르지 않다고 주장하고 싶다. 이 장과 앞 장에서 교육은 새로 오는 자들을 기존의 질서에 끼워 넣는 사회화와 구분되는 것으로서, 고유하고 유일한 존재들이 세상으로 들어오는 것에 대한 책임을 수반한다고 주장하였다. 이것은 기술적 관점에서 이해될 수 있는 것이 아니다. 고유하고 유일한 존재를 생산하는 기술공학은 존재하지 않기 때문이다. 그러나 개인이 고유하고 유일한 존재로 세계에 올 수 있는 조건이 복수성과 차이의 세계성 공간의 존속에 달려있다면, 교육자의 책임은 무엇보다 먼저 그러한 세계성의 공간, 헤르츠베르거식으로 말하자면 "도시적 특징"이 있는 공간의 창조를 위한 책임을 의미한다. 여기에서 역설은 그러한 공간의 "세계성" 또한 어떠한 기술적 방식으로도 생산될 수 없다는 점이다. 내가 3장에서 개관했던 공통성이 없는 사람들의 공동체는 세계적 공간의 세계성에 대한 정의로도 이해될 수 있는데, 이 공동체는 오직 논리, 합리성, 질서, 구조와 목적을 중심으로 하는 합리적 공동체를 '**중단**'하는 것으로서만 존재한다. 그러나 이것은 교육자들이 아무것도 하지 말아야 한다는 의미가 아니다. 그렇게 되면 그들의 교육적 책임도 포기해야 하기 때문이다. 내가 주장하고자 하는 바는, 교육자의 책임은 정확히 **교육**과 **해체**의 역설적, 혹은 해체적 조합의 관심에 놓여있다는 것이다. 내가 3장에서 결론적으로 말했듯이, 합리적 공동체의 원활한 작동을 저해하는 것이 반드시 교육적 과정을 방해하는 것은 아니라는 것, 오히려 학생들이 자신만의 독특하고 응답적이며 책임 있는 목소리를 찾기 시작하는 바로 그 지점일 수 있다는 것을 교육자와 교사들이 깨달을 필요가 있다. 또한 이것은 교육자의 책임, 곧 교육적 책임은 미리 알 수 없는 어떤 것에 대한 책임이라는 것을 보여주며, 이는 자신이 무엇을 책임지고 있는지에 대한 지식**없는** 책임이다.

• 6장 •

민주적 인간과 교육

민주주의와 교육 재탐색

민주주의 정의하기

민주주의를 위한 교육

민주주의를 통한 교육

교육을 위한 문제로서 민주주의?

칸트: 민주적 인간의 개인적 개념

듀이: 민주적 인간의 사회적 개념

아렌트: 민주적 인간의 정치적 개념

민주적 인간과 교육

민주 교육을 위한 세 가지 질문

결론

앞 장에서 나는 교육을 이해하는 한 가지 다른 접근 방식을 제시하였다. 이 접근 방식은 인간 존재의 진리에 기반한 것도 아니고, 인간성이 무엇으로 구성되는지 안다고 주장하는 것도 아니다. 또한 교육을 특정 정체성이나 주체성의 생산물로 생각하는 것도 아니고, 새로 오는 자들을 기존의 사회 질서 속에 편입시키는 것으로 생각하는 것도 아니다. 그 대신 나는 고유하고 유일한 개인이 세계로 오는 다양한 방식을 강조하는 접근을 주장하였다. 우리는 타인의 타자성을 책임지는 방식을 통해 고유하고 유일한 존재로 세계 속에 출현한다. 바로 이러한 상황에서 우리는 합리적 공동체의 대표적 목소리 대신 우리 자신의 "목소리"로 말하게 되기 때문이다. 나는 우리가 출현하는 세계는 복수성과 차이의 세계라고 설명하였다. 우리와 같지 않은 타인들이 이 세계 속에 자신만의 방식으로 시작할 때만 우리는 세계 속에 출현할 수 있기 때문이다. 이 때문에 나는 교육적 책임이 오직 고유하고 유일한 존재들이 세계 속으로 들어오는 것에 대한 책임일 뿐만 아니라, 복수성과 차이의 세계에 대한 책임이기도 하다는 것을 주장하였다. 그와 같은 세계의 창조, 즉 세계성의 공간 창조는 단선적으로 이룰 수 있는 일이 아니다. 그것은 오히려 세계성 공간의 창조와 해체라는 "이중의 의무"를 수반한다. 이것의 연장선상에서 나는 학습의 시대에 교육적 언어의 상실을 포함하여 우리가 오늘날 마주하고 있는 도전에 응답하는 교육에 대한 이해방식을 설명하고자 하였다.

이 장에서 나는 이와 같이 교육을 이해하는 방식이 어떻게 다를 수 있는지를 보이고자 한다. 나는 근대 교육의 중심 질문 중 하나인 민주 사회에서의 교육의 역할에 초점을 두려고 한다. 이하에서 나는 민주 시민 생산의 관점에서보다는, 이 책에서 내가 주장한 핵심 개념과 아이디어를 중심으로 민주주의와 민주 교육을 재구성하는 방식으로 민주 교육에 대한 하나의 이해방식을 제시하고자 한다.

민주주의와 교육 재탐색

민주주의에 대한 질문은 항상 교육에 대한 질문과 밀접하게 관련되었다. 아테네의 **폴리스**가 시작된 이래로, 정치 · 교육 사상가들 모두 그들 사회의 시민(demos)들을 잘 준비시켜서 그 사회의 통치(kratos)에 참여할 수 있도록 하려면 어떤 교육이 적합한지를 질문하였다. 비록 오늘날의 복잡한 글로벌 세계는 아테네의 **폴리스**와 닮은 구석이라고는 전혀 찾기 힘들지만, 교육과 민주주의의 관계에 대한 질문만은 그때만큼이나 오늘날에도 중요하며 긴급하다. 새롭게 부상하는 민주주의에서 학교는 민주 시민성을 형성하고 민주 문화를 창조하는 데 매우 중요한 역할을 하는 것으로 여겨진다. 오래된 기성의 민주주의에서 교육은 민주적 삶을 보존하는 데에 핵심으로 여겨지며 요즘, 특히 젊은이들 사이에서 정치적 무관심을 논박하는 데에도 자주 거론된다. 점증하는 교육의 시장화와 그에 따른 학교의 민주적 주도권 상실은 전 세계 많은 나라에서 교육과 민주주의의 관계에 대한 질문을 다시 의제로 삼게 된 심층적 이유이기도 하다(예시로, Torres, 1998; Saltman, 2000; McLaughlin, 2000; McDonnell et al., 2000; McNeil, 2002; Wells, Slayton, Scott, 2002; Biesta, 2004a 참조).

그렇다면 우리는 민주주의와 교육의 관계를 어떻게 이해해야 하는가? 민주 사회에서 학교의 역할은 무엇인가? 이 장에서 나는 이 질문들에 대한 해답은 결정적으로 민주적 인간에 대한 우리의 관점에 달려있다고 주장할 것이다(Westheimer & Kahne, 2004 참조). 보다 철학적인 용어로 말하자면, 이것은 민주 사회를 위해 어떤 주체성을 바람직하거나 필요하다고 여기는지에 대한 우리의 관념에 의존한다. 한 가지 영향력 있는 사고방식에 따르면, 민주주의는 스스로 자유롭고 독립적인 판단을 내릴 수 있는 합리적 개인을 필요로 한다. 두 세기 더 이전에 계몽주의 철학자들에 의해 처음 고안되어 오늘날까지 영향력을 유지하고 있는(예시로 Rawls, 1993; 1997; Habermas, 1996; Dryzek, 2000 참조) 이 아이디어는 그러한 개인을 “창조”하거나 “생산”하는 것이 학교의 과업이라는 신념으로 이어졌다. 이것은 학교가 아이들에게 그들을 민주 시민으로 바꾸어줄 지식, 기술, 성향을 주입시켜서 “민주주의를 위한 준비”를 갖추도록 만들어야 한다는 생각을 조장했다.

그러나 민주 교육에 대한 이와 같은 관점에는 몇 가지 문제점이 있다. 첫 번째 문제점은, 그러한 사고방식은 민주 교육의 **도구적** 개념으로서 교육을 민주주의를 이루기 위한 수단으로 보며, 만약 그것이 실패할 경우 편의상 제도 탓을 하게 된다. 여기서 문제점은 학교들이 마치 민주주의의 미래에 대한 모든 책임을 떠맡은 것 같은 위치로 내몰리고 있다는 것이다(그리고 우리 모두는 민주주의에 문제가 있을 때 정치인들이 얼마나 쉽게 교육에 손가락질을 하는지 잘 알고 있다). 학교에 이러한 과업을 짐 지우는 것은 공정하지 않을 뿐만 아니라, 학교가 민주주의를 “만들거나 무너뜨릴” 수 있다고 가정하는 것은 비현실적이기도 하다. 교육을 민주적 인간을 “생산”하는 것으로 보는 관념의 두 번째 문제점은, **민주 교육의 개인주의적 접근**을 수반하게 된다는 것이다. 이 접근에서는 타인들과의 관계나 그들이 학습하고 행동하는 사회·정치적 맥락에 대한 질문 없이, 교육적 노력은 단지 개인에게 일련의 적합한 민주적 지식, 기술, 성향을 구비시키는 것에 집중된다. 이것은 세 번째 문제점과도 밀접하게 관련되어 있는데, 민주 교육에 대한 그러한 관점은 **민주주의 자체에 대한 개인주의적 관점**에 기반하고 있다는 것이다. 즉 민주주의의 성공이 개인들의 지식, 기술과 성향, 그리고 민주적으로 행위하는 개인들의 의지에 달려 있다고 보는 것이다. 여기서 특히 문제가 되는 것은 민주주의가 모든 시민들이 '올바르게' 교육받고 그에 따라 행동할 때에만 가능하다는 전제이다. 이것이 제기하는 질문은, 만약 민주주의가 공통의 정체성을 토대로만 존재할 수 있다고 한다면, 과연 우리가 민주주의를 충분히 진지하게 여기고 있는가 하는 것이다. 민주주의의 도전은 바로 우리와 같지 않은 타인들과 함께 살 수 있는 능력에 놓여 있는 것이 아닌가?(Säfström & Biesta, 2001 참조)

이 장에서 나는 민주 교육에 대한 다른 이해방식을 전개하고 싶다. 이것은 민주 교육이 민주적 인간의 "생산"에 관한 것이라는 생각을 중심으로 하는 것이 **아니다**. 또한 민주적 인간을 미리 정해진 지식, 기술, 성향을 갖춘 고립된 개인으로 상정하는 것도 **아니다**. 그보다 민주주의는 동일성과 같음이 아니라 복수성과 차이에 관한 것이라는 사실을 인정하는 것이다. 다르게 말하면, 나는 민주 교육을 민주적 인간의 "생산"으로 보는 관점의 특징인 도구주의와 개인주의를 극복하는 것이 가능한지를 탐구하고자 한다. 나는 그러한 민주 교육의 이해 방식에 도전하는 것이 중요하다고 믿는다. 기존의 방식은 학교가 실제로 성취할 수 있는 것에 대한 기대를 비현실적으로 높일 뿐만 아니라, 전반적으로 민주주의의 미래에 대하여 학교에만 과중한 부담을 지우고 사회에는 너무 적게 짐지운다는 사실 때문이기도 하다. 이 장에서 주로 논의할 것은 민주적 인간의 세 가지 개념으로서, 곧 민주적 주체성에 대한 개인적 · 사회적 · 정치적 관점이다. 나는 주로 아렌트로부터 영감을 받고 앞 장에서 제시된 아이디어에 기초한 정치적 관점이 우리에게 민주 교육의 이론과 실천에서 도구주의와 개인주의를 극복할 수 있는 방안을 제시한다고 주장할 것이다. 나는 또한 이 관점이 학교와, 다른 제도 교육으로부터 실제적으로 무엇을 기대할 수 있는지, 그리고 사회 전체로부터 무엇을 기대해야 하는지를 더 명료하게 바라볼 수 있도록 해준다고 주장할 것이다. 결론적으로 학교는 민주주의를 만들 수도, 구원할 수도 없다. 다만, 학교는 민주적 행위와 민주적 주체성이 진짜 가능성으로 존재하는 사회를 지원할 수 있을 뿐이다.

민주주의 정의하기

민주주의에 대한 어떠한 논의든지 그 정의에 대한 질문을 제기한다. 민주주의를 국민(demos)에 의한 통치(kratos)라는 문자적 의미대로 이해하기는 어렵지 않지만, 시간이 지나면서 민주주의가 의미할 수 있는 것에 대한 수많은 다른 해석들이 제기되어 왔다(예시로 Held, 1987; 1995; Gutmann, 1993; Mouffe, 1992 참조). 이러한 해석들은 통치가 실제로 무엇을 의미하는지(일례로, 직접 민주주의 대 간접 민주주의), 그리고 누가 "국민"으로 간주되어야 하는지(일례로, 자유인들, 지주들, 여성들, 아이들, 모든 사람)에 관한 대답이 서로 다르다. 뿐만 아니라, 민주주의의 이상을 정당화하는 과정에서도 민주주의를 인간의 좋은 삶을 위한 최선의 맥락으로 보는 입장부터 "지금까지 시도된 다른 모든 것을 빼고 최악의 정부 형태"(Shapiro, 2003: 148)라는 처칠(Winston Churchill)의 정의까지 매우 폭넓은 차이를 보인다.

민주주의의 이상에 대한 주요 문제 중 하나는 그다지 많은 사람들이 별로 상관하고 싶어 하지 않는 개념이 되었다는 사실이다. 헬드가 올바로 지적하듯이, "오늘날 거의 모든 사람이 그들의 입장이 좌파인지 중도인지 우파인지 관계없이 스스로를 민주주의자라고 말한다"(Held, 1987: 1). 그러므로 민주주의의 의미가 너무 다양해져서 어떠한 의미도 가질 수 없게 되어버린 실제적 위험이 존재한다. 이에 대하여 어떤 이들은 민주주의를 "본질적으로 논쟁적인 개념"(Gallie, 1995)으로 이해할 것을 주장한다. 즉 민주주의는 사람들이 그 정의에 동의할 수 없기 때문이 아니라, 민주주의라는 이념 자체가 그것이 실제로 의미하고 함의하는 것이 무엇인지 지속적인 논의와 재검토를 필요로 하기 때문에 끊임없이 도전받는 논쟁적 개념이라는 것이다. 이것이 듀이가 민주주의의 핵심 아이디어는 "끊임없이 발견되고, 재발견되고, 재창조되고, 재건되는 데 있다"(Dewey, 1987a [1937]: 182)고 썼을 때

염두에 두었던 사실이다. 그렇다면 우리는 어떻게 민주주의를 정의해야 할까?

우리는 민주주의를 "국민의, 국민에 의한, 국민을 위한 정부"(Lincoln; Torres, 1998, 159에서 인용)라고 했던 링컨의 광범위한 정의를 사용할 수도 있다. 비담과 보일(Beetham & Boyle)은 유네스코의 위임을 받아 집필한 민주주의에 관한 책에서 민주주의에 대한 보다 상세한 정의를 제안하고 있다. 이 정의에 따르면, 민주주의는 "집단적 의사결정에 대한 **대중의 통제**와, 그 통제권을 행사할 수 있는 **동등한 권리**라는 양대 원칙"(Beetham & Boyle, 1995: 1)을 수반한다. 이 정의는 집단 전체에 영향을 미치는 결정은 그 구성원 모두에 의해 이루어져야 하고, 각 사람은 그러한 의사결정에 참여할 수 있는 동등한 권리를 가져야 한다는 이상을 구현하고 있다. 이 정의는 민주주의는 "정부 형태 그 이상"이며 "본질적으로 연합된 삶의 양식"(Dewey, 1966: 87)이라는 듀이의 통찰을 암시해준다. 이와 같은 민주주의의 사회적 개념(Festenstein, 1997)은, 민주주의는 배타적으로 정치 영역에서의 집단적 의사결정에 대한 것만이 아니라, 더 일반적인 사회적 · 정치적 삶의 "건설, 유지, 변형"(Bernstein, 2000: xxi; Barber, 1984; 1998 참조)에 참여하는 것과 관련된다는 점을 인정한다. 다시 말하자면, 민주주의의 사회적 개념이 표현하는 것은 민주주의는 사회적 · 정치적 행위의 포괄적 방식에 관한 것이라는 사실이다.

만약 이것이 현재 통용되는 민주주의의 정의로 충분하다면, 민주주의와 교육의 관계는 어떻게 이해될 수 있을까? 이에 대하여 이 질문에 대한 가장 강력한 두 가지 대답인 "민주주의를 **위한** 교육"과 "민주주의를 **통한** 교육"을 언급하고자 한다.

민주주의를 위한 교육

민주주의와 교육의 관계를 이해하는 가장 통상적인 방식은, 교육의 역할을 아이들, 더 일반적으로는 "새로 오는 자들"을 장차 민주적 삶에 참여할 수 있도록 '준비시키는 것'으로 보는 것이다. 이 접근에서 민주 교육의 역할은 다음의 세 가지이다. (1) 민주주의와 민주적 과정에 대해 가르치는 것(**지식** 요소), (2) 숙고, 집단적 의사결정, 그리고 차이를 대하는 법 등 민주적 기술의 습득을 촉진하는 것(**기술** 요소), (3) 민주주의를 향한 긍정적 태도의 습득을 지원하는 것(**성향** 혹은 **가치** 요소).

많은 교육 이론가들과 정치인들은 다음 세대가 민주주의에 참여하도록 준비시키는 데 학교와 교육기관이 중대한 역할을 한다고 진심으로 믿고 있다. 우리는 이러한 사고방식이 표현된 것을 여러 책 제목에서 확인할 수 있는데, 예를 들면 『민주주의를 위한 학교교육(*Schooling for Democracy*)』(Giroux, 1989), 『민주적 정신 교육하기(*Educating the Democratic Mind*)』(Parker, 1995),

『시민 창조하기(*Creating Citizens*)』(Callan, 1997), 그리고 『젊은이들의 민주적 인성 개발(*Developing Democratic Character in the Young*)』(Soder et al., 2001) 등이다. 거트먼(Amy Gutmann)은 『민주 교육(*Democratic Education*)』(1987)에서 이 관점을 잘 예시해 주고 있다. 거트먼은 정치교육을 "정치적 참여를 위해 필요한 덕목, 지식, 기술의 함양"의 과정으로 정의하고, 정치교육의 목적은 "시민들을 의식적으로 사회를 재생산하는 데 참여할 수 있도록 **준비시키는 것**"이라 주장한다(Gutmann, 1987: 287; 강조는 저자의 것).

민주주의 내에서 자신의 역할을 잘 감당하도록 아이들과 새로 오는 자들을 준비시키는 것이 학교와 교육기관의 중요한 과업이라는 데는 의심의 여지가 없다(다만, 내가 다음의 내용에서 주장하겠지만, 그러한 "준비"의 정확한 본질이 무엇인지에 관한 중요한 질문들이 남아 있다). 최근 논의의 주요 논쟁점 중 하나는 학교는 적극적으로 민주주의가 **융성**하도록 도와야 하는지(성향이나 가치 요소), 아니면 오직 민주주의에 대한 지식을 가르치는 것과 민주적 기술을 습득하는 것에만 집중하면 되는지 하는 것이다(지식과 기술 요소). 카아와 하트넷이 민주 교육에 관한 저서에서 주장한 바에 따르면, 민주주의를 위한 교육의 제1 목적은 "모든 미래 시민들이 사회에서 민주적 삶에 참여하기 위해 최소한도로 필요한 지식, 가치, 숙고적 추론의 기술을 갖추도록 보장하는 것"(Carr & Hartnett, 1996: 192)이어야 한다. 거트먼도 "의식적으로 사회 재생산을 지지하는 사회는 모든 교육 가능한 아이들로 하여금 집단적으로 그들의 사회를 형성하는 데 참여**할 수 있도록** 교육해야 한다"(Gutmann, 1987: 39; 강조는 저자의 것)고 함으로써 이와 비슷한 관점을 보인다. 그러므로 두 사람 모두 학교가 적극적으로 민주주의와 민주적 가치를 장려해야 한다는 관점과는 거리를 두는 것으로 보인다.

민주주의를 통한 교육

비록 '민주주의를 **위한** 교육'이라는 주제를 지지하는 그럴듯한 이유가 충분히 많지만, 민주주의를 의도적으로 가르치고자 하는 시도를 통해 이룰 수 있는 일에는 한계가 있기 마련이다. 정치적 사회화에 대한 연구가 보여주듯이, 학생들은 가르치는 것으로부터만 배우는 것은 아니다. 그들은 또한 자신이 참여하는 많은 다양한 상황들로부터 배우기도 하며, 종종 더 많이, 더 강력하게 배우기도 한다(예시로, Torney-Purta et al., 2001 참조). 학교에는 민주주의와 시민성을 가르치기 위한 예시적인 교육과정이 있겠지만, 만약 학교의 내부 조직이 비민주적이라면 이것은 틀림없이 학생들의 민주주의에 대한 태도와 성향에 부정적인 영향을 미칠 것이다.

바로 이러한 이유 때문에 많은 교육자들은 민주주의를 **위한**

교육의 제일 좋은 방법은 민주주의를 **통한** 교육, 즉 교육의 민주적 형식을 통해서라고 주장해왔다. 『민주적 학교들(*Democratic Schools*)』(1995)에서 애플과 비네는 민주적 학교교육을 위해서는 "민주적 구조와 과정에 따라 학교생활이 이루어지는 것"과 "젊은 이들에게 민주적 경험을 제공하는 교육과정", 양자 모두가 뒤따라야 한다고 설명한다(Apple & Beane, 1995: 9). 그들이 제시하는 예들은 분명 쉽지는 않겠지만, 민주적 학교교육이 가능하다는 것을 보여준다. 그것은 학교의 민주적 자질과 함께 더 일반적으로는 교육 환경에 대한 지속적 관심을 요구한다. 애플과 비네가 강조하는 바는, "민주주의의 가장 강력한 의미가 형성"되는 것은 "번지르르한 정치적 수사"가 아니라 "일상생활의 세부사항 속"이라는 것이다(Apple & Beane, 1995: 103).

따라서 민주주의를 **통한** 학교교육은 민주주의를 **위한** 학교교육의 특별한 한 가지 방식으로 이해될 수 있다. 즉 민주주의를 위한 최선의 준비는 민주적 삶 그 자체에 참여하는 것을 통해서라고 주장할 수 있는 것이다. 이 주장은 물론 학교의 경계 바깥의 삶까지 확장된다. 비록 학교가 젊은이들의 삶 속에서 중요한 위치를 차지하지만, 그들은 또한 집에서, 길거리에서, 소비자로서, 인터넷 사용자로서 등 다양한 곳에서 배운다(Biesta & Lawy, 2006). 그러므로 교육적 관점에서 이러한 환경의 민주적 특징에 의문을 제기하는 것 또한 중요하다. 민주주의의 참여적 형태를 지지하는 이들은 이것을 염두에 두고 "참여 민주주의 이론에서 참여의 주된 기능은 … 교육적인 것"(Pateman, 1970: 42)이라고 주장해 왔다. 이것이 전제하는 바는 참여의 경험이 진정 "민주적 인격을 발전시키고 육성할 것"이라는 것이다(Pateman, 1970: 60).

교육을 위한 문제로서 민주주의?

비록 "민주주의를 **위한** 교육"과 "민주주의를 **통한** 교육" 사이에는 상당한 차이가 존재하지만, 적어도 한 가지 면에서는 유사하다. 바로 아이들과 젊은이들을 장차 미래에 민주주의 참여를 위해 어떻게 가장 잘 준비시킬 수 있을지에 주목한다는 점이다. "올바른" 지식, 기술, 성향을 갖추든지, 아니면 내면에 민주적 인성의 자질을 함양하든지 간에, 두 접근 모두 **개인의 준비**에 주목함으로써, 어떻게 민주적 인간이 가장 잘 만들어지거나 발생될 수 있는가라는 질문의 해답을 추구한다. 이 점에서 민주주의를 **위한** 교육과 민주주의를 **통한** 교육 모두, 민주 교육에 대한 도구주의적 · 개인주의적 접근을 드러낸다. 이것을 표현하는 한 가지 방법은 두 접근 모두 민주주의를 **교육을 위한 문제**로 간주한다는 것이다. 다시 말하여 민주주의는 교육자들에게 "주어진" 문제로서 다른 곳에서 정의되고, 교육자들, 학교들, 다른 교육기관이 해결책을 제공해야 하는 (그리고 내가 전에 언급했듯이, 민주주의에 뭔가 문제가 생기면 탓하게 되는) 문제로 간주된다는 것이다.

그러나 여기서 질문은 이것이 민주 사회에서 교육의 역할을 이해하는 유일한 방법인가 하는 것이다. 우리가 이 질문에 어떻게 대답할지는 민주적 인간에 대한 우리의 관점에 달려 있다. 이어지는 절에서 나는 무엇이 민주적 주체를 구성하는가의 질문에 세 가지 상이한 대답을 제시할 것인데, 그것은 바로 민주적 인간에 관한 칸트의 **개인적** 개념, 듀이의 **사회적** 개념, 그리고 아렌트의 **정치적** 개념이다. 나는 칸트의 개인적 개념은 교육이 민주적 개인을 "생산"해야 한다는 결론으로 귀결된다고 주장할 것이다. 듀이의 사회적 개념은 민주적 인간은 고립된 상황에서 창조될 수 없고 오직 민주적 삶에의 참여를 통해서만 나타날 수 있다는 것을 인정한다. 비록 듀이는 민주적 인간에 대한 사회적 개념을 가지고 있지만, 그럼에도 민주 교육에 대한 그의 관점은 여전히 도구주의와 개인주의의 특징을 보인다. 민주적 주체성에 대한 아렌트의 정치적 개념은 민주주의의 생산자이자 보호자로서의 교육이라는 아이디어를 넘어서는 것을 가능하게 한다.

칸트: 민주적 인간의 개인적 개념

칸트의 철학은 유럽 계몽주의에 그 뿌리를 두고 있다. 칸트와 같은 계몽주의 사상가들은 전제 통치로부터 더 민주적인 정부 형태로의 과도기 상태에 있던 유럽 국가들(가장 대표적으로 프러시아, 프랑스, 그리고 스코틀랜드)의 변화하는 정치적 상황에 응답하였다. 이는 시민 사회에서 효과적인 시민이 되기 위해 필요한 자질에 대한 질문을 야기하였다. 다시 말하자면, 민주주의를 가능하게 하기 위해 필요한 주체성에 대한 질문들을 제기한 것이다. 계몽주의 철학자들이 내놓은 해답은 민주 사회는 스스로 결정하고 생각할 수 있는 개인들이 필요하다는 것이었다. 칸트는 이 사실을 매우 잘 포착하였고, 그것이 계몽주의의 표어, "Sapere aude!", 즉 스스로의 이성을 행사할 용기를 가지라는 모토 속에 잘 표현되어 있다(Kant, 1992: 90 참조).

민주주의에 필요한 주체성의 질문에 대한 칸트의 대답은 다른 사람의 지시 없이도 자신의 이성을 사용할 수 있는 개인의 능력을 강조한다. 이는 민주적 인간에 대한 칸트의 개념에 담긴 개인주의적인 경향을 이미 드러내고 있다. 왜냐하면 칸트에게 민주적 인간은 스스로 생각할 수 있고, 다른 이들의 인도 없이 자기 스스로 판단을 내릴 수 있는 사람이기 때문이다. 그러므로 칸트적 주체는 합리적 주체이자 자율적 주체이고, 민주 교육의 과업은 인간 주체의 합리적 잠재력을 해방시키는 것이다.

내가 앞서 주장했듯이, 합리적 자율성의 주체성이라는 칸트의 이상은 근대 교육학의 이론과 실천에 엄청난 영향을 미쳤다. 예를 들어, 칸트로부터 피아제와 콜버그의 작업에 이르는 직접적인 흐름이 있는데, 이들의 인지 발달과 도덕 발달 이론은 각각 칸트의 인식론과 도덕 철학에 기반하고 있다. 합리적 자율성의 이상은 또한 자유교육의 주도적 원리이자 교육적 이상으로서 비판적 사고의 논의에서 중심적 역할을 한다. 어떤 이들은 심지어 합리적 자율성은 단순히 하나의 교육적 목표가 아니라, 모든 교육의 유일무이한 목표라고 주장한다(이 이상에 대한 비판적 논의는, Biesta & Stams, 2001 참조). 또한 칸트의 사상은 민주 교육에도 큰 영향을 미쳤는데, 직접적으로는 민주 교육의 목적이 합리적이고 자율적인 인간을 만드는 데 있다는 생각을 통해서, 간접적으로는 교육이 합리적 주체성의 생산에 관한 것이라는 생각을 통해서이다.

비록 칸트의 주체성에 대한 이해가 아주 영향력이 컸던 것은 사실이지만, 그것이 지닌 개인주의와 합리주의 때문에 맹렬하게 비판받기도 했다. 니체, 프로이트, 푸코와 같은 사상가들은 모두 저마다의 방식으로 주체성의 기원은 주체 자신의 합리적 사고에서 발견되는 것이 아니라, 합리적 통제 너머에 존재하는 힘과 작용에 의해 구성되는 것이라고 주장하였다. 하버마스 또한 합리성은 개인 의식의 결과로 생기는 것이 아니라, 의사소통의 삶으로부터 나오는 것이라고 주장하며 칸트의 개인주의적 합리성을 비판했다. 유사한 맥락에서, 미드나 듀이와 같은 실용주의 철학자들도 개인주의와 합리주의를 이유로 칸트의 틀을 문제 삼았다. 나의 논의에서는 듀이가 매우 중요한 사상가인데, 칸트의 주체성 개념에 대한 그의 비판과 대안은 교육과 민주주의에 대한 질문들과 밀접하게 연결되기 때문이다.

듀이: 민주적 인간의 사회적 개념

듀이의 주체성 개념은 어떤 면에서 칸트적 접근과 가장 멀리 떨어져 있다. 칸트에게서는 모든 것이 합리적 존재의 사고 활동으로부터 시작된다. 칸트는, "나는 생각한다(Ich denke)"라는 명제는 "이해와 관련된 모든 작용이 귀속되는 최고 분수령이다"(Kant, 1929: B134)라고 문자 그대로 쓰고 있다. 반면에 듀이는, 정신은 "원자료들"이 아니라 오히려 "습득된 어떤 것"(Dewey, 1980: 60)을 재현한다고 주장한다(Dewey, 1980: 60). 그것은 "연합, 상호교류, 전파, 그리고 축적된 삶의 결과이지, 이것 이전에 이미 만들어져있는 원인은 아니다"(Dewey, 1980: 60-61). 이것이 "옛날의 중심이 정신"이라면 "새로운 중심은 중심이 정해져있지 않은 상호작용"(Dewey, 1983: 62)이라는, 듀이가 자칭 코페르니쿠스 혁명이라 부르는 것이다. "본래의 개인 의식이라는 거짓 심리학"(Dewey, 1983: 62)에 맞서 듀이는 인간 존재를 "**축적된** 유기체"(Dewey, 1988: 15)로 제시한다. 즉, 인간 존재는 사회적 매개와의 상호작용을 통해서 사유와 반성의 습관을 포함한 자신의 습관을 형성하는 살아있는 유기체라는 것이다.

사회적 매개를 통한 상호작용은 새로 오는 자들이 단순히 그들이 속한 집단이나 문화에 이미 존재하는 행위의 의미와 양식을 받아들이는 일방적 과정이 아니다. 상호작용은 참여이다. 이

때 참여는 듀이의 의사소통에 대한 이해에서 핵심인데, 듀이의 의사소통은 송신자로부터 수신자에게 의미를 전달하는 것이 아니기 때문이다. 그것은 "적어도 두 가지 서로 다른 행동의 중심에서"(Dewey, 1958: 178) 무언가를 공통되게 만드는 과정이다. 그것은 "상대방이 존재하는 활동으로서, 각자의 활동이 상대방에 의해 수정되고 규제되는 협력 활동의 정립"이다(Dewey, 1958: 179). 그러므로 의사소통은 활동의 패턴이 형성 · 변형되고, 의미가 공유 · 재창조 · 재건되며, 이를 통해 개인들이 성장 · 변화 · 변형되는, 철저히 **실천적인** 과정이다(Biesta, 1994).

물론 듀이도 인간 존재가 사유와 성찰을 할 수 있는 역량이 있다는 점에서 합리적 존재라는 것을 부정하는 것은 아니다. 그가 정말로 도전하고 싶은 것은 이 역량이 선천적으로 부여된 것이라는 철학 전통 전체이다. 그가 『경험과 자연(*Experience and Nature*)』에서 설명하기를, "지능과 의미"는 "인간의 경우 상호작용의 특이한 형식에 따른 자연적 결과물이다"(Dewey, 1958: 180). 듀이는 다른 글에서 "정신의 활동성"은 "사회적 조건이 장착된 교육에 의존한다"(Dewey, 1954: 209)고 말한다. 따라서 듀이가 "지능"이라 부르는 사유하고 성찰하는 능력은 사회적 기원을 가진다고 말할 수 있으며, 이 때문에 듀이가 주체성의 사회적 개념을 내세운다고 주장할 수 있는 한 가지 방식이 된다.

더 일반적 의미로 듀이에게 우리는 오직 사회적 매개에 참여함으로써만 우리 자신이 될 수 있다. 이것이 교육은 "그들이 속한 집단의 삶에 참여함으로써 미성숙한 이들의 방향성과 발달을 확고히 하는 사회적 작용"(Dewey, 1966: 81)이라고 썼을 때 듀이가 염두에 둔 사실이다. 만약 그렇다면 듀이의 용어로 **미성숙한 자들**, 혹은 나의 용어로 **새로오는 자들**이 참여하고 학습하는 삶의 "질"에 대해 중요한 교육학적 질문들이 제기될 수 있다. 보다 정확하게 말하자면, 듀이가 『민주주의와 교육(*Democracy and Education*)』에서 명확히 하고자 했던 것은 서로 다른 다양한 관심사가 존재하며 "다른 형식의 연합"과 자유롭고 충분한 상호작용을 하는 사회 집단이, 고립되고 제한된 관심사로만 묶인 사회 집단보다 더 바람직하다는 주장이다. 전자에서는 개인이 발달하고 성장할 기회들이 많이 존재하는 반면, 후자에서는 이 기회들이 제한되고 축소된다. 그러한 사회가 제공하는 교육은 듀이에 의하면, "편협하고 왜곡되어 있다"(Dewey, 1966: 83). 반면에, 많은 관심사를 공유하고 "다른 형식의 연합과 자유롭고 충분한 상호작용"을(Dewey, 1966: 83) 하는 단체나 사회는 "권력의 해방"을 보장한다(Dewey, 1966: 87). "공유된 관심 영역의 확장"과 "더 다양한 개인적 역량의 해방"은 "민주적으로 구성된 사회"의 명확한 특징이다(Dewey, 1966: 87).

듀이의 주장에서 유념할 것은, 단순히 더 다원적인 사회일수록 힘과 역량을 키울 수 있는 개인의 선택 기회가 더 많아지는 것이 아니라는 것이다. 비록 이러한 사고방식은 듀이 주체성의 사회적 개념의 일부이긴 하지만, 듀이는 개인과 사회의 관계를 개인이 사회에 의해 형성되는 일방적 관계로 보지는 않는다. 듀이에게 있어서 중요한 것은 단순히 서로 다른 관심사들이 존재하는 것이 **아니다**. 여기서 핵심은 어느 정도로 서로 다른 관심사들이 **의식적으로 공유되는가**, 즉 어느 정도로 개인의 행위가 더 큰 "사회 구조"의 일부라는 사실을 인지하는가 하는 것으로서, 각 개인이 "자신의 행위를 위해서는 타인에게 의존해야만 하고, 자신의 행위의 목표와 방향을 위해서는 타인의 행위를 고려해야만 한다"(Dewey, 1966: 87)는 것이다. 이것은 듀이식 주체성의 사회적 개념에 더 심층적인 차원을 추가한다. 듀이가 때때로 "개별화된 자아(individualized self)"(Dewey, 1954: 150)로 표현하는 주체가 된다는 것은 결국 개인적 특징을 형성하는 바로 그 맥락들의 형성(Festenstein, 1997: 70 참조)에 참여한다는 것을 의미하기 때문이다. 주체성 형성의 조건 형성자로서의 주체라는 아이디어는 듀이의 민주적 인간의 이해에 핵심이 된다.

주체성을 형성하는 조건들을 형성하는 과정에서 중요하게 부각되는 지능은 **사회적** 지능이다. 사회적 지능은 지성적 협력에 참여하기 위한 필요조건이자 동시에 그 결과이다. 카아와 하트넷이 설명하듯 "이 과정에 참여함으로써, 개인은 자신의 자유 실현과 사회 재형성에 공헌하는 방식으로 자신과 사회 제도를 재건할 수 있게 해주는 지적 성향을 개발한다"(Carr & Hartnett, 1996: 59). 이것이 듀이가 말하는 민주주의의 본질이다. 왜냐하면 민주주의 내에서는 "사회 제도에 영향을 받는 모두가 … 그것을 생산하고 관리하는 일에 지분이 있다. 한편으로 각자가 스스로 행하고 즐기는 것과 자기가 살고 있는 제도에 의해 자신의 생성이 영향을 받는다는 사실, 다른 한편으로 그 결과 민주주의 내에서 각자가 그것을 형성하는 것에 목소리를 가지게 된다는 두 가지 사실은, 동일한 사실의 수동적이고 능동적인 양면이다"(Dewey, 1987b: 218).

듀이에게 민주주의와 교육은 밀접한 관련이 있다. 그 이유는 첫째, 민주주의는 "인간 역량의 완전한 개발을 위한 해방"(Festenstein, 1997: 72)을 가장 잘 촉진하고 지지해주는 사회적 상호작용의 형식이기 때문이다. 둘째, 우리가 민주적 삶에 참여함으로써 사회적 지능을 갖춘 인간, 즉 민주적 인간이 되기 때문이며, 이는 듀이의 관점이 민주주의를 **통한** 교육의 아이디어를 어떻게 예시하는지를 보여준다. 두 맥락 모두에서, 우리는 민주적 인간에 대한 듀이의 개념이 어떻게 칸트식 접근이 갖는 개인주의를 극복하는지 볼 수 있다. 그러나 듀이는 사회적 지능이 있는 사람이 창조되거나 생산되는 방법으로 민주주의에 참여하는 것을 제시하기 때문에, 민주 **교육**의 관점에서 보면 여전히 도구주의적 접근에 사로잡혀 있다. 이 점에서 우리는 민주 교육에 대한 듀이의 관점에는 개인주의의 흔적이 남아있다고까지 말할 수 있다. 듀이에게 있어 민주적 인간은 특정한 "속성"이나 "자질"(예를 들어 사회적 지능)을 지닌 개인이고, 민주 교육의 목적은 그와 같은 개인을 만들어내는 것이기 때문이다. 바로 이 지점에서 아렌트의 작업은 민주적 주체성에 대한 또 다른 이해를 발전시키도록 해준다.

아렌트: 민주적 인간의 정치적 개념

내가 4장에서 다루었듯이, 아렌트의 주체성 개념은 **활동적 삶**(*vita activa*)에 대한 이해에 뿌리내리고 있다. **활동적 삶**은 **실천**(praxis)의 삶으로서, 아렌트는 서양 철학 초기부터 **관조적 삶**(*vita contemplativa*)에 의해 쫓겨났던 실천을 제자리로 복귀시키기 원한다. 아렌트는 활동적 삶을 노동, 작업, 행위의 세 가지 영역으로 구분한다. **노동**은 인간 육체의 생물학적 과정에 부합하는 활동이다. 반면 **작업**은 인간 존재의 "비자연성"에 부합하는 활동으로, 생산과 창조, 도구와 관련된다. 그것은 제작에 관한 것이기 때문에 "전적으로 수단과 목적의 범주에 의해 지배된다"(Arendt, 1997b: 143). 반면에 **행위**는 "사물이나 물질의 매개" 없이 "인간 사이에[*sic*] 직접적으로 일어나는"(Arendt, 1977b: 7) 활동이다.

앞서 살펴보았듯이 아렌트에게 행위한다는 것이 우선적으로 의미하는 바는 주도권을 잡는 것, 새로운 무언가를 시작하는 것, 새로운 무언가를 세상으로 가지고 들어오는 것이다. 아렌트는 인간 존재를 "*initium*", 즉 "시작**하는 것**이자 시작**하는 자**"로 간주한다(Arendt, 1977a: 170; 강조는 저자의 것). 모든 탄생과 함께 독특하게 새로운 무언가가 세상으로 들어오기 때문에, 시작으로서의 행위는 탄생의 사실에 부합한다(Arendt, 1977b: 178 참조). 그러나 인간 존재가 태어날 때만 유일하게 새로운 무언가가 세계로 들어오는 것은 아니다. 아렌트는 우리가 하는 모든 일을 통해 끊임없이 새로운 시작이 세계 속으로 들어온다고 강조한다.

이 맥락에서 보면 아렌트에게 주체성은 행위와 관련되는 것이라고 말할 수 있다. 즉 주체가 된다는 것은 행위한다는 것을 의미하고, 행위는 자신의 시작을 세계로 가지고 들어오는 것으로부터 시작하는 것이다. 그러나 핵심은 행위하기 위해서 또 주체가 **되기** 위해서 우리는 자신의 시작에 반응하는 타인들이 필요하다는 것이다. 내가 무언가를 시작했는데 아무도 반응하지 않는다면 나의 시작으로부터 아무것도 이어지지 않을 것이다. 그 결과 내 시작은 세계 속으로 들어오지 못할 것이고 나는 주체가 **되지** 못할 것이다. 즉 **나**는 세계속으로 들어오지 못할 것이다. 반면에 내가 무엇인가를 시작하고 타인들이 내 시작에 반응한다면, 나는 정말로 세계 속으로 들어올 것이며, 정확히 바로 그 순간에 나는 주체**이다**. 그러나 문제는 우리가 항상 "스스로의 행위를 할 능력이 있는"(Arendt, 1977b: 190) 존재에 대하여 행위하기 때문에, 타인들은 예측할 수 없는 방식으로 내 시작에 반응한다는 사실이다. 하지만 정확하게 말하면, "우리가 한 일의 유일한 주인으로 남을 수 없음"은 동시에 우리의 시작이 세계 속으로 들어올 수 있는 **유일한** 조건이 된다(Arendt, 1977b: 220).

물론 우리는 타인들이 우리의 시작에 반응하는 방식을 통제하려고 시도할 수도 있으며, 아렌트는 그와 같은 유혹이 있을 수 있다는 것을 인정한다. 그러나 만약 우리가 그렇게 한다면, 다른 인간 존재들을 우리의 목적을 달성하기 위한 도구로 만들 것이고, 이는 그들이 존재할 기회, 즉 그들이 자신의 시작을 통해 세계로 들어올 기회를 박탈한다는 것을 의미한다. 우리는 그들로부터 행위할 기회, 즉 주체가 **되는** 기회를 박탈하는 것이다.

이는 행위가 생산(작업)과 달리 결코 고립 속에서는 가능하지 않다는 것을 의미한다. 이것이 아렌트가 "고립된다는 것은 행위할 수 있는 능력을 박탈당하는 것"(Arendt, 1977b: 188)이라고 주장하는 이유이다. 우리가 행위할 수 있기 위해, 그리하여 주체가 되기 위해서는 타인들, 즉 우리의 창발에 반응하고 우리의 시작에 참여하는 타인들이 필요하다. 이는 또한 앞서 살펴보았듯이 복수성이 없는 행위는 절대 가능하지 않다는 것을 의미한다. 우리가 복수성을 제거하는 순간, 즉 우리의 창발에 어떻게 반응하는지를 통제함으로써 타인들의 타자성을 제거하는 순간, 우리는 타인들로부터 그들의 행위를 박탈할 뿐만 아니라, 동시에 우리 자신에게서 행위하고 세계로 들어오며 주체가 될 가능성을 박탈하는 것이다. 아렌트의 용어로 말하자면 우리는 행위의 영역을 떠나 작업의 영역으로 들어간 것이다.

이 맥락에서 아렌트는 인간 주체성을 더 이상 개인의 속성이 아니라 **인간 상호작용의 특질**로 이해할 것을 제시한다. 아렌트는 주체성이 "(행위) 이전도 이후도 아닌" 오직 **행위 중에만** 존재한다고 주장한다(Arendt, 1977a: 153). 앞서 보았듯이, 이것이 행위와 주체성을 공연 예술에 비유해야 한다고 아렌트가 제안하는 이유이다. "행위하는 인간들이 [*sic*] 자신을 나타내기 전에 타인의 현존을 필요로 하듯이"(Arendt, 1997a: 154) 공연 예술가들이 자신의 "기량"(virtuosity)을 보여줄 관객을 필요로 하기 때문이다. 공연 예술과 창작 예술("제작"예술)의 차이는 단순히 창작 예술의 경우 관객이 없어도 된다는 것이 아니다. 결정적인 차이는 공연 예술가의 작품은 이전도 아니고 이후도 아니고 오직 그 공연 **중에만** 존재한다는 사실이다. 연극 대본은 비록 그림처럼 내구성이 있을지도 모르지만, 오직 연극 공연 내에서만 예술 작품으로서의 연극이 존재할 수 있다. 이와 유사하게, 개인은 민주적 지식, 기술, 성향을 가질 수 있으나, 그 개인이 민주적 주체가 **될** 수 있는 것은 오직 행위 안에서이며, 이는 타인에 의해 예측할 수 없고 통제할 수 없는 방식으로 이루어지는 행위를 의미한다.

이상과 같은 아렌트의 아이디어를 주체성의 사회적 개념이라 부를 수도 있겠지만, 아렌트는 우리가 고립 속에서는 주체가 될 수 없다고 주장하기 때문에 나는 그것을 **정치적** 개념으로 부르는 것을 선호한다. 그 주된 이유는 아렌트가 **나**의 주체성은 오직 타인들도 주체일 수 있는 상황에서만 가능하다고 주장하기 때문이다. 그러므로 어떤 사회적 상황이라도 다 괜찮은 것은 아니다. 우리가 타인의 반응을 통제하려 하거나 타인의 시작할 기회를 박탈하는 상황이라면 우리는 세계 속으로 올 수 없다. 이 경우, 주체성은 가능하지 않은 것이다. 바꾸어 말하자면 아렌트는 주체성을 **폴리스**(polis)에서의 삶과 관련짓고 있는데, 이는 곧 우리와 같지 않은 타인들과 함께 살고 있고 또 살아야**만 하는** 공적 영역에서의 삶을 가리킨다. 바로 이 지점에서 우리는 민주주의와의 연결점을 발견할 수 있다. 왜냐하면 민주주의는 모두가 주체가 **되는** 기회, 즉 행위할 수 있고 행위를 통해 자신의 시작을 복수성과 차이의 세계로 가지고 올 수 있는 상황으로 이해될 수 있기 때문이다(Biesta, 2003b 참조).

민주적 인간과 교육

칸트의 민주적 주체 개념은 명백히 개인적이다. 그는 주체성을 개인의 합리적 사고역량 내에 위치시킨다. 물론 그것이 중요하지 않은 것은 아니다. 민주주의 사회에서 주체가 된다는 것은 분명히 독립적이고 비판적인 판단 능력을 포함하기 때문이다. 비록 칸트식 접근에서 교육이 중요한 역할을 하지만, 그것은 오직 어떠한 형태로든 이미 존재하는 것으로 추정되는 합리적 능력을 발현시키기 위해서이다. 교육은 개인의 합리적 발전의 과정을 지지해야 한다. 더군다나 칸트는 모든 개인의 합리적 능력은 기본적으로 동일하다고 가정한다. 합리성은 역사적으로나 사회적으로 우연적이지 않고 궁극적으로 보편적이다. 원칙상 모든 개인은 계몽의 상태, 즉 스스로 생각할 수 있는 상황에 도달할 수 있다. 이 단계에 아직 도달하지 못한 이상, 그들의 발전은 아직 미완성이다. 따라서 칸트의 주체성 개념은 그 교육적 함의 또한 개인적이다. 그가 교육을 위해 설정한 과업은 고립된 개인을 목표로 하고 있기 때문이다. 다시 말해 칸트는 내가 "민주주의를 **위한** 교육"으로 지칭한 것의 특징인 개인의 지식, 기술, 성향의 발달을 강조하는 민주 교육의 형식을 위한 준거를 제공하였다. 칸트가 제기하지 않는 질문은 주체성의 사회적, 물질적, 정치적 **조건**에 관한 것이다.

듀이의 민주적 인간에 대한 사회적 개념은 명백히 이 맥락적 차원을 가시권 내로 가지고 온다. 듀이는 우리가 오직 사회적 매개에 참여함으로써만 우리 자신이 될 수 있고, 민주적 주체, 즉 "개별화된 자아"가 된다는 것은 우리의 개별성을 형성하는 조건에 참여한다는 의미라고 인정한다. 더구나 듀이는 사회적 삶의 참여를 위해 필요한 지능은 타고난 것이 아니라 바로 사회적 상호작용에 참여함으로써 얻어진 결과라는 것을 인정한다. 우리는 민주적 형태의 협력에 참여함으로써 **사회적** 지능을 획득한다. 이는 교육과 민주주의가 맺는 상이한 관계를 보여준다. 왜냐하면 듀이에게 교육은 사회적 지능을 형성하기 위한 기회를 제공하는 것으로 주장될 수 있고, 이는 교육 그 자체가 민주적으로 조직되어야 한다는 것을 의미하기 때문이다. 따라서 듀이의 민주적 인간의 개념은 민주적 인간이 창조되는 방식으로서 민주적 삶에 참여하는 것을 강조하는 민주 교육의 형식에 관한 논리적 근거를 제공하며, 이는 내가 "민주주의를 **통한** 교육"이라 불렀던 것의 특징을 갖춘 접근 방식이다. 그러나 민주 교육에 대한 관점에서 듀이는 여전히 도구주의적이고 개인주의적인 관점에 머물러 있다. 그 이유는 민주적 삶의 참여를 민주적 인간이 만들어지거나 발생되는 방법으로 본다는 점, 그리고 민주적 주체를 특정 속성이나 자질을 갖춘 개인으로 보며, 그중 최고를 "사회적 지능"이라고 본다는 점 때문이다.

민주적 인간에 대한 아렌트의 정치적 개념은 인간 주체성을 이해하는 상이한 방식을 소개한다. 아렌트에게 주체성은 개인의 속성에 의해 정의되는 것이 아니라 인간 상호작용의 자질로 이해된다. 아렌트는 급진적으로 우리의 주체성을 행위의 이전도 이후도 아닌, 행위 **안**에 위치시킨다. 우리는, 우리의 주도권이 타인들에 의해서 취해지며, 타인들 또한 그들의 주도권이 세계로 들어올 수 있는 기회가 방해받지 않는 방식으로 취해지는, 그러한 상황 속에서의 주체**이다**. 내가 다음 절에서 제안하는 민주 교육의 접근방식은 이와 같은 사유의 연장선상에 서 있으며, 민주적 주체성에 관한 칸트나 듀이식 개념과는 현저히 다른 접근의 논리적 근거를 제공한다.

민주 교육을 위한 세 가지 질문

아렌트는 주체성을 개인의 "내부" 대신 인간 상호작용의 영역에 위치 지음으로써, 민주주의와 교육의 관계에 대해 다르게 생각해 볼 수 있게 해준다. 아렌트의 민주적 주체성에 대한 정치적 개념은 민주 교육을 위한 새로운 질문들을 제기한다. 전통 교육의 전략은 아이들과 새로 오는 자들을 장차 민주주의에 참여할 수 있도록 어떻게 **준비**시켜야 하는가의 질문에 집중하는 반면, 아렌트는 교육을 나중에 올 무언가를 위한 준비 영역으로 이해하는 데서 빠져나오라고 한다. 아렌트를 따라 우리는 교육을 준비 공간으로 간주해서는 안 되고, 개인이 행위할 수 있는 공간, 그들의 시작을 세계로 가지고 들어올 수 있는 공간, 그리하여 주체가 될 수 있는 공간으로 이해해야 한다고 말할 수 있다. 그러므로 교육적 질문은 더 이상 민주적 개인을 어떻게 발생시킬 것인가 내지 "생산"할 것인가에 대한 것이 아니다. 우리는 오직 행위 **중에만**, 즉 **타인과 함께** 있는 존재일 때만 주체가 될 수 있기 때문에 우리가 지속적으로 주체가 될 수는 없다는 사실을 염두에 둔다면, 교육의 핵심 질문은 개인이 어떻게 주체가 **될 수 있는가** 하는 것이 된다.

민주 교육의 관점에서 이것이 의미하는 바는, 학교나 다른 교육 기관에 대해 제기해야 할 첫 번째 질문이 학생들을 어떻게 민주 시민으로 만들 수 있는지가 아니라는 것이다. 오히려 우리가 물어야 할 질문은 "**아이들과 학생들이 행위할 수 있으려면 어떤 학교가 필요한가?**"가 될 것이다. 혹은 실제 교육 실천을 검토하는 데 사용될 수 있는 방식으로 표현하자면 "**우리 학교에서 실제로 행위는 얼마만큼 가능한가?**"가 될 것이다.

우리는 이것을 교육 기관의 민주적 자질에 관한 듀이의 질문으로 읽을 수도 있다. 그러나 듀이와 함께, 민주주의를 **위한** 최선의 교육은 민주주의를 **통한** 교육이라 주장하는 이들에게 모든 것을 아우르는 목표는 여전히 민주적 개인을 만들어내거나 "생산"하는 것이다. 나에게 문제는 아이들과 학생들이 민주적 인간이 **될 수 있도록** 어떻게 하면 학교를 (더) 민주적으로 만들 수 있는지의 여부가 아니다. 나에게 진짜 문제는 학교에서 실제로 민주적 주체성이 가능한지의 여부이다. 다시 말해서, 그 문제는 아이들과 학생들이 실제로 학교 내에서 민주적 인간이 **될 수 있는지**의 여부이다. 그러므로 우리가 물어야 하는 것은 학교는 아이들과 학생들이 행위할 수 있는 장소인가 하는 것이다. 즉 그들이 자신의 시작을 복수성과 차이의 세계로 가지고 오되, 타인들이 그들의 시작을 이 세계로 가지고 오는 기회를 방해하지 않는 그런 방식으로 행위할 수 있는 공간인지를 묻는 것이다.

이것은 학교에 무엇을 요구하게 될까? 한편으로 그것은 학생들이 시작할 수 있고 주도권을 행사할 수 있는 실질적 기회를 가지는 교육 환경을 요구한다. 그것은 교육과정이 정한 교과 내용을 재생산하는 것에만 배타적으로 매여있지 않고, 교육 과정이 제공하는 학습 기회에 대해 학생들만의 독특한 방식으로 응답할 수 있도록 허용하는 교육적 환경을 요청한다. 이는 또한 교육 과정 자체에 대한 상이한 이해를 요청한다. 즉 교육과정을 단지 학생들에게 전달해야 하는 지식과 기술 체계로만 여기지 않고, 학생들이 세계 속에 자신의 고유한 시작을 이룰 수 있는 특별한 기회를 제공하기 위해 서로 다른 교육과정의 영역을 탐구하고 사용하는 것으로 이해하는 것이다. 언어를 예로 들면, 단지 학생들이 습득해야 할 기술 체계가 아니라 하나의 인간 실천으로 접근하는 것으로서, 학생들은 이 실천에 참여함으로써 자신을 표현하는 새로운 방식, 즉 자신을 세계 속에 들여올 새로운 방식을 발견할 수 있다(Biesta, 2005 참조). 더 나아가 그것은 학생들의 주도권과 시작에 실제 관심을 보이는 교육가들을 요청한다. 또한 그것은 결과와 성적표에 얽매이지 않고, 아이들과 학생들이 새로운 무언가를, 즉 “우리가 예측할 수 없는 무언가를”(Arendt, 1977a: 186) 시작할 진짜 기회를 가지도록, 교사들이 아이와 교육과정 사이의 미묘한 균형을 찾는 일에 시간과 노력을 쏟는 것을 허용하는 교육시스템을 요청한다.

하지만 행위는 단지 시작에 관한 것만이 아니라는 것을 잊지 말아야 한다. 그것은 또한 아렌트가 상기한 바와 같이, 자기 스스로의 행위를 할 수 있을 뿐만 아니라 또한 그러한 기회를 가져야 하는 타인들에 의해 이 시작이 이루어지는 방식에 관한 것이기도 하다. 행위한다는 것, 그것은 복수성과 차이의 세계에서 민주적 인간이 된다는 것이며, 그러므로 행동하고 말하고 자신을 세계로 들여오는 것에 대한 것인 만큼이나, 타인들이 듣고 기다리고 시작하기 위한 공간을 창조하고, 따라서 그들이 주체가 되기 위한 기회를 만드는 것에 관한 것이기도 하다. 이 말은 행위가 가능한 민주학교는 아동 중심의 학교가 **아니라**는 것을 의미한다. 물론 이것은 아동 중심이라는 말을 타인에 대해서는 관심이 없는 자기 표현으로 이해할 경우에 해당한다. 행위는 자기 표현에 대한 것이 전혀 아니다. 그것은 자신의 시작을 복잡한 사회적 구조 사이로 틈입하는 것이며, 자신의 시작을 우리와는 다른 타인의 시작에 굴복하는 것이다. 따라서 아렌트의 민주적 인간 개념은 아동 중심이 아닌, **행위 중심** 민주 교육의 접근을 요청하며, 이는 학생들이 시작할 기회, 그리고 행위의 유일한 가능 조건인 복수성, 이 양자 모두를 강조한다. 따라서 이것은 이중의 교육적 책임을 수반한다. 이는 한편으로 각 개인을 위한 책임과, 다른 한편으로 "세계"를 위한 책임, 즉 민주적 주체성의 조건으로서 복수성과 차이의 공간에 대한 책임이다.

비록 이런 제안들이 상당히 일반적이고 모호해 보일 수 있지만, 그것은 학교에서 행위가 가능할 수 있는 핵심 조건 몇 가지를 암시해준다. 이 때문에 그것은 무엇이 그런 기회를 방해하는지를 지시해주는 것과 마찬가지로, 어떻게 행위가 가능하고 개인이 주체가 되는 장소로 학교를 만들 수 있는지 그 구체적인 제안들로 바꿀 수 있다. 학생들이 생각하고 느끼는 것에 아무런 관심을 보이지 않는 학교, 학생들이 주도권을 발휘할 곳이 전혀 없고, 커리큘럼은 오직 학생들의 정신과 육체에 채워 넣어야 할 내용으로 여겨지고, 누군가의 시작이 타인이 시작할 기회에 미치는 영향에 대한 질문이 전혀 제기되지 않는 그러한 공간은, 행위하고 민주적 주체로 **되는** 것이 극히 힘든 곳임이 명백하다. 그러나 그러한 학교는 분명 존재하며, 젊은이들은 이것이 그들과 타인들이 세계로 들어와 주체가 될 능력을 제한하는 것에 대해 놀라울 정도로 잘 알고 있다. 민주주의의 경험이 "살아지고" 실제가 되는 것은 일상생활의 일과 속에서이다. 그러므로 민주적 인간에 대한 아렌트적 개념은 민주적 개인을 생산하는 교육과정을 요구하지 않는다. 그 대신 민주주의가 복수성 속에서의 행위로 이해되며, 그것이 실제적 가능성으로 존재하는 그런 학교를 요청한다. 그러한 학교는 학생 의회가 있는 학교라거나 민주적 숙고의 이념에 기반한 학교와 같이, 꼭 형식적으로 "민주적인" 학교일 필요는 없다. 숙고는 결국 개인이 행위할 수 있고 주체가 될 수 있고 세계로 들어올 수 있는 여러 방법들 중 하나일 뿐이며, 그것이 반드시 모두에게 적합한 방법은 아닌 것이다. 그러므로 민주적 학교가 어떤 모습일지 그 청사진은 존재하지 않고, 특정 시점 특정 상황에서 통했던 것이 다른 시간 다른 장소에서도 똑같이 행위를 가능하게 해준다는 보장도 없다. 학교에서 얼마만큼 행위가 가능한지의 질문은 계속 반복해서 제기되어야 하며 우리의 지속적 관심을 요구한다.

만약 우리가 교육이 민주적 개인을 생산할 수 있다는 이상을 포기하고 민주적 주체성을 계속 반복해서 성취해야 할 어떤 것으로 인식한다면, 행위와 민주적 주체성의 질문은 더 이상 학교에만 적용되는 질문이 아닐 것이다. 그것은 사회 전반으로 확장되고 또 평생의 과정이 된다. 따라서 우리는 민주 교육의 관점에서 단순히 학교에서 행위가 얼마만큼 가능한지만 물어서는 안 된다. 우리는 이것 또한 질문해야 한다. **사람들이 행위할 수 있으려면 어떤 종류의 사회가 필요한가?** 다시 이 질문은 사회의 민주적 조건을 검토하기 위한 질문으로 표현될 수 있다. **사회에서 얼마만큼의 행위가 실제로 가능한가?**

듀이와 아렌트 모두 개인은 항상 맥락-속의-개인이기 때문에 소위 반사회적이거나 비민주적 행동이라고 개인을 탓하는 것은 아무 소용없다는 사실을 깨닫게 해준다. 아렌트가 우리에게 보여주는 것은, 우리는 개인들에게 "적합한" 민주 교육을 제공해줌으로써 문제를 해결할 수 있다고 기대하지 말아야 한다는 것이다. 개인은 정말로 중요하지만, 개인이 행위할 수 있도록 허용하지 않거나 특정 집단만 행위하는 것을 허용하는 사회나 사회구조에서는 우리 모두가 여전히 "올바르고" 민주적 태도로 행동할 수 있다고 기대할 수 없다. 그러므로 민주적 인간에 관한 아렌트적 개념이 드러내는 것은 민주주의의 실패를 단순히 교육 탓으로만 돌릴 수 없다는 사실이다. 사회의 민주적 자질을 향상시키는 유일한 방법은 사회를 더 민주적으로 만드는 것, 즉 언제나 복수성과 차이의 세계 속에서 행위할 수 있도록 더 많은 기회를 제공하는 것이다.

아렌트적인 행위에 대한 강조는 교육자들에게 더 이상 할 일이 남아있지 않다는 것을 함의하는 것으로 보일 수 있다. 나는 이 결론이 옳다고 생각하지 않는다. 이 탐구가 실제로 시사하는 것은 학습과 주체성, 그리고 민주주의의 관계를 이해하는 상이한 방식이다. 내가 설명했듯이, 민주 교육에 대한 전통적 접근법은 어떻게 개인들이 민주적 인간이 **되는** 것을 배울 수 있는지 묻는다. 만약 민주적 주체성이 오직 행위 **중**에서만 존재한다면, 만약 그것이 우리의 새로운 시작에 타인이 반응하고 대응하는 방식을 통해 세계에 출현하는 것에 관한 것이라면, 그렇다면 학습의 질문은 어떻게 주체가 되는지에 관한 것이 아니라, **주체됨과 주체였음으로부터 학습함에 대한 것**이다. 그러므로 민주 교육에 대해 아렌트적 관점에서 제기되는 세 번째 질문은 이것이다. **주체됨/주체였음을 통해 무엇을 학습할 수 있는가?**

여기에서 문제 삼는 학습은 행위한다는 것, 세계로 들어온다는 것, 자신의 시작과의 관계에서 타자성과 차이를 직면한다는 것이 무엇을 의미하는지, 그것으로부터의 학습이자 그것에 관한 학습이다. 또한 주체가 된다는 것이 무엇을 의미하는지를 이해한다는 것은 누군가 세계로 들어오지 **못했던** 상황, 행위가 가능하지 **않다**는 것이 무엇을 의미하는지를 경험했던 상황으로부터 학습하는 것을 포함한다. 그러한 좌절의 경험은 결국 성공적인 행위의 경험보다 훨씬 더 의미 있고 깊은 영향을 미칠 수 있다. 그러므로 학교와 교육자의 역할은, 개인이 시작하고 주도권을 쥐도록 허용하는 것, 또 행위가 유일하게 가능한 공간인 복수성과 차이의 공간을 지속하는 것, 이 양자 모두를 포함해서 단지 행위할 기회를 창조해 내는 것에 그치지 않는다. 학교와 교육자는 행위가 가능했던 상황들과, 어쩌면 더 중요하게는, 행위가 가능하지 **않았던** 상황들에 대한 성찰로 초대하고, 그것을 지지하는 일에서도 중요한 역할을 한다. 이는 인간 존재들이 행위할 수 있고 주체가 **될** 수 있게 하는 연약한 기반인 개인적 · 관계적 · 구조적 조건에 대한 이해를 촉진할 수도 있다. 이는 각 사람이 주체가 될 수 있고, 민주주의가 실재로 될 수 있는 연약한 조건들에 대한 이해를 촉진할 수도 있다.

우리 학교에서 행위는 얼마만큼 가능한가? 우리 사회에서 행위는 얼마만큼 가능한가? 우리는 주체됨/주체였음으로부터 무엇을 학습할 수 있는가? 이 세 질문을 제기함으로써 나는 민주교육에 대한 우리의 생각을, 개인에게는 민주적으로 행동하라고 하고 학교에는 민주적 개인을 만들라고 부담을 지우는 접근으로부터 벗어날 것을 제안한다. 이와 같은 접근으로부터, 민주주의를 모든 개인이 주체가 될 수 있고 행위할 수 있으며, 아렌트적 의미에서 그들 모두 "세계로 들어올 수 있는" 상황으로 이해하는 접근으로 이동할 것을 제안한다. 이것은 내가 지금까지 주장했듯이, 우리 모두가 단지 자신이 원하는 대로 다 할 수 있다는 것을 의미하지 않는다. 아렌트가 우리에게 주는 결정적인 통찰, 즉 오늘날 우리가 살아가는 "차이의 세계"(Säfström & Biesta, 2001)에서 엄청난 중요성을 지니는 통찰은, 우리는 우리와 같지 않고 스스로 행위할 수 있는 타인과 공유하는 세계 내에서만 주체가 될 수 있다는 것이다. 주체가 된다는 것, "세계로 들어오는 것"은 오직 우리의 시작이 타인에 의해 전례 없고 예측 불가능하고 통제 불가능한 방식으로 반응될 때에만 가능하다. 이 점에서 주체가 된다는 것은 진정 예측 불가능하고 다르고 타자적인 것에 굴복당하는 차원을 지닌다. 그럼에도 이것은 주체성이 현상할 수 있고 민주주의가 가능할 수 있는 역설적 조건인 것이다.

결론

계몽주의 이후로 교육 이론과 교육 실천에서 교육을 합리성과 같은 특정 자질을 가진 주체의 생산으로 인식하는 강한 경향이 있었다. 이러한 사고방식은 민주 교육의 이론과 실천에 강하게 영향을 미쳤고, 내가 이 장에서 설명했듯이 이는 도구주의적이고 개인주의적인 접근으로 이어졌다. 이 장에서 나는 우리가 민주 교육을 이해하고 실천하는 방식은 민주적 인간에 대한 개념과 밀접한 관련이 있다는 사실을 보이고자 했다. 나는 민주적 인간이 된다는 것이 무엇을 의미하는지에 대하여, 민주적 주체성의 개인적 · 사회적 · 정치적 개념이라는 세 가지 상이한 대답을 제시했다. 각 개념은 민주 교육에 대한 상이한 논리적 근거를 제공한다. 물론 개인적 · 사회적 개념은 개인을 향한 교육적 전략을 통해서이든, 개인이 민주적 삶에 참여할 수 있는 기회의 창조를 통해서이든, 민주적 개인의 생산으로서의 민주 교육이라는 아이디어와 깊은 관련이 있다. 그러나 나는 민주적 주체가 된다는 것이 무엇을 의미하는지에 대한 다른 방식이 있다는 것을 설명했고, 민주적 주체성에 대한 정치적 개념은 민주 교육을 위한 상이한 질문과 상이한 교육 실천을 함의한다는 것을 보였다.

이와 같은 접근은 더 이상 민주적 개인의 생산을 강조하지 않으며, 또 더 이상 미래의 민주적 행위를 위해 개인을 준비시켜야 한다고 생각지도 않는다. 학교가 할 수 있는 것, 혹은 적어도 하려고 시도해야 하는 것은 행위를 가능하게 만들고, 아이와 학생들이 주체가 **되는** 조건을 창조하여, 주체가 된다는 것과 그것이 무엇을 의미하는지를 경험하도록 하는 것이다. 이와 관련 있는 학습은 민주적 주체성 **이전에** 오는 것이 아니다. 그것은 민주 시민을 생산하는 그런 학습이 아니다. 여기서 주목하는 학습이란 주체가 되었던 것으로부터, 아니면 내가 제안했듯이, 주체가 되지 **않았던** 것으로부터 따라오는 학습이다. 그것은 나뿐만 아니라 모든 타인들의 행위와 주체성이 가능하도록 해주는 깨지기 쉬운 조건에 대한 학습이다. 주체성이 더 이상 학교에서만 발생하거나 만들어지는 것이 아니기 때문에, 내가 제안하는 민주 교육의 접근 방식은 민주 교육의 책임에 대한 질문을 그것이 속해있던 원래의 맥락, 대체적으로는 사회로 돌려놓는다. 학교만이 민주 시민을 생산할 수 있다고 생각하는 것은 착각이다. 행위와 주체성이 학교와 사회 모두에서 가능하다면, 학교는 아이들과 학생들에게 모든 사람이 행위할 수 있고, 모든 사람이 주체가 될 수 있게 해주는 연약한 조건에 대해 학습하고 반성하도록 도와주는, 좀 더 보통의 현실적인 과업을 수행할 수 있다. 개인이 행위할 수 없거나 그 행위가 허용되지 않는 사회에서는 학교가 민주 시민을 생산해 내리라고 기대할 수 없다. 그러므로 민주 교육의 궁극적 과업은 사회 그 자체에 놓여 있지 교육제도에 놓여 있지 않다. 학교는 민주주의를 창조할 수도 구원할 수도 없다. 오직 행위와 주체성이 실제적으로 가능한 사회를 보조할 수 있을 뿐이다.

에필로그

개입의 교육학

> 교육은 우리가 세계에 대한 책임을 질 만큼 세계를 사랑할지, 같은 이유로 세계의 갱신 없이, 즉 새롭고 젊은 사람들의 도래 없이는 파멸이 불가피한 세계를 구할지를 결정하는 지점이다. 또한 교육은 우리가 아이들을 우리의 세계로부터 내쫓아 그들이 제멋대로 살도록 내버려두지 않고, 그들이 뭔가 새로운 일, 뭔가 예측할 수 없는 일을 할 수 있는 기회를 빼앗지 않으며, 또한 그들이 공동의 세계를 새롭게 하는 임무를 담당할 수 있도록 미리 준비시킬 정도로 그들을 사랑할지를 결정하는 지점이다.
>
> – 한나 아렌트

이 책의 마지막을 아렌트의 인용문으로 마무리하는 것이 좋을 것 같다. 왜냐하면 위의 인용은 내가 이 책에서 제시한 몇몇 중심 아이디어들을 매우 간결하게 포착하고 있기 때문이다. 아렌트는 세계에 대한 책임과 이 책임에 놓여있는 세계사랑을 이야기한다. 아렌트는 새롭고 젊은 세대의 도래를 말하면서 그들을 그들만의 세계 속에 내버려두거나, 혹은 그들이 새로운 무언가를 세계로 가지고 들어올 기회, 그것이 새롭기 때문에 우리가 예견하지 못하는 그 기회를 차단하지 말라고 한다. 이와 같은 아렌트의 진술은 고유하고 유일한 존재들의 출현에 대한 교육적 책임은 세계에 대한 책임, 더 정확히는, 이 세계의 **세계성**에 대한 책임을 수반한다는 나의 주장과 일맥상통한다. 또한 아렌트는 교육적 책임은 참여와 개방 사이의 아주 섬세한, 혹은 앞서 내가 표현한 해체적 균형을 요구한다는 사실을 명확히 지적한다. 새로운 시작과 새롭게 시작하는 이들이 세계로 들어오는 것에 주목한다는 것은 교육자들이 단순히 뒤로 물러서서 구경만 해야 한다는 것을 의미하지 않는다. 이 때문에 학습의 언어는 결코 교육의 언어가 **아니다**. 하지만 이와 동시에, 교육자의 참여는 특정 주체성을 생산하려는 것이나, 인간성에 대한 특정 정의에 따라 특정한 인간을 만들려고 하는 것이 되어서는 안된다. 교육자의 책임은 오는 것에 대한 지식 없이 오는 것에 대한 책임을 지는 것이다.

나는 고유하고 유일한 존재들이 존재 그 자체로 출현하는 것을 책임의 관점에서 설명하였다. 나는 우리를 고유하게 "만드는"

것, 우리를 자신만의 유일한 목소리로 말하도록 "허용"하는 것은 우리가 타인에 대해 응답하는 방식, 즉 타인의 타자성에 응답하는 방식에 놓여 있다고 주장했다. 레비나스가 우리에게 상기시켜 주듯이, 이것은 책임을 **지는 것**에 대한 질문이 아니다. 왜냐하면 책임을 진다는 것은 우리가 책임을 지기 전부터 자율적이고 주권적인 주체라고 가정하기 때문이다. 책임은 "마치 윤리적인 관계 이전에 이미 스스로 존재하는 것 같은 주체성의 단순한 속성"이 아니다(Levinas, 1985: 96). 링기스가 설명하듯, "주체성은 타자성과 접촉함으로써 외부로부터 열린다"(Lingis, 1981: xxi). 그러므로 책임으로서의 주체성은 하나의 상이한 방식으로 존재하는 것이 아니다. "이것과 다르게 존재하는 것도 여전히 존재하는 것"(Levinas, 1985: 100)이기 때문이다. 인간 주체의 독특성을 이해하기 위해 우리는 "본질 너머로"의 어디, 혹은 더 정확히는 비(非)장소로의 "없는 곳"(null-site)(Levinas, 1981: 8), 즉 **존재와는 다른 것**(otherwise than being)으로 가야 한다. 여기서 첫 번째 질문은 주체로서 존재함에 대한 것이 아니라 "나의 존재할 권리"(Levinas, 1989b: 85)에 대한 것이다. 그러므로 "존재자로 존재함의 바로 그 위기"(Levinas, 1989b: 85) 속에서, 그렇게 존재하는 것의 '중지' 속에서, 주체의 유일성은 처음으로 의미를 획득한다. 나를 이러한 고유한 개인으로서, 유일한 존재로서 구성하는 것은 나를 기다리고 있는 부정할 수 없는 책임을 더 이상 부정하지 않는 시간 속 그 지점이며, 레비나스에 의하면 사실 이것이 바로 시간성의 시작이다. 이 응답은 언제나 "물음"에 대한 응답이지, 타자를 존재하게 하는 인식의 행위가 아니라는 사실을 기억하며 타자에게 응답하는 시간의 지점이다. 타자는 나보다 먼저 존재한다. 인간 존재의 유일성은 레비나스가 인간 존재의 "존재론적 조건"이라 부르는 것과 정확히 반대되는 측면에서 이해되어야 한다. 이것이 레비나스가 인간이 된다는 것은 "존재자들 중의 하나가 아닌 것처럼 사는 것"(Levinas, 1985: 100)을 의미한다고 쓴 이유이다. 나를 유일하게 만드는 것은 내 책임이 양도 가능한 것이 아니라는 사실에 있다. "책임은 오직 나에게만 독점적으로 부과되는 임무이고, 내가 인간적으로 거부할 수 없는 것이다. 이 의무는 유일한 자들의 최고의 존엄성이다. 나는 책임이 있다는 유일한 척도로서의 나이며, 교체 불가능한 나이다. 나는 나 자신을 다른 모두로 대체할 수 있지만, 다른 어느 누구도 나를 대체할 수는 없다"(Levinas, 1985: 101).

이것이 인간 존재의 고유함과 유일성에 대한 교육학적 관심이 세계의 세계성에 대한 관심과 책임, 즉 복수성과 차이의 공간인 세계성의 공간의 창조에 대한 관심을 수반하는 이유이다. 타자성과 차이와의 마주침은 결국 고유하고 유일한 존재들이 세계로 들어오기 위한 어려운 조건이다. 이것은 필요한 조건이지만 절대로 충분한 조건은 아니라는 사실을 깨닫는 것이 중요하다. 우리가 세계성의 공간을 창조할 수 있다고 하더라도, 창조될 수 있는 것에 대한 한계를 앞서 분명히 지적한 것처럼, 개인들은 그들이 마주치는 타자성과 차이에 응답할 것이라는 보장, 그리고 그들 자신만의 독특한 방식으로 그리할 것이라는 보장은 없다. 그러나 확실히 알 수 있는 것은 공간이 그 세계성의 특질을 상실할 때, 그것은 더 이상 행위가 가능하고 자유가 현상할 수 있는 공간이 될 수 없다는 것이다.

하지만 교육적 책임은 세계성의 공간의 창조와 그것에 대한 책임만으로 한정되지 않는다. 나는 교육적 책임에 대한 더 직접적 표현이 존재하며, 레비나스를 따라서 이를 존재자의 존재에 대한 **개입**(interruption)으로 이해할 수 있다고 주장하였다. 이것은 1장에서 내가 주체의 주권에 대한 **침해**로 언급했던 것과 유사하다. 그것은 다음과 같이 간단하지만 내가 생각하기에 근본적인 교육적 질문을 제기한다. "너는 그것을 어떻게 생각하니?"(Rancière, 1991: 36; Masschelein, 1998: 144; Biesta, 1998a 참조). 이것은 어려운 질문이며 개입의 잠재성이 있는 질문이다. 그럼에도 나는 이것이 누군가를 고유하고 유일한 개인으로서의 존재로 불러올 잠재성이 있는 질문이라 주장하고 싶다. 이 질문을 다른 형태로 다양하게 변용하여 물어볼 수 있다는 것을 아는 것이 중요하다. 이것은 꼭 생각에 관한 것이 아니다. 우리는 이렇게도 물을 수 있다. "이것에 대한 너의 입장은 뭐니?" 아니면 "너는 어떻게 반응할래?" 등. 이것은 또한 비언어적 방식으로도 질문될 수 있는데, 한 예로 교육과정을 학생의 정신과 신체에 전수해야 할 일련의 지식과 기술체계로서가 아니라, 전통과 실천의 모음으로 접근할 수 있다. 즉 이 전통과 실천에 대하여 학생들의 응답을 요청할 수 있고, 또 새로 오는 자들이 응답하고 세계로 들어올 수 있는 다양한 방식을 제공해주는 보고(寶庫)로 대할 수 있다. 이 모든 경우에, 교육은 더 이상 주는 과정이기를 중단하고, 그 대신 어려운 질문을 묻는 과정으로 변화한다.

이 책에서 나는 교육의 휴머니즘적 정초, 보다 세부적으로는 근대 교육의 휴머니즘적 정초를 포기할 때 제기될 수 있는 질문에 답하고자 노력했다. 이와 같은 탐구의 동기는 오로지 인간 존재의 본질과 본성을 정의하려는 시도는 불가능하다는 통찰로만 인한 것이 아니다. 어떤 면에서 이러한 시도는 항상 너무 늦게 등장하는데, 왜냐하면 인간 존재의 본질을 정의하기 위해서는 그가 먼저 인간 존재가 **되어야** 하기 때문이다. 나는 또한 그것이 **충분하게** 인간적이지 않기 때문에 휴머니즘이 바람직하지 않다는 레비나스의 주장으로부터 동기를 부여받았다. 이것이 내가 교육에서 인간이 된다는 것의 의미에 관한 질문을 교육에 개입하기 **이전에** 대답되어야 하는 질문이 아니라 급진적으로 **열린** 질문으로 이해하는 접근방식을 탐색한 이유이다. 여기서 열린 질문으로 이해한다는 것은 교육에 참여함으로써만 대답될 수 있고, 또 반복해서 대답되어야 하는 질문으로 간주하는 것이다. 이러한 입장을 택함으로써 나는 인간이 된다는 것의 의미를 정의하는 것이 그것을 급진적으로 열린 질문으로 남겨두는 것보다 더 위험하다고 생각하는 사람들의 편에 서게 된다는 것을 잘 알고 있다. 당연히, 이 질문을 열린 채로 둔다는 것에 위험이 없는 것은 아니다. 그러나 나는 인간 존재의 인간성에 대한 질문을 기본적으로 열린 질문으로 그리하여 계속 반복해서 "성취"되어야 할 무언가로 보는 것은, 특히 인간이 된다는 것과 인간적인 삶을 사는 것의 의미를 제한하려는 시도 앞에서 우리가 방심하지 않도록 도와줄 수 있다고 진정으로 믿는다. 물론 이것은 누가 인간이고 아닌지가 분명한 세계, 누가 합리적이고 미쳤는지가 분명한 세계, 누가 문명적이고 아닌지가 분명한 세계에서 사는 것에 비해 더 어렵다. 하지만 그러한 접근 방식에 따라오는 안도감은 가짜 안도감일 수밖에 없다. 우리와 같지 않은 타인들과 어떻게 살 것인가 하는 진짜의 질문은 사라지지 않기 때문이다. 이것이 휴머니즘 비판과 내가 이 책에서 전개한 교육의 대안적 접근이, 민주주의의 추동력 혹은 민주주의의 약속이라고 부르는 것과 긴밀하게 연관되어 있는 이유이다. 결국 민주주의는 그 자체로 복수성과 차이의 세계에 대한 의무이자 자유가 현상할 수 있는 세계에 대한 헌신인 것이다.

『학습을 넘어』 해제

곽덕주(서울대학교 교육학과)

1. 새로운 교육적 사유와 실천의 패러다임을 향하여

포스트모더니즘이 한국 교육철학계에서 논의되기 시작한 지 어언 30여 년이 지났다. 1990년대 초반, 필자가 미국 유학을 준비할 무렵 미국에서 막 학위를 끝내고 귀국한 한 선배가 "포스트모더니즘과 교육"이라는 생소한 주제의 세미나를 대학원에 개설했으니 말이다. 그러나 최근 자주 회자되는 "포스트휴머니즘" 담론은 이제 우리 사회에서 그간 풍미해 왔던 포스트모더니즘 담론에 대해 좀 더 거리를 두고 들여다보게 하는 계기를 제공한다. 그리하여 이제까지 포스트모더니즘 담론이 한국 교육학계나 교육현장에 미친 영향이나 의미했던 바가 무엇이었는지에 대해 되돌아보게 한다.

포스트모더니즘은 계몽주의로 대표되는 근대성, 즉 모더니즘에 대한 비판으로서 이것이 가정해 온 여러 철학적 가정, 예를 들어 세계에 대한 인식론적 가정 및 인간 본성에 대한 가정에 붙박힌 서구-백인-남성 중심적 사고를 향한 급진적인 사회철학적 비판을 포괄적으로 아우르는 지적, 문화적 흐름이다. 지금 돌이켜보면 미국에서의 필자의 공부는 아주 농익은 포스트모더니즘 교육 담론으로서 페미니즘이나 퀴어이론과 같은 소위 말하는 문화이론이 주도하는 급진적인 해체주의 노선의 교육론은 비껴나 있었다. 나의 공부는 (돌이켜 보건대) 온건한 노선의 철학적 포스트모더니즘의 대표 주자로 불릴 수 있는 리처드 로티(Richard Rorty), 찰스 테일러(Charles Taylor), 알래스데어 매킨타이어(Alasdair MacIntyre) 등과 같은 영미권 철학자들의 텍스트에 집중되어 있었다. 이들의 모더니즘 비판은 한편으로는 데카르트 이후 서구-백인-남성 중심의 근대 인식론에 대한 해체적 비판, 다른 한편으로 정치적 자유주의로 대표되는 존 롤스(John Rawls)의 사회 정의론에 깔린 원자적 개인주의 인간관에 대한 공동체주의적 비판에 초점이 맞추어져 있었다.

이러한 비판은 주로 서구 근대의 지식관과 자아관에 깔린 '정초'에 대한 강박을 겨냥하고 있다. 근대 지식관과 관련하여 말하자면, 근대적 지식의 대명사인 규칙 기반의 절차적, 이론적, 합리적 사고가 데카르트적 인식적 주체에 정초해 있음을 비판한다.

근대 자아관과 관련하여서는 칸트의 정치 윤리학의 계보가 주권자로서의 근대적 개인, 즉 스스로의 삶의 목적을 절대적으로 자유롭게 결정할 수 있게 하는 선험적 자아 개념에 정초해 있음을 비판한다. 이러한 문제의식의 배경이 된 철학사적 논의를 다소 거칠게 요약해 보자.

위 세 학자로 대변되는 철학적 포스트모더니즘은 그러한 비판을 통해 데카르트의 "나는 생각한다"라는 명제로부터 시작되는 **의식하는** 인식 주체의 내적 구조를 해명하고자 한 이른바 '의식 철학(philosophy of consciousness)'의 마음관에 대한 급진적 비판을 경유하며, 이후 20세기 초 등장하기 시작한 다양한 노선의 '**반성의**' 철학이 지니는 해체적 힘을 우리에게 보여주고자 하였다. '존재'에 대한 근원적 분석을 시도한 하이데거나 메를로퐁티와 같은 현상학적 실존주의자들의 관점이나, '언어'의 한계 분석에 이어 일상 언어의 재구성을 시도하는 비트겐슈타인의 일상 언어 분석의 관점, 니체나 프로이트에 의해 가능하게 된 정신분석학적 관점 등을 적극적으로 해석함으로써 근대적 인식주체의 선험적 마음의 허구를 해체한 후, 새롭게 우리의 마음을 재구성하는 '반성의 철학(philosophy of self-reflexivity)'의 포스트모더니즘을 이끈다. 칸트나 헤겔로 대표되는 의식의 철학은 의식현상 또는 주관성(이성) 개념을 출발점으로 삼아 근원적 인식 혹은 절대적 인식의 보편타당성을 적극적으로 논증하려고 하였다. 이에 비해 이 의식의 철학을 비판하는 반성의 철학은 인간 의식의 내적 구조에 관심을 갖는 것에서 벗어나, 의식 이전에 전반성적으로(pre-reflectively) 이미 **주어져 있는 것**으로서 순수 존재, 몸, 언어, 무의식 등을 출발점으로 삼아 그 속에서 우리 삶과 앎의 보편적 구조를 **재구성하는** 소극적인 논증을 펼친다. 즉 경험과 역사의 재구성을 통해 **가설 연역적으로 기초적인** 우리 마음의 구조에 도달하는 철학, 반성과 재구성의 철학으로 나아가게 된 것이다.[1)]

포스트모더니즘의 흐름 속에서 새롭게 조명받기 시작한 20세기 초의 이러한 반성과 재구성의 철학을 따르는 교육학적 논의가 교육, 특히 한국 교육을 **사유하는** 우리의 방식에 끼친 영향은 무엇일까? 사실 입시 위주의 교육이 자리를 잡고 있는 우리 현실에서 그 현실을 완전히 변화시킬 정도의 큰 영향력은 아니라 하더라도, 그것을 지배하는 근대적 교육 패러다임을 이해하고 비판하는 일에는 적지 않은 영향을 미친 것으로 보인다. 교육 담론과 교육 실천 운동을 통해서, 그리고 여러 차례의 국가교육과정의 개정을 통하여, 지식 교육이나 인간 교육의 측면에서 비판과 대안의 이념적 무기가 되어 온 것으로 보인다(비록 근대적 보편 지식이나 합리주의적 가치관에 내재한 서구 중심주의적 억압성에 대한 비판 이후 등장한 민주적 다원주의나 가치 상대주의는 부분적으로 후기 자본주의적 세계 시장 질서에 포획되는 현실로 나타나기도 했지만

1) 출판되지 않은 김상섭의 글(2021)을 참조함. 이 자리를 빌려 특별히 감사의 마음을 전함.

말이다.).

그러면 우리의 교육적 사유에 영향을 미친 그 이념적 기여를 구체적으로 살펴보자. 지식 교육의 측면에서는 그간 지배적이었던 지식 중심의 교육, 특히 명제적이고 이론적인 지식뿐만 아니라 추론적이며 절차적인 합리성을 강조하는 학교지식에 대한 반성과 더불어, 실천적이고 해석적이며 맥락적이고 상황적인 '행위 합당성'이 강조되는 학교지식에로의 관심 전환을 이끌었다고 말할 수 있을지 모른다. 지식의 문제가 객관적인 진리를 발견하는 일이 아니라 그것에 이르는 과정, 학생 자신에게 의미 있게 구성되는 과정이 강조되고 이를 위한 다양한 교수법에 대한 관심으로 이어졌다. 인간 교육이나 가치 교육의 측면에서도, 비록 포스트모더니즘 철학이 비판하는 근대적 주체, 즉 자기 결정적이고 자기 통제적인 투명한 자아관에 기반한 합리적 자율성이 우리 학교교육의 공식적이고 지배적인 목적이 된 적이 결코 없었다 하더라도, 이에 대비되는 자기 반성적이고 성찰적인 자아, 상호주관성이나 타자와의 관계성, 그리고 공동체를 강조하는 인간관 등이 강조되었다. 삶과 실천의 문제에서 학습자의 주체성이 여전히 강조되면서도, 학습자의 자기 결정성보다는 자기 경험을 구성하는 능동적 내면성이 특별히 부각되었다.

그리하여 필자가 보기에 포스트모더니즘 철학이 우리의 교육적 사고에 미친 영향은 다음 두 가지로 정리될 수 있다. 첫째, 근대적 지식에 가정된 도구주의적 언어관, 즉 세계에 대한 '재현'으로서의 언어에 대한 이해를 넘어서서 자기 해석적이고 자기 표현적 매체로서 '언어'라는, 언어의 창조적인 힘에 대한 새로운 인식이다. 인간은 사회적 존재인 한 언어를 공유하는 이들의 의견과 판단으로부터 전적으로 자유로워질 수 없다. 그러나 이러한 언어의 습득은 이것을 통해 전달되는 자신의 견해와 판단에서 벗어나서 특정한 존재자가 될 수 있는 힘을 갖게 하기도 한다. 즉 언어의 도구적 사용에서 벗어나, 사람들 사이에서 자신의 특정 신념과 욕망을 논의하고 표현하게 해주는 **자신만의 특정한 언어**를 새롭게 구성할 수 있는 존재자가 될 수 있게 하는 언어의 비도구적 사용이 지니는 교육적 힘에 대한 주목이다. 둘째, 이러한 비도구적 언어관은 자연스럽게 교육에서 학습자의 중요성, 특히 특정 존재자로서 주어진 구속 속에서도 스스로를 다시 형성해 나갈 수 있는 학습자의 능동적 자기 (재)형성력에 관심을 갖게 한다. 포스트모더니즘 철학의 등장 이후 '학습자 중심 교육'이라는 용어와 이를 둘러싼 담론이 우리나라 맥락에서 거의 지배적인 것이 된 이유가 바로 여기에 있다. 물론 이들 담론 중에는 '학습'이나 '학습자'의 강조가 여전히 도구주의적 언어관을 가정하거나(예, '자기주도적 학습'), 언어가 지니는 교육적 힘에 대한 충분한 이해 없이 이루어지는 경우(예, '역량 중심 교육')도 있지만 말이다.

그러나 포스트모더니즘 철학이 가능하게 한 이러한 교육적 사유의 확장은 교육 실천에 실질적으로 제공할 수 있는 새로움이 적지 않음에도 불구하고, 이 새로움에 기초한 교육적 실험의 전방위적인 확산은 이끌지 못한 것으로 보인다. 그리고 그 이유는 부분적으로 합리주의적 지식관에 기초한 주지주의적 접근의 근대 교육을 대체할 수 있는 후기-근대적 교육 패러다임을 교수-학습의(pedagogical) 수준에서 보다 구체화하고 체계화하는 '큰 그림 그리기' 시도의 부재 때문인 것으로 보인다. 포스트모더니즘 노선에서 이루어지는 우리의 교수-학습 담론은 지식 교육과 인간/가치 교육의 문제를 여전히 분리해서 다루고 있는데, 이것은 합리주의적 교육 전통의 핵심적 유산이다. 뿐만 아니라 근대적 교육의 두 전통인 전통적 교육과 진보적 교육, 합리주의적 전통과 낭만주의적 전통의 교육 언어를 경쟁적으로 오가며, 이 두 영역 간의 긴장을 **원리적** 차원에서 다루기보다는 지엽적으로 다루는 것에 머물고 있다. 물론 이것은 합리주의적 교육관이 터한 현실적 힘의 질서(자본주의적 질서가 강제하는 입시 경쟁과 국제적 경쟁 등)와 깊이 연관되어 있다. 그리고 포스트모더니즘 철학이 열어 놓은 가치의 다원성에 대한 경축이 교육 목적론에 대한 교육철학적 논의를 피하도록 함으로써, 교수-학습의 접근에서 큰 그림 그리기를 더욱 어렵게 한 점도 있다. 그러나 합리주의적 전달 모형을 탈피하고자 하는 현장 교사들의 시급하고 긴급한 요구를 마주할 때, 교육철학자로서 우리는 교수-학습의 수준에서 합리주의적 모델을 넘어선 대안적 모델에 대한 보다 '큰 그림 그리기'를 시도하지 않을 수 없는 시대적 요구에 맞닥뜨리고 있다.

이러한 현실적 긴급성을 고려할 때, 요즈음 교육학 영역(교육

과정이나 평생교육 등)에서 폭넓게 주목을 받고 있는 교육철학자 거트 비에스타(Gert Biesta)의 2006년 저작 『학습을 넘어』를 살펴보는 것은 큰 힘이 된다. 그는 앞서 묘사한 복잡하고 다원적인 노선의 포스트모더니즘 지형도 안에서, 이 모든 것이 **교육적 관점에서** 무엇을 의미하는지를 특별히 본인의 가치 지향적 입장을 명료화하는 방식으로 그려내어 보여주면서, 합리주의적 근대 교육의 패러다임을 넘어서는 교육론을 제시하고 있다. 비에스타는 특별히, 내가 앞서 언급한 '반성의 철학' 노선을 넘어선 포스트모더니즘 담론으로까지 우리를 안내한다. 그리하여 우리는 그가 취하는 교육적 입장과 큰 그림에 반드시 동의하지 않고서도 그의 지적 논의로부터 많은 혜택을 입을 수 있다. 왜냐하면 본인이 이념적으로 어디에 서 있는지를 분명히 밝히는 방식으로 자신의 큰 그림을 짜고 제안함으로써, 독자인 내가 그 이념적 지형에서 어디쯤 있는지를 스스로 묻고 생각하는 것을 가능하게 하기 때문이다. 즉 그의 글은 교육을 **크게** 사유하는 한 가지 사례가 됨으로써, 우리로 하여금 지금 한국의 교육이 근대 교육과 후기-근대 교육 사이에서 어느 지점에 있는지 묻고 있고, 또 어디로 나아가야 할 것인지를 묻고 있는 것 같다.

다음 절에서는 비에스타가 자신의 입장을 구조화하는 데 활용하는 여러 철학적 질문들과 개념들을 중심으로 그의 논의를 재구성하여, 우리 자신의 교육적 사유의 큰 그림을 그려나가는 여정의 길잡이로 삼고자 한다.

2. 비에스타의 질문들과 개념들

『학습을 넘어』에서 비에스타가 논의하며 정립하고 있는 문제의식과 개념들은 크게 두 가지 점에서 의미가 있다. 첫째, 그는 근대 교육을 (철학적) 휴머니즘의 관점에서 해석하고 비판한 후, 휴머니즘 이후의 교육을, '가치 교육'의 문제를 중심으로 직접적으로 다룬다. 즉 인간이 된다는 것의 근대적 의미를 비판함으로써 교육에서 인간 교육의 의미 및 새로운 가능성을 직접적으로 되짚는다. 둘째, 지식 교육의 문제를 바로 이 가치 교육의 문제에서 출발하여 도출되는 것으로 정식화함으로써 새로운 지식 교육의 위상과 가치, 그리고 그 방식을 논한다.

그가 말하는 이러한 지식 교육론을 우리는 '탈-학습'의 교육론이라고 말할 수 있을지 모른다. 그리고 이 "**탈**-학습(post-learning)"의 'post'를 번역자는 "학습을 **넘어**"로 번역함으로써, 교육에서 '학습'을 전적으로 버리는 것이 아니라 이것을 껴안고 또 넘어서는 교육을 지향하는 교육론으로 비에스타의 교육론을 읽고자 한다. "탈학습"의 '탈'이 특별히 비판적 거리를 두고 있는 의미의 '학습'은 아마도 지극히 **심리화된** 학습이다. 학습의 대상으로서 지식을 인지적 능력 혹은 메타인지적 능력으로 환원하는 의미의 학습이든, 학습의 일차적 목적을 아동 개인의 흥미나 재능의 개발에 두는 의미의 학습이든, 학습을 전적으로 '개인'의 내적인 과정으로 바라보는 근대적 학습 개념이다. 그리고 "탈학습" 개념이 비판적으로 겨냥하는 것이 이러한 학습의 심리화라면, 이것은 자연스럽게 '관계적 학습'의 강조 및 그것을 핵심으로 하는 가르침의 교육론으로 이어질 것이다. 그러면 이러한 교육론을 향해가는 비에스타의 교육철학적 논의의 구조를 구성하는 몇 가지 핵심적 문제와 개념을 살펴보자.

1) 근대 (철학적) 휴머니즘의 문제와 근대 교육의 문제

비에스타가 문제 삼는 근대적 의미의 휴머니즘(humanism)은 도대체 무엇인가? 혹은 근대적 의미에서 인간이 된다는 것은 무엇이고, 이것과 근대 교육과의 관계는 무엇인가? 비에스타는 이 질문들에 대한 답을 칸트의 계몽주의 이념에서 그 정식을 찾고, 이것이 서구 유럽의 빌둥 개념 및 전통과 연합되어 왔음을 말한다. 근대 교육의 이념으로서 휴머니즘은 바로 칸트가 말하는 계몽의 개념, 즉 "인간은 자기 스스로에게 책임이 있는 미성숙으로부터 해방"되어야 한다는 데 그 존재 근거가 있다. 그리고 칸트에게 "미숙성이란 다른 사람의 도움을 받지 않고서는 스스로 자기 자신의 이성을 사용할 수 없는 상태"인데, 대개 이 미성숙의 원인은 이성의 결핍에 있는 것이 아니라 다른 사람의 지도가 없이는 자신의 이성을 사용할 결심과 용기가 부재한 데에 있다(본 저: 30). 그리하여 우리가 보통 서구 근대 교육의 독적이라고 말하는

'합리적 자율성'은 이렇듯 칸트의 계몽적 인간관에 그 기반이 있다. 즉 합리적 자율성이 기반으로 하는 이성적 능력을 인간 본성의 고유한 속성으로 보는 휴머니즘, 그리고 이 휴머니즘의 실현을 목적으로 하는 근대 교육의 이념이 탄생한 것이다.

여기서 흥미로운 점은 두 가지이다. 하나는 근대적 휴머니즘이라는 기획이 '교육적' 기획이자 '정치적' 기획이기도 하다는 점이다. 보다 정확하게 말하자면, 칸트의 계몽주의 사상은 기본적으로 정치적 기획으로서 이전 시대의 신, 교회, 왕에 의한 타율적 지배로부터 해방되어 자율적으로 자기 결정을 할 수 있는 '시민'의 형성을 지향하고 있다. 그리고 이러한 정치적 기획의 완성에 교육은 반드시 동반되어야만 하는 조건이다. 교육적 기획은 정치적 기획의 쌍둥이 혹은 그림자 기획이라는 것이다. 흥미로운 또 다른 논점은, 칸트에게 다른 사람의 도움을 받지 않고서는 자신의 이성을 사용할 수 없는 '미성숙'의 문제는 이성의 결핍에 원인이 있는 것이 아니라 이를 벗어나려는 우리의 결심과 용기의 부재에 있다는 것이다. 이것은 타자에의 정신적 예속은 우리의 능력의 부족이 아니라 우리의 의지나 결단의 부족에 있음을 말하는 것으로서, 칸트의 계몽에 대한 생각이 지적 능력을 강조하는 근대적 의미의 (지적) 해방 개념에 대한 후기-근대적 비판을 (이미) 예비하고 있었다는 사실을 암시한다.

그러면 이러한 서구 근대의 휴머니즘과 이에 기초한 근대 교육, 즉 합리적 자율성을 목적으로 하는 근대 교육의 문제는 정확히 무엇인가? 비에스타에 따르면 그것은 바로 근대 휴머니즘의 핵심적인 인식론적 가정에 있다. 그것은 인간이 자신의 본성을 **알 수 있다**고 생각하는 가정으로서, 근대 교육의 문제는 바로 이 인간 본성에 대한 지식에 정초하여 구성된 진리가 교육과 정치의 토대가 된다는 데 있다(본 저: 30). 그리고 이러한 근대 교육에 대해 유념해야 할 것은, 합리적 자율성이라는 인간 본성에 대한 지식에 정초한 교육 이론이 단순히 피아제나 콜버그의 교육 이론처럼 칸트의 영향을 받은 인지주의적, 주지주의적 교육 전통에만 해당되는 것이 아니라, 오히려 헤겔이나 마르크스 철학에 영감을 받은 파울루 프레이리로 대변되는 비판 교육학에도 그대로 해당된다는 것이다.

여기서 근대적 휴머니즘 기획이 갖는 이러한 인식론적 가정의 문제를 좀 더 파고 들어가 보자. 이것의 문제는 정확히 무엇인가? 비에스타는 첫째, 하이데거나 레비나스 등 포스트모더니즘 노선의 근대성 비판학자들의 논의에 기대어, 근대 휴머니즘은 기본적으로 "인간이라는 것의 불변의 본질을 인식하는 것, 그리고 우주에서 자신의 중심적 지위를 실재와의 관계 및 다른 가치들이 근거하는 핵심적 가치와의 관계 속에서 확증하는 것을 수반"(본 저: 31)한다고 말하며, 이것은 그 기획 자체 안에 비인간성을 낳는 기제를 내장하고 있다고 덧붙인다. 즉 근대적 의미에서 인간이 된다는 것은 실제로 비인간성들을 낳을 가능성을 그 안에 내포하고 있다는 것이다. 이것은 우리가 과학적이고 합리적

인 사고를 할 때 인간을 하나의 객체로 바라보며 대상화하는 경우, 그리고 우리의 목적을 위한 수단으로 도구화하는 경우에서 쉽게 목격하는 비인간적 측면이다. 인간의 본성을 '형이상학적'으로 혹은 '이론적이고 추상적'으로 이해함으로써 인간이 된다는 것이 무엇인지에 대한 준거를 이미 가지고 있다고 믿는 동시에, 실제 세계 속에 존재하는 인간의 존재 방식으로부터 눈을 돌리게 되었다는 것이다. 그리하여 급기야 그러한 특성을 덜 가진 것으로 여겨지는 인간 집단들, 특히 비서구인들을, 인간 공동체에서 배제하고 이들에 대한 폭력을 정당화하는 비인간성을 낳게 되었다는 것이다. 이렇게 인위적으로 가정된 세계의 이성적 질서와 인간의 이성적 본성에 미래 세대를 사회화시키는 서구 근대 교육은 불가피하게 인간 개개인의 고유한 개별성을 무시하는 결과를 초래하고, 비록 인간의 개별성을 개발한다고 하더라도 이때의 개별성이라는 것은 인간의 유적, 보편적 특성의 한 개별 사례로만 이해된다는 것이다.

두 번째로 비에스타가 지적하는 서구 근대의 철학적 휴머니즘의 문제는 이 첫 번째 문제보다 더 심각한 것으로서 푸코에 의해 명료화된 것이다. 이것은 근대적 인간관에 내재된 모순과 관련이 있다. 이성적인 인간 존재라는 것이 세계에 대한 지식의 원천으로서 선험적 존재이면서 동시에, 자기 스스로를 지식의 대상으로 놓으며 탐구를 통해 알 수 있는 경험적 존재로 놓여지는 문제다. 다시 말하면, 인간 존재는 많은 다른 사실들 중의 하나인 경험적 존재이면서 동시에, 그러한 사실적 지식을 가능하게 하는 선험적 조건으로 출현한다는 사실이 내포하는 인간 주체에 대한 근대적 이해의 모순이다. 그런데 이러한 인간에 대한 근대적 이해가 인간의 성취가 아니라 오히려 약점인 이유는 무엇인가? 그것은 우리가 자신에 대한 지식 혹은 인간 본성에 대한 지식을 주장할 때, 그 주장(지식) 자체가 이미 선험적으로 가정된 특정 인식적 조건하에서 구성된 지식이라는 것을 자주 잊어버린다는 사실에 있다. 즉 한편으로, 인간의 본성에 대한 지식을 '보편적인' 진리로 주장함으로써 그 주장을 가능하게 하는 조건, 즉 인간 스스로가 그 지식을 생산하는 (인위적) 원천이라는 사실을 부정하기도 하고, 다른 한편으로 스스로가 지식을 생산하는 원천이라는 주장을 하면서 동시에 스스로를 지식의 대상인 사물로 놓음으로써 지식의 원천으로서 자신의 (자유의) 지위를 부정하는 모순적 사태를 용인하게 되는 것이다.

그러면 근대 교육의 기반이 되는 이러한 휴머니즘이 문제라면, 그리고 이러한 방식의 인간됨의 교육적 추구가 문제라면, 인간 존재의 인간다움을 묻고 추구하는 다른 방식이 있을 수 있는가? 비에스타는 "있다"고 대답한다. 즉 인간이 된다는 것이 무엇인가에 대해 열린 대답을 지향하는 교육은 가능할 뿐만 아니라 우리가 추구해야 하는 것이다. 비에스타의 이 대답은 우리에게 희소식으로 들린다. 왜냐하면 이제 우리는 더 이상 서구 근대에서 이상적으로 생각해 온 인간관이 아니라, 한국인으로서 우리에게 '인간'이 된다는 것이 무엇을 의미하는지를 어떤 열등 의식 없이 탈식민주의적으로 새롭게 질문하기 시작할 수 있기 때문이다. 그러나 비에스타의 조언을 확장시켜 보자면, 이처럼 한국인에게 인간이 된다는 것의 의미를 추구하는 것은 충분히 의미가 있지만, 여기서 고정된 본질적인 문화적 정체성이 있다고 가정하는 것은 또 다른 실수, 즉 서구 근대의 본질주의로 되돌아가는 실수를 범하게 된다. 이것은 왜 그러한가? 그리고 근대적 휴머니즘 인간관에 대한 비판 이후 '인간적 주체'가 된다는 것은 무엇을 의미하는가? 이것에 대한 비에스타의 안내를 따라가 보자.

2) 다시 등장하는 새로운 접근의 주체성(subjectivity) 철학

근대적 주체가 아니라 새로운 주체의 등장에 관심을 갖는 교육론을 제안하는 비에스타는 사실 근대적 주체의 죽음과 종말을 다음과 같이 묘사한다. "진리와 합리성, 그리고 자신의 정체성에 대하여 자율적이고 전사회적(pre-social)이며 초역사적인 원천"(본 저: 75)으로 간주되던 주체, 즉 우주가 자기 중심으로 돌아간다고 믿던 주체는 죽었다. 그러나 이러한 주체의 죽음에 대한 이야기가 퍼져나가면 나갈수록 '주체성의 철학(philosophy of subjectivity)'은 더욱더 번성하며 대문자의 주체성이 아니라 다면적이고 구체적이며 한정적인 표현의 다양한 주체성들에 대한 논의가 양산되기 시작했다. 이를 살짝 다른 맥락에 놓고 이야기하자면, 하나의 보편 현상으로서 '근대화 혹은 서구화'라는 아이디어는 더 이상 받아들이기 어렵게 되었지만, '다양한 근대화'라는 개념이 가능해지고, 근대적 주체로서 '인간(Man)'은 죽었지만 '다양한 주체성', 인간이 된다는 것의 다양한 의미는 개방적으로 열리게 되었다는 것이다.

그런데 여기서 말하는 새롭게 등장한 주체성의 담론은 정확히 어떤 성격의 것인가? 다양한 주체성이라는 이름으로 한국인의 주체성, 일본인의 주체성, 여성의 주체성, 남성의 주체성 등과 같은 주제가 담론의 장에 들어올 수 있게 되었다는 이야기인가? 비에스타는 이러한 흐름을 이른바 '정체성의 정치학'에 의해 주도되는 주체성 담론으로 말하며, 이것은 여전히 '의식의 철학'의 에피스테메에 매달려 있는 담론 유형이라고 비판한다. 자신이 말하는 새로운 주체성의 담론은 더 이상은 주체성이 무엇이며 어떻게 가능한가와 같은 주체성의 이론을 다시 세우는 방식이 아니다. 오히려 '주체(the subject)'가 어디에서 그리고 어떻게 '출현하는가'와 같은 질문, 즉 이전과는 다른 질문이자 다른 방식의 접근으로서 **발생학적** 질문의 형태를 취해야 한다고 말한다(본 저: 87-88). 즉 교육에서 이제 중요한 주체성에 관한 질문은 "너는 **무엇**인가?"라는 질문에서 "너는 **누구**인가?"라는 질문으로, 그리고 더 나아가 "너는 **누구**인가"라는 질문에서 "너는 **어디서** 출현하고 또 **어떻게** 출현하는가"라는 질문으로 이동해야 한다는 것이다. 이것은 더 이상 이미 규정된 주체의 형성과 그것의 반복적 발생이 아니라, 유일하고 고유한 개별적 인간 존재의 가능성을 탐색하고 이것의 **출현**, 특히 **이것의 우발적 발생**에 관심을 가지는 주체에 대한 교육적 질문이라는 것이다.

비에스타가 여기서 의미하는 바를 좀 더 구체적으로 이해하기 위해 '의식의 철학', 즉 "나는 생각한다"로 시작하는 데카르트적 주체, 에피스테메라는 인식적 주체로부터 출발하는 근대적 철학 전통에 여전히 묶여 있다고 언급되는, 상호주체성(inter-subjectivity)을 조건으로 하는 주체성 개념을 살펴볼 필요가 있다. 비에스타에 따르면, 자신을 의식(self-conscious)하는 '인식적 주체'에서 이러한 주체들 간의 상호작용적 관계 혹은 '자신을 반성하는(self-reflexive)' 상호주체성으로의 이동은 일찌감치 헤겔 철학에 의해 시도되었다. 그리고 이것은 이후 의사소통이나 언어적 상호작용을 강조하는 듀이나 미드, 비트겐슈타인, 하버마스와 같이 상호주체적 사회 실천의 우선성을 강조하는 사상가들에게 전수되었다(본 저: 78-79). 의식 철학에서의 '인식적 주체'는 세계나 타자와 마주치기 전에 이미 선행하는 '생각하는 내가 있다'는 생각과 연관되어 있다. 한편, 반성 철학에서 말하는 '상호주체성' 개념은 세계나 타자 혹은 공동체라는 것을 고립되어 있는 인식주체 바깥에서 강제하는 권위적 힘으로 가정하지 않으며, 오히려 한 개인은 이미 그가 연결된 세계나 타자 혹은 공동체에 의해 구성된다고 가정한다. 우리의 자아는 의사소통을 통한 타자나 세계와의 관계 속에서, 즉 상호주체성 속에서 형성된다는 것이다. 이것은 관계적 존재로서의 인간, 역사와 맥락, 그리고 상황에 묶여 있는 존재로서의 인간, 사회적으로 구성된 몸을 가진 존재로서의 인간이라는 개념과 같은 주체성 개념을 낳게 된다. 그리고 이것은 구체적인 역사적 맥락과 상황에 따라 무수하게 다른 경로를 통해 상이하게 발전하는 다양한 주체성의 개념을 허용한다. 그러나 비에스타는 인식적 주체가 아니라 상호주체성으로 이동해 가는 주체성 이론 역시 여전히 의식 철학이 가정하는 인식의 주체의 개념을 완전히 벗어나지 못하고 있다고 비판한다. 그것은 왜 그러한가?

상호주체성의 이론은 근대 인식론이 가정하는 선험적 자아 개념이 발생시키는 자아와 세계와의 분리, 끊임없이 대상화되는 타자와의 관계라는 근본적인 문제를 극복하는 듯이 보일지도 모른다. 그러나 비에스타에 따르면, 이 이론은 여전히 인간 주체가 어떻게 등장하고 형성되는가에 대한 새로운 진리로 간주될 위험이 있고 그러한 한, 인간 주체가 어떻게 출현하고 또 어떻게 가능한지에 대해 **알 수 있다고** 주장하는 의식의 총체적 작용을 이론화하는 근대적 에피스테메의 전략을 반복하는 오류에 머물러 있다(본 저: 80). 그리고 이러한 오류를 전격적으로 극복하도록 도와주는 것이 바로 푸코의 근대 주체 개념에 대한 비판이다. 비에스타에 따르면, 푸코의 근대적 주체 개념에 대한 비판은 크게 근대적 사유의 오류 한 가지를 향하고 있다. 칸트의 선험철학에서 절정에 이른 인식적 주체로서 근대적 자아 개념을 비판하고 있는 현상학과 같은 반성 철학이 (동일하게 반복적으로) 저지르는 오류는, "근대성의 문지방"과 같은 칸트가 정립한 인간 존재의 이중적 성격, 즉 경험적 존재로서 과학적 지식의 대상이자, 그 지식을 가능하게 하는 원천으로서 선험적 존재인 인간 주체의 이중성의 문제를 여전히 반복하고 있다는 것이다. 물론 이 이중성은 근대적 인간의 성취로 보일 수도 있다. 왜냐하면 이러한 근대적 인간은 자신의 오성이 이론적으로 성취할 수 있는 것의 한계를 알고 그것을 설정하는 존재일 뿐만 아니라 동시에, 그 한계를 앎으로써 그것을 우리가 알 수 있는 지식의 가능성을 위한 조건 자체로 만들었기 때문이다. 그리하여 인간은 "다른 존재자들 사이에 있는 경험적 존재이자 모든 경험적 지식의 선험적 조건"으로서 그 지식의 원천이 되는 존재로 여겨진 것이다(본 저: 81).

그러나 푸코가 정확하게 겨냥하고 있는 것은 칸트에 의해 설정된 이 이중적 성격의 근대적 인간에 대해 이후 (후설을 비롯한 하이데거, 그리고 메를로퐁티와 같은) 반성의 철학자들이 얼마나 깊이 집착했는가이다. 이들의 철학하기 방식은 인간 주체에 대한 이론을 먼저 만들고, 이로부터 지식이 어떻게 가능한가와 같은 질문을 제기하는 전략을 취했다는 것이다. 푸코가 근대 인간의 종말을 선언할 때 표적의 대상이 된 근대 철학은 바로 주체성의 철학을 이론화하는 이러한 근대적 사유의 습관에 있다. 비에스타에 따르면, 푸코는 주체에 관한 일체의 선험적 이론을 거부한다. 즉 인간이 무엇인지는 그 본질에 있다고 생각하고, 그 본질에 대한 주장을 전비판적으로(pre-critically) 가정하는 방식의 모든 (반성의) 철학 이론을 거부한다. 왜냐하면 그러한 이론은 명시적이든 암시적이든 언제나 이미 '개념화된' 대상으로부터 출발하면서도, 선행하는 그 객관화를 스스로 의식하지 못하기 때문이다. 그리하여 인간의 본질에 대한 전비판적 분석을 인간이 경험하는 모든 것에 대한 분석으로 일반화하여 인간학적 주장으로 둔갑시키는 오만, 즉 근대적인 철학적 사유의 오만을 반복하고 있는 것이다.

그리하여 푸코에 의하면, 근대적 주체 이론의 문제는 개별 주체를 인간 본질의 보다 일반화된 사례로 보는 점, 인간이 속한 종에 귀속된 틀 안에서만 인간 존재를 이해한 것에 있다. 그리고 이러한 근대 주체의 죽음을 선언한 이후 이제 우리가 할 수 있는 것은 새로운 인간 주체에 관한 이론이 아니라, 오히려 인간 주체성의 질문을 대하는 새로운 방법이다. 푸코에게 이러한 새로운 접근은 더 이상 이론적 접근이 아니라 하나의 태도 혹은 철학적 에토스로서, 우리 자신에 대한 비판적이고 역사적인 존재론이다. 이것은 이제까지 우리를 우연적으로 형성해온 것들로부터 우리가 더 이상 이대로 존재하지도 행하지도 생각하지도 못할 가능성들을 분리시킬 수 있기 위하여, 우리가 이제까지 행하고 생각하고 말하는 주체로서 스스로를 구성하고 인식하도록 만들었던 사건들에 대해 **역사적으로** 탐구하는 것이다(본 저: 85-86). 이것은 우리 스스로를 주체로 여기게 만든 사건들이 어떻게 형성되었는지를 역사적으로 탐구함으로써, 그렇게 되지 않았을 가능성, 즉 그렇게 더 이상 존재하지도 행하지도 생각하지도 못할 가능성을 찾는 것이다. 이것은 또한 우리가 존재하고 사유하고 행할 수 있는 다양한 방식을 발달시키는 어떤 태도, 어떤 에토스를 갖는 것으로서의 사유하는 일만이 유일하게 우리를 이렇게 만들 수 있는 것이기도 하다. 아마도 여기서 새로운 인간 주체란 우리가 이제까지 되지 못한 존재 방식, 사유 방식, 말하기 방식의 가능성을 꿈꾸는 존재의 양태라고 요약할 수 있을지 모르겠다. 그리하여 푸코의 근대 주체 비판은 우리가 아직 주체로서의 인간이 되지 못했고, 이것은 언제나 도래할 가능성으로 남아 있는 과업이라는 결론으로 이끈다.

푸코의 이러한 정신을 좇아 비에스타는 교육에서 관심을 가지고 중요하게 다루어야 할 주체성에 대한 질문은 이제 "너는 **무엇**인가?"가 아니라 "너는 **누구**인가?"이고, 정체성에 대한 이 질문은 이미 결정된 것이 아니라 새롭게 출현하고 등장할 문제로서, 너라는 주체가 어디서 그리고 어떻게 출현하는지의 문제라고 말한다. 즉 교육에서 이제 주체성의 문제는 이미 존재하고 있는 것을 드러내고 표현하는 정체성의 문제도 아니고, 그렇다고 이미 규정된 어떤 것을 실현하고 형성하는 문제도 아니다. 그것은 "너는 누구냐"라고 묻는 타인의 질문에 응답하며, 타자 앞에 자신도 모르는 자신의 어떤 가능성을 우발적으로 출현시키고 등장시키는 문제라는 것이다.

3) 근대 교육과 합리적 공동체, 후기-근대 교육과 공통성이 없는 사람들의 공동체

오늘날 우리가 이해하는 학교교육은 전형적으로 **근대적인** 교육이다. 즉 학교교육은 국가에 의해 모든 이들에게 동일한 교육을 평등하게 제공하도록 되어 있는 보편적 교육 이념의 실현을 위해 인위적으로 만들어진 근대 사회의 산물이다. 그리고 이 땅의 학교교육은 일제 강점기를 통해 서구에서 이식된 것이다. 그러면 이러한 근대적 성격의 학교교육은 어떤 공동체를 이상적으로 구성하도록 되어 있는가? 비에스타의 대답은 '합리적 공동체'다(본 저: 109). 합리적 공동체는 어떠한 공동체인가? 합리적 공동체는 그 안에서 살아가는 개인의 통찰이 언제나 보편적 범주로 공식화되는 공동체이며, 말로 표현되는 모든 것들이 합리적 담론의 법칙과 이론들을 내포하는 합리적 시스템이 내장되어 있는 공동체이다. 이러한 공동체는 공통의 언어와 공통의 논리로 구성되며, 우리에게 목소리를 주지만 그것은 오직 대표적인 목소리, 상호 소통과 교환이 가능한 이성의 목소리다. 이 목소리는 이치에 맞기만 하다면 누가 그것을 어떻게 말하느냐는 중요하지 않고 오직 말해지는 내용이 중요할 뿐이다. 객관적으로 중요하다고 간주된 내용으로서의 지식, 이것이 바로 우리가 학교교육을 통해 배우도록 되어 있는 합리적 언어이며, 규칙에 따라 말하고 이유를 댈 줄 아는 객관적인 교과 체계의 언어다.

비에스타에 따르면, 근대 학교는 이러한 합리적 언어의 공동체를 구성하기 위해 교육하도록 되어 있고, 이것은 바로 근대 사회를 구성하는 데 핵심적 역할을 한다. 지그문트 바우만의 말을 빌려 비에스타는 근대 사회는 본질적으로 '특정 질서의 체제'라고 말한다(본 저: 110). 근대적 기획은 모든 이들에게 절대적 시작을 통한 혜택을 주기 위해, 그리고 자신이 살고 싶은 삶을 자유롭게 선택하도록 하기 위해, 우리 각자가 타고난 국지적, 역사적, 문화적 환경 및 물려받은 정체성으로부터 해방되어 국가라는 유일한 합법적 권력에 의해 명시된 학교 규율의 틀 안에서 움직이도록 하는 것이다. 이때 국가는 개인들을 전근대적인 전통으로부터 해방시키기 위해 **단일한 탈전통적인 비전**인 일반적이고 합리적인 비전을 통해 지배하고 안내한다. 개인들에게 이러한 질서의 비전을 획득하고 내면화하도록 하는 곳이 바로 근대 학교인 것이다.

언뜻 듣기에 이상적으로 들리는 이러한 합리적 공동체의 문제는 무엇인가? 바우만에 따르면, 전근대적 공동체를 포함하여 모든 공동체는 자신만의 이방인을 생산하는 경향이 있다. 그 공동체의 구성원들은 자신의 공동체에 속하지 않는 외부인들을 손님으로 환대하거나 배척할 뿐, 결코 자신의 공동체 구성원으로 받아들이지 않는다. 그 집단의 공동체적 정체성이 강할수록 그러하다. 합리적 공동체로서 근대 사회도 마찬가지이다. 그런데 왜 특별히 합리적인 질서의 근대적 공동체만이 문제가 되는가? 바우만에 따르면, 근대적인 합리적 공동체는 그 집단 자체로 적합하고 익숙하며 합리적인 것이 무엇인지를 구체적으로 구축한 결과로 이방인을 만들어내는데, 이것의 문제는 이방인을 만들어낸다는 사실 자체에 있는 것이 아니라 이방인을 만들어내는 바로 **그 방식**에 있다. 그것은 바로 "인간 조건의 **점진적 보편화**"를 통한 동화와 배제라는 전략의 방식이다(본 저: 111). 먼저 이방인들로 하여금 교육을 통해 합리적 언어를 획득하도록 강요하여 그 집단으로 동화시키려고 하고, 이것에 성공하지 못하는 이들을 이방인으로서 배척함으로써 이방인 집단을 체계적으로 재생산한다는 것이다. 즉 합리적 공동체의 탈전통적 비전을 근간으로 하는 근대적 학교제도는 모두에게 기회를 준다고 공언하지만, 필연적으로 이방인을 양산하는 체제이며, 결과적으로 그 공동체가 배척하는 이방인들에게 어떤 다른 대안적 삶의 기반도 줄 수가 없는 제도인 것이다.

바우만의 근대적인 합리적 공동체에 대한 이러한 포스트모던 비판을 진지하게 받아들인다면, 전근대적 사회 질서에서 근대적 사회 질서로 정신 없이 질주해 온 우리 사회는 이제 어디로 가야 하는가? 이러한 합리적인 공동체 사회로의 진입을 머뭇거리며 전근대적인 공동체로의 회귀를 고려해야 하는가? 바우만은 그렇지 않다고 답한다. 자신의 포스트모던 비판이 새로운 종족주의로의 회귀를 의미하는 것은 아니라고 분명히 못 박기 때문이다. 종족주의로의 회귀는 권력 쟁취가 새로운 권력 박탈로 이어지고 해방은 새로운 억압으로 바뀌는 또 다른 형태의 본질주의로의 회귀로서, 궁극적으로 우리가 생각하고 행하는 것에는 오직 한 가지 옳은 길만 있다는 근대적 기획의 본질주의를 반복하는 것일 뿐이다. 오히려 바우만이 옹호하는 포스트모던 윤리는 우리로 하여금 이방인과 **공존하는 방법**을 알도록 요청한다. 즉 새로운 종족주의가 아니라 이방인과 함께 공적 공간에서 행위한다는 것이 무엇을 의미하는지 탐색하는 방향으로 나아가야 하며, 이것은 곧 포스트모던 사회에서 한 사람의 주체가 된다는 것의 문제로 좁혀진다고 말한다(본 저: 115). 합리적 공동체에서 살아가면서도 우리에게 익숙하지 않은 다른 언어를 쓰는 이방인들과 어떻게 공존할 것인가를 고민해야 한다는 것이다. 이때 이방인들이란 단순히 우리 정치 공동체에 일차적으로 속하지 않는 해외 이민 노동자들이나 소수 민족만을 이야기하는 것은 아닐 것이다. 합리적 언어를 능숙하게 구사할 수 없는 어린아이나 교육받지 못한 이들, 말을 할 수 없는 장애인 등을 모두 포괄하는 것일 것이다.

비에스타는 여기서 바우만이 말하는 이방인들과의 공존 방법은 바로 내가 누구인지를 드러내는 책임과 응답의 언어를 쓸 수 있는 방식과 밀접한 관련이 있다고 말한다. 우리를 고유하고 유일한 존재로 만들어주는 우리 자신의 주체성은, 우리가 타자에 대해 혹은 타자의 타자성이나 낯섦에 대해 응답하는 우리 자신의 고유한 방식을 통해서 출현한다는 것이다. 이때 응답한다는 것은 책임을 진다는 것이다. 즉 우리에게 이해되지 않는 타자나 타자의 타자성에 응답하려고 하는 책임을 다하는 것이 곧, 내가 고유하고 유일한 주체로 출현하는 것을 가능하게 한다는 것이다. 이것은 무슨 뜻인가? 우리는 대개 '나는 누구인가'라는 정체성을 내가 속한 공동체, 민족, 종족에서 찾거나, 보편적 합리성에 기반한 주권자로서의 개인적 자아 의식을 통해서 구한다. 그러나 비에스타는 내가 속한 공동체로서 종족으로도 환원되지 않고, 보편적인 합리성의 양식으로도 환원되지 않는 주체의 출현에 대하여 이야기하고 있다. 정체성도 아니고 보편성도 아닌 제3의 방식으로 인간이 자신의 목소리를 발견하여 유일하고 고유한 존재로 자신을 세계에 출현하도록 한다는 것은 도대체 어떤 것이고 또 무슨 의미일까? 비에스타는 이것을 가능하게 하는 것이 바로 교육의 본분이라고까지 말한다. 그에 따르면, 우리 아이들은 자신의 목소리로 말하는 법을 배워야 한다. 그리고 이 말은 혼잣말이 결코 아니며, 오히려 타자와의 관계 속에서 그것에 응답하려고 하면서 발견할 수 있는 목소리라는 것이다. 그것도 자신이 잘 모르는 이방인인 타자와의 관계 속에서 그들에게 응답하는 방식으로서 말하게 되는 것을 통해서만 발견할 수 있는 바로 그 자신의 목소리라는 것이다.

흥미롭게도 비에스타는 우리가 타자성이나 이방인됨을 교육에서 중시해야 하는 이유가 단지 그것이 다르고 낯선 것이기 때문이라고 말하지 않는다. 타자성이 범주적으로 선한 것은 아니라는 것이다. 그렇다면 그 이유는 무엇인가? 비에스타에게 낯섦과 익숙함은 미리 정해져 있는 범주가 아니라, 오히려 주어지고 익숙한 지배 질서로서 합리적 질서의 구축에 의해 구체적으로 배제되는 범주의 것이다. 즉 낯설음과 타자성을 강조하면서 그는 결국 합리성의 질서에 의해 추방되고 배척되는 것에 대한 민감성, 그것에 대한 우리의 윤리적 책임을 말하고 있는 것이다. 그리하여 교육에서 누가 누구에게 관용해야 하는가와 같은 관용의 경계와 한계에 대한 물음을 제기하는 것이다. 이런 의미에서 주체의 출현을 기다리는 교육이라는 비에스타의 교육론은 상당히 정치적 의미의 주체 개념을 상정한다는 것을 알 수 있다.

한편, 비에스타의 교육론은 합리적 공동체로부터의 **완전한 해방**을 옹호하지는 않는다. 그에 따르면, 합리적 공동체의 언어는 학교교육을 통해 애당초 우리로 하여금 특정한 방식으로 말하고 행위하는 것을 가능하게 해 주는 언어로서, 우리가 피할 수도 없고 피해서도 안 되는 공동체의 언어이다. 그것은 공동체의 구성원으로서 우리에게 자격을 주는 언어이기 때문이다. 즉 학교교육을 통해 우리가 보통 학습하는 언어, 과학적 언어의 교육 내용들은 우리가 합리적 공동체의 구성원이 되도록 해주는 언어이기 때문에 우리는 이 언어로의 사회화를 피할 수 없다. 그러나 이 언어는 구성될 때마다 동시에 나와 타자를 경계 짓고, 안과 밖을 만들어 내며, 특정한 이들을 배제하고 배척하면서 이방인을 구조적으로 생산해 내는 성격의 공동체 언어다. 그러므로 우리가 근대적 사회 질서 속에서 살아가야 하는 한, 이러한 공동체에 속하면서 동시에 이 공동체의 질서에 개입하여 그 공동체가 배제시키는 이방인들과 대화하려고 노력해야 한다는 것이다. 왜냐하면, 비에스타에 따르면, 진정한 학습이란 시험을 통과하고 자격을 따고 졸업장을 따게 하는 합리적 언어의 학습이 아니라 이와 다른 언어, 이방인에게 응답하면서 자신의 고유한 목소리를 발견하는 학습이기 때문이다. 그리고 이것은 교육을 통해서만 성취할 수 있는 자유의 한 가지 양태이기 때문이다. 비에스타는 이러한 개별적 자유가 발휘되는 공동체를 이방인들 간의 공동체, 공통성이 없는 공동체로 묘사하며, 합리적 공동체와 짝을 이루며 동시에 존재해야 하는 공동체로 부른다. 비에스타에게 교육다운 교육은 공통성이 없는 이방인들의 공동체를 구성하는 일, 이것에 보다 근본적인 목적이 있다. 이 작업은 실행하기 쉬운 것은 아니지만 어쩌면 유일하게 후기-근대적 맥락에서 우리를 인간으로 만들어 주는 교육의 양태라고 비에스타는 말한다(본 저: 129).

4) 근대 교육의 패러다임에서 인식적인 것과 정치적인 것 간의 긴장

앞 절에서 언급한 것처럼, 합리적 공동체가 아닌 공동체, 이방인들의 공동체의 형성을 통한 주체의 출현을 기다리는 비에스타의 교육론은 일차적으로 상당히 **정치적인 기획**같이 들린다. 근대 교육의 핵심적 과제는 칸트의 계몽주의적 정신을 잇는 합리적 공동체를 구성하기 위한 것으로서, 미래 세대의 구성원들에게 합리적 자율성을 갖추게 하는 것을 목적으로 하였다. 그리고 이러한 합리주의적 교육은 이론적 지식과 기술, 가치의 내면화를 통하여 미래 세대의 인지적 능력에 초점을 두는 교육과정으로 성취될 수 있는 것이었다. 이러한 근대적 기획에 맞서는 것같이 보이는 비에스타에게, 교육의 목적은 학생 개개인들이 세계 속에서 유일하고 독특한 존재로 출현하게 하는 것이고, 이것은 교육이 사회화시켜야 할 합리적 공동체에서 배제된 이방인들에게 응답하는 방식으로만 가능한 것으로 이해된다. 이렇듯 비에스타의 교육론은 기본적으로 근대 학교교육의 합리주의적 지향에 대한 비판이지만, 이를 완전히 내던지자고 제안하지도 않는다. 오히려 학교교육을 통해 합리적 공동체와 타자공동체가 긴장 관계 속에서 나란히 공존할 수 있고 또 공존하도록 해야 한다고 말한다. 하나는 다른 하나의 그림자와 같다는 것이다. 그리고 그는 이러한 자신의 교육론을 교육에 대한 '해체적 이해(deconstructive understanding)'라고 부른다(본 저: 135). 정확히 이것은 무슨 뜻인가? 그리고 여기서 그가 마음에 두고 있는 '교육'의 구체적 실천은 어떻게 묘사될 수 있을까? 어쩌면 이것에 대한 답은 근대 교육에 대한 비에스타의 비판점을 예리하게 좁혀서 보여줄 수 있을지 모른다.

비에스타는 먼저 합리적 공동체의 형성을 목적으로 하는 근대 학교교육은, 정치 이념적으로 보수주의적 입장이든 진보주의적 입장이든, 필연적으로 '기술공학적' 모델에 빠질 수밖에 없다고 말한다. 이것은 지식 전수의 목적을 위해서뿐만 아니라, 가치 규범을 위한 인성 교육의 측면에서도 그러하다는 것이다. 왜 그러한가? 기술공학적 태도에 깔려있는 주요 전제는 교육이 특정한 교육 외적인 목적을 성취하는 도구로 간주된다는 것이다. 그리하여 보수주의적 입장에서 교육은 합리주의적 질서와 규범에 아이들을 '사회화'시키는 일의 수단으로 간주되는 반면, 진보주의적 입장에서 교육은 이러한 질서가 갖는 사회 재생산 기능에 대해 저항하는 아이들을 길러내어 기존 사회의 질서를 보다 진보적으로 변혁시키는 일의 수단으로 간주된다. 그리하여 어느 경우이든 근대적 패러다임의 학교교육은, **사회적 기능**(사회화 혹은 사회변혁)을 위하여 근대적 의미의 진리 개념에 기초한 이성과 합리성을 진작시키는 도구로 활용된다는 것이다(본 저: 133-134).

비에스타가 이러한 관점을 통해 우리에게 보여주는 것은 근대 교육의 패러다임에 내재한 '인식적인 것(합리적 지식의 보편화)'과 '정치적인 것(정치적 자유의 보편화)' 간의 필연적인 긴장이다. 즉 근대 교육에서 강조되는 지적 능력의 발달은 합의를 위한 진리를 가정하고 지향할 뿐만 아니라, 모든 것을 통합하는 질서를 위한 공통점을 만들어가는 사고의 발달과 밀접한 관련이 있다. 그리하여 이것은 필연적으로 그것에 맞추지 못하거나 동의하지 못하는 불일치나 갈등의 잔류를 늘 생산할 수밖에 없는 한편, 그 패러다임 안에는 이 문제를 해결할 기제가 없다. 근대 교육의 패러다임이 가진 이 무능력이 특별히 문제가 되는 것은 근대 교육의 계몽적 기획이 애당초 약속한 것, 즉 우리 모두를 한 사람으로서 해방된 '인간'으로 성숙시킨다는 계몽의 약속을 지킬 수 없는 패러다임이라는 점이 드러났기 때문이다. 근대적 교육 패러다임은 그 자체에 의해 불가피하게 생산된 잔류를 그 체제에 대한 문젯거리나 어려움, 방해와 약점으로 간주하고 그것을 제거하거나 억압하는 방식으로 나아감으로써, 그것이 애당초 정치적으로 성취하고자 한 계몽의 과제, 즉 신이나 왕, 교회로부터의 억압과 타율로부터 벗어나 자율적 인간으로의 성장이라는 과제를 방해하는 새로운 억압과 타율의 원천이 되고 있는 것이다. 문제를 해결하고 통합하고 질서를 만들어내는 합의 지향적 합리성은 더 이상 우리를 해방시키는 정치와 같이 갈 수 없는 것이다. 오히려 우리를 해방시키는 새로운 정치는 인식적인 것, 합리적인 것이 생산하는 바로 그 배제와 잔류의 문제에 대한 민감성을 일깨우는 것, 그리고 그것을 제대로 직면하고 다루는 방법에 뛰어드는 것이다. 이러한 의미의 정치학 혹은 정치적인 것은 이제, 근대 교육의 패러다임에서 핵심적이었던 인식론 혹은 지적인 것과 밀월관계를 벗어나 긴장 상태에 돌입한다는 것을 의미한다. 비에스타는 이 긴장의 구조야말로 후기-근대적 교육 패러다임이 수용해야 하는 것이며, 그 긴장을 어떻게 생산적으로 만드느냐가 그 패러다임의 교육적 가능성을 결정한다고 말하는 듯하다.

그리하여 비에스타에게 후기-근대적 질서에서 중요해지는 것은 어떻게 합리적 사회 질서가 만들어낼 수밖에 없는 불일치와 갈등, 다원성과 복수성, 그리고 차이의 문제를 그 합리적 질서나 제도를 통째로 전복하지 않은 채 다룰 수 있느냐이다. 즉 불일치나 갈등, 복수성과 차이를 방해물로 보는 것이 아니라 정치의 핵심으로 볼 수 있는가, 혹은 그 문제가 정치의 핵심이자 교육의 핵심으로 다루어질 수 있는가이다. 그리고 여기서 비에스타는 한나 아렌트의 정치 철학을 교육적 논의에 유용하게 가지고 들어온다. 왜냐하면 아렌트에 따르면, 차이를 가지는 인간들의 다원성, 복수성은 정치적 삶의 유일하고 필수불가결한 조건일 뿐만 아니라 인간 삶의 조건이기 때문이다. 우리는 여기서 아렌트의 정치 철학이 왜, 그리고 어떻게, 합의와 공통성의 형성을 기반으로 하는 근대 교육에 대한 해체주의적 관점을 이끄는 개념적 자원이 되는지 목격하게 된다. 아렌트의 복수성의 철학은 합리적 공동체에 의해 구조적으로 생산되는 차이와 불일치의 잔류를 다루는 방법, 그리고 합리적 공동체가 지향하는 바를 해체할 수 있는 방법에 관한 의미 있는 통찰을 포함하고 있기 때문이다.

서구 근대 사회의 질서에서 합리성의 언어를 사용할 수 있는 능력은 인간 간의 동등함의 근거이자 합리주의적 공동체를 가능하게 하는 원천이었다. 근대 교육은 사회 모든 구성원들로 하여금 이 언어를 획득할 동등한 교육의 권리와 기회를 부여하는 데 그 존재 이유가 있었다. 물론 이러한 근대 교육의 (계몽주의적) 이념적 원천은 모든 인간의 본성을 "나는 생각한다"로 표현되는 인식적 주체에서 발견하고, 이성적 능력에 보편성을 부여한 근대 철학의 휴머니즘에 있다는 것은 앞서 언급한 대로다. 이에 반해 아렌트는 정치적 질서의 원천을 이러한 '인식적 주체'가 아니라 **인간 삶의 조건**에서 찾고, 비에스타는 그것을 교육적 관점으로 재해석한다. 아렌트에 따르면, 인간은 누구나 주어진 어떤 세계에 새롭게 태어나는 '탄생성'을 가지며, 그 세계는 사람들 사이에 존재할 수밖에 없는 '복수성'을 그 조건으로 한다. 그리하여 아렌트에게 교육이 누구에게나 제공되어야 한다면, 그것은 어떤 누구도 지금껏 살아왔고, 현재 살고 있으며, 앞으로 살게 될 다른 누구와 동일하지 않기 때문에 우리 모두는 동등하다는 사실과 관련이 있다. 이때의 동등함은 우리 모두가 각자의 '시작'을 이룰 수 있다는 의미에서 그러하며, 교육은 어느 누구든 그 시작이 가능하다는 점, 즉 '탄생성'에서 그 본질을 발견한다. 합리적이고 이성적 존재로가 아니라 오히려 고유하고 유일한 존재라는 이유로 우리는 다른 사람과 동등하며, 말과 행위로서 우리는 그러한 존재로 이 세계에 출현한다. 후기-근대적 교육은 이제 아이들 각자로 하여금 이러한 유일하고 고유한 존재로 출현하게 하는 일에 적극적으로 개입하는 과업이 되는 것이다(본 저: 146-147).

그런데 비에스타에 따르면, 합리주의적 질서에 대한 이러한 해체적인 교육적 사유는 본질적으로 어려움을 동반한다. 그리고 이 어려움은 인간 간의 상호작용 자체에 그 원천이 있다. 이것은 혼자가 아니라 사람들 사이에서, 서로 차이가 있는 복수성 속에서 행위하는 것의 어려움, 복수성 속에서 각 개인이 주체로 등장하는 것의 어려움이다. 아렌트의 '행위' 개념에 기대어 비에스타는 행위란 합의의 공동체에서 일어나는 것이 아니라 복수성을 조건으로 하는 공동체에서 일어나는 것이라고 말한다. 복수성은 인간의 상호작용의 영역에서 자신만의 행위를 할 수 있는 존재들 간의 상호작용을 가능하게 하는 조건이다. 이 조건은 언제나 '시작하는' 자들, 그리하여 자신의 고유한 개별성을 드러낼 수 있는 자들의 행위로 구성되지만 다른 한편, 이 행위는 시작하는 또 다른 자들의 행위, 즉 자신만의 고유한 개별성을 드러내는 타자들의 행위에 언제나 의존해야 한다는 사실을 또한 의미한다. 이런 의미에서 복수성의 조건은 인간으로서 우리의 행위를 가능하게 하는 조건이면서 동시에, 그러한 우리의 행위를 어렵게 만드는 조건이기도 한 것이다. 이러한 행위의 어려움이 역사적으로 많은 철학자들로 하여금 인간 간 상호작용의 영역인 '행위'를 아렌트가 말하는 또 다른 양태의 인간 활동 중의 하나인 '제작', 즉 사물을 모종의 목적을 위해 인공적으로, 그리고 수단적으로 만드는 제작의 활동으로 바꾸었다. 그리하여 비에스타에 따르면, 교육이라는 실천은 기본적으로 인간 간의 상호작용을 핵심으로 하는 '행위' 범주의 활동이지만, 근대적 패러다임에서 그것은 모종의 목적(예, 합리적 지식의 보편적 습득)을 위하여 많은 과학적 수단을 동원하는 '제작' 범주의 활동으로 전환되어 기술공학적으로 다루어졌다는 것이다(본 저: 149).

그러면 비에스타가 말하는 해체적 교육 패러다임에서 이제 '인식적인 것'과 '정치적인 것'의 관계는 어떻게 변화되는가? 아렌트 철학으로 대변되는 질서, 즉 고유한 자신만의 개별성을 드러내는 공통성이 없는 공동체의 질서는 합리적 공동체의 지성적 합의의 질서와 어떤 방식으로 공존할 수 있는가? 비에스타는 교육이라는 실천이 이 두 가지 질서 간의 긴장 속에 놓여있다고 말한다. 그리고 한 질서는 합리적 자율성을 추구하며 주권자로서의 자유, 자신이 합리적으로 선택한 것은 무엇이든 할 수 있는 자유를 독려하지만, 또 다른 질서는 공통성이 없는 공동체를 지향하며 뭔가를 새롭게 시작하는 행위로서의 자유, 이전에 존재하지 않았던 어떤 것을 존재하도록 불러내는 자유를 독려한다. 후자의 자유는 스토아학파에서와 같이 안으로 침잠하는 내면의 자유도 아니고, 기독교인들이 누리는 영적 자유와도 다르다. 이것은 필연적으로 공적이고 정치적인 양태의 자유로서, 자기 구원의 성격이 아닌 외적으로 현시되고 모종의 공적 공간에서 드러나는 자유이다(본 저: 150). 그리하여 이것은 현시하기 위한 세계성의 공간, 즉 공적 공간을 필요로 한다. 교육은 바로 이러한 공간을 열어주는 일에 핵심적으로 관여해야 한다.

그리하여 비에스타에 따르면, '자유'를 목적으로 하는 교육적 활동에서 '인식적인 것'과 '정치적인 것'은 근대 교육의 패러다임에서처럼 단순히 수단과 목적의 관계가 아니라, 다른 성격의 관계적 구조로서 전환되어 교육의 목적에 봉사하는 두 가지 측면이 된다. 교육은 이제 우리가 전통적으로 생각해 온 것처럼, 인간 본성을 억압하거나 그것을 실현하거나 혹은 그것으로부터 해방시키는 과업이 아니다. 오히려 교육은 내가 누군가 중요한 사람이 되는 것에 대한 것으로서, 인간됨의 의미를 새롭게 써 나가는 '자유'의 **실존적** 과업에 헌신한다. 물론 교육과 학교교육은 전적으로 이것에 대한 것만은 아니다. 교육은 지식, 기술, 역량, 태도 등 기존 문화로부터의 습득과 사회화를 불가피하게 그 활동안에 포함한다. 그러나 교육은 이러한 1차적 학습에 관한 것일 뿐만 아니라, 각 개인으로 하여금 중요한 사람이 되도록 하는 주체되기 학습에 대한 것이다. 보다 정확히 말하자면, 교육은 어쩌면 사회화 범주의 학습에 **참여하는 방식을 통하여** 중요한 사람이 되는 것을 배우는 것이다(본 저: 163). 이러한 교육적 활동의 이중성은 교육의 목적으로서 '자유'가 단순히 지적인 것을 넘어서 **실존적인** 성격을 갖게 하는 실천적 구조의 조건이 된다.

한편, 교육을 단순히 기술공학적으로 만들어 도구적인 성격으로 파악하는 것은 교육을 통해 누군가가 중요한 존재가 될 가능성을 위협한다. 교육의 본질 그 자체에 역행하게 되는 것이다. 그러므로 교육을 효과적 기술이나 공학으로 만드는 것은 복수성, 다원성, 차이를 제거하는 것이고 인간 간 상호작용에서의 어려움을 제거하는 일이기 때문에 특별히 조심할 필요가 있다. 복수성이 인간 행위의 조건이고 교육이 인간의 행위의 일종이라면, 복수성은 교육의 조건이기도 한 것이다. 그리고 교육의 목적으로서 자유가 계속 출현할 수 있는 공간이 이러한 복수성의 공간이라면, 고유하고 유일한 개인으로 하여금 세계에 계속 오도록 하는 이 공간을 지속하는 것이 바로 교육의 유일한 과업인 것이다. 이것은 교육의 목적으로서 자유에 동반되는 **정치적** 성격을 잘 말해준다.

5) 비에스타의 후기-근대적 교육 패러다임에서 정치적인 것과 교육적인 것 간의 관계

빌둥의 전통은 인간 존재의 인간됨의 의미에 관심을 갖는 서구의 오랜 교육 전통이다. 고대 그리스의 파이데이아 개념, 로마 문화와 르네상스의 후마니타스 개념을 거쳐 계몽주의 휴머니즘을 통과하며 서구 근대 교육 전통의 중심에 있는 교육적 이상을 상징한다. 이것은 '도를 추구하며' 인간됨의 의미를 찾는 동양적 교육 전통과도 맥을 같이한다. 이 전통에 연루되는 핵심적 질문은 교육받은 인간은 어떠한 인간이며 무엇으로 구성되는가다. 이것은 교육을 사회적 기능의 일부로, 즉 도구적으로 다루지 않고 교육 자체의 내적 과업인 인간 내면의 개발, 인간 마음이나 인간 영혼의 개발의 관점에서 다루는 교육 전통이다(본 저: 173).

비에스타는 이 전통에서 빌둥은 항상 자기형성으로 이해되었다는 점, 그리고 특정 경전에 통달하는 사람을 교육받은 사람으로 규정하는 식으로 그 내용의 습득을 빌둥의 구성적 측면으로 인정하였다는 점을 강조한다. 즉 단순히 교육의 목적의 관점에서가 아니라 교육의 내용의 관점에서 교육을 다루는 전통으로 발전했다는 것이다. 그리고 물론 계몽주의 이래 이러한 자기형성의 핵심적 내용은 합리적 자율성의 관점에서 이해되고 규정되었으며, 자기를 형성하는 일이란 합리적 자율성을 습득하는 일이었다.

합리적 자율성을 위한 서구 근대 교육이 정치적으로 어떤 문제를 낳는지에 대해서는 앞에서 논의하였다. 이제 비에스타가 후기-근대적 패러다임의 교육적 실천을 어떻게 이해하고, 또 그것이 요청하는 빌둥의 개념을 어떻게 재정립하는지 살펴보자. 근대 계몽주의적 교육 이념이 정치적 기획의 일부이자 그것을 완성시키는 것이었던 것처럼, 후기-근대적 패러다임하에서의 교육도 오늘날 요청되는 정치적 기획과 내적으로 밀접한 관련을 가질 필요가 있을 것이다. 그렇다면 오늘날 새로운 양태의 교육을 요청하는 정치적 문제는 무엇일까? 비에스타는 이것을 첫째, 보편적 가치와 진리의 가능성이 문제시되는 것, 둘째, 인간의 본성이나 본질을 미리 알 수 있다는 생각에 대한 의문시, 셋째, 세계화되는 자본주의 시대에 우리 모두가 소비자로서 주체가 되도록 강요되는 현실, 이렇게 세 가지를 꼽는다. 그리고 후기-근대적 교육 패러다임은 이 세 가지 정치적 도전 모두에 응답할 수 있는 교육적 실천의 방식일 필요가 있다고 본다(본 저: 174-178).

모든 것을 포괄하는 틀 속에서 차이를 위치시키는 서구 중심적 보편주의를 벗어나는 것은 다양성에 대한 경축조차도 다양성을 허용하는 보편적 질서하에 이루어진다는 사실을 인식하는 것을 요청한다. 그런 의미에서 진정으로 다양성과 차이, 그리고 타자성을 사유하도록 다루는 방법은 타자성과 차이를 만나고 경험하기 전에 그것을 이해하고 알 수 있고 또 그래야만 한다는 생각을 포기하는 것이다. 즉 우리가 먼저 알고 있어야 그것과 관계를 맺을 수 있다는 생각의 포기이다. 이것은 인간됨에 대한 이해에서도 마찬가지이다. 우리는 이제 모든 인간다움의 표현들에 개방적일 필요가 있다. 왜냐하면 인간 존재의 본질을 알 수 있다는 생각을 포기해야 하기 때문이다. 그러나 이것은 또한 인간다움에 대한 **모든** 표현들을 단순히 좋고 바람직한 것이라고 보는 무정부주의적 태도를 말하는 것은 아니다. 우리의 **판단**은 인간이 되는 새롭고 다양한 방법들의 표현과 경험 뒤에 와야 한다는 것이고, 이 판단 자체가 교육에서의 중요한 실질적 과업 중의 하나가 되어야 한다는 말이다.

이러한 비에스타의 조언에 따라 빌둥 전통의 핵심적 차원에서 우리의 교육적 책임을 인간 존재의 인간다움에 대한 책임이라고 한다면, 이제 교육적 실천의 핵심적 과업은 어떻게 묘사되어야 할까? 그것은 교사로서 우리의 교육적 책임을, 아이들 스스로 자신의 인간다움을 탐색하고 표현할 수 있도록 이들을 세계에 초청하는 것, 그리하여 그들이 자신의 유일하고 고유한 존재로서 세계 속으로 들어오도록 하는 것, 즉 세계성의 공간을 창조하는 것으로 보는 것이다. 이때 세계성이란 다른 것이 아니라 복수성의 조건 속에 있는 인간들 사이에 들어오는 것을 의미한다. 그것은 교육공학적 기술을 활용하여 특정 정체성이나 주체성을 생산하는 것도 아니고, 특정 교육적 개입을 통하여 사회 질서에 적응하고 그 질서를 새롭게 창조하는 것도 아니다. 여기서 말하는 세계는 이미 존재하는 어떤 인위적 세계가 아니다. 그것은 아렌트가 말하는 '자유가 출현할 수 있는 공간으로서 필연적으로 복수성과 차이로 구성되어 있는' 세계이며, 아이들이 자신의 유일하고 고유한 존재성을 드러낼 때 현상하고 등장하는 공간이기도 하다. 이것은 아이들의 주체가 출현하는 세계인 것이다.

물론 이러한 세계성의 공간으로의 초청은 아렌트의 정치 철학이 말하듯이 일차적으로 교육적 행위라기보다는 정치적 행위라고 말할 수 있을지 모른다. 다른 한편, 교육의 과업은 새로 오는 미래 세대를 기존의 질서에 끼워 넣는 사회화의 역할을 완전히 피할 수 없다. 다시 말하면 교육은 비록 고유하고 유일한 존재들이 세상으로 들어와 출현하도록 하는 책임을 지지만, 그리고 이 책임은 논리, 합리성, 질서, 구조와 목적을 중심으로 하는 합리적 공동체를 중단할 때 가능한 것이지만, 이러한 교육적 실천은 구조적으로 언제나 합리적 공동체로 구성원들을 편입시키는 제도 속에서만 일어날 수 있는 것이다. 합리적 공동체로의 사회화라는 교육의 불가피한 기능은 새로 오는 이들을 세계 속으로 들어오게 하는 조건을 만드는 것이기도 하기 때문이다. 바로 여기에 비에스타가 말하는 후기-근대적 맥락에서 가능한 교육적 실천의 어려움과 역설이 있다. 후기-근대 교육의 패러다임은 근대 교육이 지닌 인식적인 것과 정치적인 것 간의 불일치와 모순에 대한 반성으로부터 파생된다. 그러나 새로운 패러다임하의 교육적 실천은 새롭게 이해된 정치적인 행위, 즉 복수성 속에서 출현되는 자유의 행위에 의해 새롭게 규정되지만 동시에, 그 실천이 기존의 합리주의적 질서에 기생하는 것을 통해서만 성취 가능하다는 점에서 그 역설적 성격을 피할 수 없다. 그리고 이 역설은 물론 현실에서의 실천을 통해, 특히 교사의 실천적 매개를 통해 끊임없이 살아내어야 하는 성격의 것이기도 하다. 이것이 바로 비에스타가 제안하는 후기-근대적 교육론에서 교사 및 가르침의 의미와 가치가 특별히 새롭게 부각되는 이유다.

6) 학습과 교수

근대 교육에 대해 비판하는 포스트모더니즘 노선의 교육철학자는 많다. 그러나 우리가 비에스타의 근대 교육의 비판에 특별히 주목해야 하는 이유는 그것이 비판에 머물지 않고 이에 대응하는 상당히 체계적인 대안적 교육 비전을 제시하기 때문이다. 그의 근대 교육에 대한 비판은 근대 교육이 가정하는 합리성의 개념에 대한 사회정치철학적 비판 그 이상을 향해 있는데, 근대적 패러다임의 교수, 학습의 개념을 해체적으로 검토한다는 점에서 그러하다. 이제 이 부분을 좀 더 자세히 살펴보자.

비에스타는 지난 20여 년간의 교육 담론에서 "학습"의 개념, 보다 정확히 말하자면, 학습 기회나 학습 경험에 대한 강조가 급부상한 것, 그리하여 교수나 교육이 전적으로 이러한 학습 기회나 경험을 제공하고 도와주며 촉진하는 역할로 축소된 것에 대한 염려로부터 이 책을 시작한다. 이러한 학습주의 담론은 물론 그간 학습의 주체가 아니라 그 대상으로만 잘못 간주되어 온 학생들의 학습에의 적극적인 참여와 개입을 강조한다는 의미에서 교육적으로 기여한 점이 있다. 그러나 기본적으로 교육을 학습자의 필요를 충족시켜주는 과정으로 바라보고, 그 결과 교사와 학생의 교육적 관계를 경제적 거래의 교환관계로 치환하여 생각하는 이미지의 확산에 크게 기여했다는 점 또한 무시할 수 없다. 즉 학습이라는 새 언어가 교육의 영역을 지배하여 교육의 목적이나 내용에 대한 교육학적 사유나 언어의 쇠락을 가져왔다는 것이다.

이러한 학습주의 현상이 초래한 교육학적 사유와 언어의 쇠락은 구체적으로 무엇을 의미하는가? 비에스타에 따르면, 먼저 교육적 관계에서 학습자의 역할과 교육전문가의 역할을 오도하는 결과의 초래다. 학습주의 담론에서 학습자 주도성의 강조는 우리가 교육(학교교육이든 성인교육이든)에 참여하는 주된 이유가 우리가 원하고 필요로 하는 것을 단순히 (도구적으로) 얻기 위해서가 아니라, 우리 자신이 실지로 원하거나 필요로 하는 것이 **무엇인지 알기 위해서라는** 사실을 자주 놓치게 만든다. 그리고 이러한 필요를 정의하는 과정에서 교육전문가의 기량이 핵심적 역할을 한다는 사실도 놓치게 만든다. 여기서 교육 전문가의 핵심적 역할은 고객에게 상품을 전달하는 가게 점원과는 질적으로 다르다(본 저: 64-66). 비에스타에 따르면, 우리 자신이 원하거나 **필요로 하는 것이 무엇인가에 대한 이해를 얻는 것**은 그 자체로 중요한 학습 경험이다. 그리고 이 경험에서 학습의 내용과 목적에 관한 질문은 중요한 교육적 질문인데, 이것은 단지 개인의 기호의 문제가 아니라 민주적 숙고를 요청하는 사회적이고 간주관적인 질문이기 때문이다. 즉 이러한 질문에 대한 숙고는 개인이 혼자 하는 내적인 학습과정이 아니라 언제나 교육적 전문성이 개입될 수밖에 없는 교사와 학생 간의 교육적 관계를 요청한다.

그리하여 비에스타에 따르면, 최근의 학습주의 담론은 교육적 전문성을 위협할 뿐만 아니라 궁극적으로는 교육의 목적에 관한 **민주적** 숙고를 손상시킨다. 왜냐하면 비에스타에게 좀 더 큰 맥락에서 보자면, 교육의 목적과 내용에 관한 질문들은 근본적으로 **정치적** 성격의 질문이기도 하기 때문이다. 교육에서 이러한 정치적 질문은 단순히 지식과 기술을 새롭게 '획득'한다는 의미의 학습 개념보다는, 교사의 어려운 질문에의 초청에 '응답'하는 것으로서의 학습 개념과 연관되어 있다. 이것이 함의하는 것은 교육의 정치적 측면은 교육 및 교육적 관계에 고유하게 연루되는 학습의 개념을 요청한다는 것이다. 물론 학습에 관한 두 관점, 즉 획득의 관점과 응답의 관점은 모두 학습의 정의에 관한 질문을 제기하는 상황에 따라 동등하게 타당할 수 있다. 그러나 비에스타는 우리가 만약 교육을 단지 지식이나 기술, 가치의 전달에 관한 것으로만 여기는 것이 아니라, 학생의 개별성, 주체성, 인성에 관심을 가지고 그들을 고유하고 유일한 존재로서 "세계에 출현"하도록 하는 것에도 관련되는 것으로 여긴다면, 학습의 두 번째 개념은 **교육적으로** 더 큰 중요성을 지닌다고 한다(본저: 76). '획득으로서의 학습'은 더 많이 얻는 것에 관련된 반면, '응답으로서의 학습'은 너는 누구인가, 너는 어디에 서 있는가를 보여주는 것에 관련되기 때문이다. 우리를 너와 구별되는 나라는 고유하고 유일한 존재로 만들어주는 것은 정확하게는 우리가 타자, 예를 들어 교사의 질문 혹은 질문으로서의 타자에 응답하는 방식에서 발견된다. 비에스타에 따르면, 이것이 바로 교육의 목적에 관한 민주적 숙고가 정치적 질문인 이유이다. 타자와의 관계에서 유일하고 고유한 존재로서 주체가 등장하여 자신의 목소리를 갖는 문제이기 때문이다.

그리하여 비에스타에게 있어서 핵심적인 교육적 책임 한 가지는 개인들이 세계에 출현할 수 있는 기회를 제공하는 것이다. 그런데 이와 같은 기회를 준다는 것은 무엇을 의미하는가? 그것은 무엇보다도 학습자들이 응답할 수 있고 그들의 응답이 허용되는 상황을 학교나 교사가 창조해야 한다는 것을 말한다. 이것은 단지 학생들이 응답할 수 있는 대상을 제공해야 한다는 것을 의미하는 것은 아니다. 교육과정을 예로 들면, 학생이 습득할 필요가 있는 내용에 초점을 두기보다는, 이들의 개별적인 응답을 **허용하는** 교육 실천이 되어야 한다는 것이다. 이러한 실천은 아이들이 학교에서의 학습을 통해 사회의 그물망으로 들어서게 되는, 전적으로 **관계적인 것**이다. 따라서 그것은 응답에 관한 것이고, 또한 타자와 타자적인 것에 대한 책임에 관한 것으로서 교사는 학생들에게 "너는 어떻게 생각하니?", "너는 어디에 서 있니?", "너는 어떻게 응답하겠니?"와 같은 근본적인 질문을 제기함으로써 타자란 무엇이고 또 누구인가에 응답하도록 도전하는 과업을 맡아야 한다는 것을 말한다.

그리하여 '응답으로서의 학습'은 어려운 질문을 묻는 것, 그리고 이것을 교육적 관계의 중심적이고 필수적인 과업으로 삼는 '가르침'과 짝을 이룬다. 그리고 이와 같은 교수-학습의 활동 속에서 교육적 관계는 반드시 쉽거나 즐거운 것만은 아니다. 학생들이 세계 속에 출현하도록 돕는 어려운 질문들을 던짐으로써 교사는 학생들이 각자 자신이 누구인지, 그리고 어디에 서 있는지에 대해 생각해 보도록 하며 이들을 곤란하게 할 수도 있다. 이러한 교육은 학생의 주권(sovereignty)을 **침해**할 수도 있다는 것이다. 비에스타는 이를 '개입(interruption)'으로서의 교육이라고 부르고, 교육적 관계의 핵심적 특징 중의 하나로서 '초월적 폭력'을 언급하기도 한다. 만약 초월적 폭력을 교육적 관계를 실질적으로 구성하고 또 그것을 가능하도록 하는 것으로 받아들인다면, 교육자는 아주 막중한 책임을 지고 있다고 볼 수 있다. 이 책임은 단순히 교수의 "질"이나 학습자의 필요, 기관의 목표를 성공적으로 충족시켜야 할 책임 그 이상을 의미한다. 만약 교육이 학생들로 하여금 세계 속에 출현할 수 있도록 기회를 창출하는 것에 핵심적 과업이 있다면, 그리고 이것을 가능하게 만드는 어려운 질문들을 던지는 것에 관한 것이라면, 교육자의 첫 번째 책임은 학생들이 고유하고 유일한 존재가 될 수 있도록 하는 학생의 **주체성**(subjectivity)의 형성에 책임을 지고 있다는 것을 뜻한다. 즉 **교육적** 관계에 참여한다는 것, 교사나 교육자가 **된다**는 것은 우리가 잘 알지 못하고 잘 알 수 없는 무엇 혹은 누구에 대한 책임을 포함하는 것이다.

7) 민주적 주체 형성을 위한 세 가지 교수-학습의 모델

비에스타의 교육론을 요약하자면, 그에게 근대 이후의 교육은 주체 만들기라는 정치적 프로젝트와 다름없다. 그렇다면 그가 말하는 주체(subject)는 어떠한 주체인가? 비에스타는 이 책에서 그것을 '민주적 주체'라고 명명하고, 서구 근대 역사에서 정치적 의미의 주체를 정의해 온 세 가지 방식을 구분하며, 이것에 따른 교육론, 특히 학교교육의 목적과 내용을 각각 다르게 특징짓는 세 가지 교육론을 소개한다. 이제 이 점을 살펴보면서 비에스타의 교육론을 마무리하자.

먼저 비에스타는 칸트에 의해 정의된 계몽주의적 인간, 즉 자신의 **합리적 지성**을 남의 도움 없이 스스로 사용할 용기와 의지, 그리고 능력을 가진 개인을, 합리주의적 공동체의 구성원으로 참여하는 주체로 묘사한다. 이러한 개인은 합리적 자율성과 비판적 사고력을 핵심 속성으로 하는 근대적 주체로서, 민주적 인간을 개인주의적 관점에서 규정할 때 등장하는 인간이다. 이러한 인간관에 의해 지배된 초기 근대 학교교육은 "민주주의를 **위한** 교육"(본 저: 205)을 지향한다. 학교는 민주 시민이 갖추어야 할 동일한 지식과 기술을 사회구성원 모두에게 공정하게 분배하여, 미래 민주 사회 구성원들의 자질을 준비시키도록 되어있다. 즉 교육의 역할은 보다 **의식적인** 사회적 재생산을 위해 미래 세대가 민주적 삶에 참여할 수 있도록 '준비시키는' 것으로서, 다음 세 가지를 지원하도록 되어 있다. 첫째, 민주주의와 민주적 과정의 지식 요소를 제공하고, 둘째, 숙고, 집단의사결정, 그리고 차이를 대하는 법 등 민주적 기술의 습득을 촉진하며, 셋째, 민주주의를 향한 긍정적 태도와 가치의 습득을 지원하는 것이다.

다음으로 비에스타는 듀이에 의해 대변되는 **사회적 지능**의 인간을 두 번째 민주적 주체의 개념으로 제시한다. 민주주의 사회에서 주체가 된다는 것은 분명히 앞서 언급된 독립적이고 비판적인 판단 능력을 포함해야 하고, 또 교육이 이것의 성장에 중요한 역할을 해야 하지만, 이것은 어떠한 형태로든 이미 존재하는 것으로 추정되는 합리적 능력을 발현시키는 데에 초점이 있고, 그런 의미에서 본질주의적으로 개인주의적 관점의 인간관을 벗어나기 어렵다. 이러한 칸트적 인간관이 제기하지 않았거나 제기하지 못했던 질문은 바로 주체성의 **사회적 조건**에 관한 것이다. 비에스타는 이것에 대한 문제의 제기를 듀이의 민주적 인간관을 통해 정식화한다.

듀이에게 주체는 사회적 지능을 가진 인간으로 정의되는데, 이러한 사회적 지능은 타고난 것이 아니라 '사회적 상호작용'에 참여함으로써 얻어진 결과라는 점이 부각된다. 여기서 듀이는 인간 존재를 사회적 환경과의 상호작용을 통해 사유와 반성의 습관을 포함한 자신의 습관을 형성하는 살아있는 유기체로 바라본다. 그리고 이러한 유기체로서의 인간관은 서로 다른 다양한 관심사가 존재하고 "다른 형식의 연합" 및 충분하고 자유로운 상호 작용이 있는 사회 집단이, 고립되고 제한된 관심사로만 묶인 사회 집단보다 더 바람직하다는 사회관과 밀접한 관련을 가진다(본 저: 216). 여기에 전제된 것은 개인과 사회의 관계에서 개인은 사회에 의해 영향 받기는 하지만, 이것에 의해 일방적으로 형성되는 관계 속에 있지도 않다는 것이다. 오히려 이러한 사회적 관계 속에서 사회구성원들 간의 서로 다른 관심사가 어느 정도로 **의식적으로 공유되는가**, 즉 어느 정도로 개인의 행위가 더 큰 '사회 구조'의 일부라는 사실을 인지하며, 각 개인들이 자신의 주체성 형성의 조건들을 의식적으로 형성하는가가 듀이의 민주적 인간의 이해에 핵심이 된다.

그리하여 듀이에게는 환경이나 타자와 상호작용하여 **자신의 주체가 형성되는 조건**을 능동적으로 형성하는 사회적 자아 및 그러한 자아가 되는 데 중요하게 부각되는 **사회적** 지능이 교육에서 핵심이다. 그리고 우리는 민주적 형태의 사회적 협력에 참여함으로써 그러한 **사회적** 지능을 획득하게 된다. 이것은 교육을 민주주의와 연결시키는 새로운 관계를 제시하는데, 그것이 바로 "민주주의를 **통한** 교육"(본 저: 207)이다. 이것은 민주적 교육이란 사회적 지능을 지닌 주체를 형성하기 위한 기회를 제공해야 하고, 이는 다시 교육 그 자체가 민주적으로 조직되어야 한다는 것을 의미한다. 따라서 듀이의 민주적 인간의 개념은, 민주적 인간이 창조되는 방식으로서의 민주적 삶에 참여하는 것을 강조하는 민주 교육의 형식에 논리적 근거를 제공한다. 학생들은 타자에 의한 가르침으로부터만 배우지 않는다. 그들은 또한 자신들이 참여하는 많은 다양한 상황들로부터 배우며, 사실 이것들로부터 더 많이 더 강력하게 배운다. 학교에는 민주주의와 시민성을 가르치기 위한 공식적인 교육과정이 있겠지만, 만약 학교의 내부 조직이 비민주적이라면, 이것은 의심할 여지없이 학생들의 민주주의에 대한 태도와 성향에 부정적인 영향을 미칠 것이다. 바로 이러한 이유 때문에 많은 교육자들은 민주주의를 **위한** 교육의 제일 좋은 방법은 민주주의를 **통한** 교육, 즉 교육의 민주적 형식을 통한 교육이라고 말한다. 다시 말하여 학교교육은 "민주적 구조와 과정에 따라 학교생활이 이루어져야" 하며 "젊은이들에게 민주적 경험을 제공하는 교육과정"이 뒤따라야 한다(본 저: 208).

그러나 비에스타에 따르면, 이러한 사회적 지능의 민주적 주체를 위한 교육은 여전히 학교가 미래 시민들을 '생산'하도록 되어 있는 준비 모델을 벗어나지 못한다. 여전히 교육을 도구주의적으로 바라보는 모델이라는 것이다. 그리고 사회적 지능을 가진 주체로서 민주적 인간이란, 특정한 속성이나 자질, 인성을 지닌 개인이고, 민주 교육의 목적은 그와 같은 개인을 만들어내는 것이기 때문에 여전히 개인주의적 성격을 지닌다고도 비판한다(본 저: 217). 그리고 아렌트가 말하는 정치적 의미의 주체 개념을 마지막으로 제시하며, 새로운 민주적 인간의 개념과 교육관을 제안한다. 그것은 바로 합리적 지능의 주체나 사회적 지능의 주체와 대비되는 **행위하는 주체**의 개념이다.

비에스타에게 주체가 된다는 것은 '행위한다'는 것을 의미하고, 행위는 자신의 시작을 세계로 가지고 들어오는 것으로부터 시작하는 것이다. 그러나 행위하기 위해서 또 그런 주체가 **되기** 위해서 우리는 자신의 시작에 반응하는 타인들이 필요하다. 내가 무언가를 시작했는데 아무도 반응하지 않는다면 나의 시작으로부터 아무것도 이어지지 않을 것이며, 그 결과로 내 시작은 세상으로 들어오지 못할 것이고, 결국 나는 주체가 **되지** 못할 것이다. 즉 **나**는 세계로 들어오지 못할 것이다. 이러한 아렌트적 의미의 주체성은 더 이상 주체를 개인의 속성이 아니라, **인간 상호작용의 특질**로 이해한다. 아렌트는 주체성이 "행위 이전도 이후도 아닌" 오직 **행위 중에만** 존재한다고 주장한다(본 저: 221). 개인은 민주적 지식, 기술, 성향을 가질 수 있으나, 그 개인이 민주적 주체가 **될** 수 있는 것은 오직 행위 안에서이며, 이는 타인이 거기 있기 때문에 예측할 수도 없고 통제할 수도 없는 방식으로 이루어지는 행위를 의미한다. 이를 비에스타가 주체에 대한 **정치적** 개념이라고 부르는 이유는, **나**의 주체성은 오직 타인들도 주체일 수 있는 상황에서만 가능하기 때문이다. 타인을 주체로 만들어 주는 과정을 통해 스스로도 주체가 되는 것, 이것이 바로 행위 속에서만 주체가 된다는 것의 의미다.

그렇다면, 비에스타가 말하고자 하는 민주적 교육은 우리 모두가 주체가 **되는** 기회, 즉 행위할 수 있고 행위를 통해 자신의 시작을 복수성과 차이의 세계로 가지고 올 수 있는 기회로 이해될 수 있다. 그리고 오직 행위 **중에만**, 즉 **타인과 함께** 있는 존재일 때만 주체가 될 수 있기 때문에 우리는 지속적으로 주체가 될 수는 없다. 이 사실을 염두에 둘 때, 교육의 핵심 질문은 개인이 어떻게 혹은 언제 주체가 **될 수 있는가**이다. 비에스타는 이러한 문제에 관심을 갖는 교육을 "**민주적 공존을 문제로** 삼는 교육"이라 명명한다(본 저: 209-210). 이때 민주적 공존이란 타자들의 복수성과 차이의 세계에서 민주적 인간이 된다는 것이며, 이것은 우리 자신이 행동하고 말하고 세계로 들어갈 수 있는 것에 관한 것인 만큼이나, 타인들이 듣고, 기다리고, 시작하기 위한 공간을 창조하고 따라서 그들이 주체가 되기 위한 기회를 만드는 것에 관한 것이기도 하다.

여기서 유의해야 할 것은, 비에스타에게 주체로 출현하는 '행위'는 자기표현에 대한 것이 아니라는 점이다. 그것은 자신의 시작을 복잡한 사회적 구조 틈새로 삽입하는 것이며, 자신의 시작을 우리 자신과는 **다른** 타인의 시작에 예속시키는 것이다. 그리하여 민주적 주체의 교육에서 중요한 질문은 어떻게 (행위하는) 주체가 되는지에 관한 일반론이 아니라, **주체됨**과 **주체였음의 경험**, 혹은 **주체가 되지 않았던 경험**으로부터 학습할 수 있게 되는 것, 즉 자신의 (인간됨의) 역사에 대한 탐구를 향해 있다. 비에스타가 민주적 주체를 위한 학교교육에서 강조하고자 하는 것은, 개인에게는 민주적으로 행동하라고 하고 학교에는 민주적 개인을 만들라며 부담을 지우는 국가 중심의 외적 접근에서 벗어나는 것이다. 그리고 이제 학교는 학교가 할 수 있는 것에 집중하여 행위를 가능하게 만들고, 아이와 학생들이 주체가 되는 조건을 창조하여, 주체가 된다는 것과 그것이 무엇을 의미하는지를 경험하도록 하는 것이다. 이와 관련 있는 학습은 민주적 주체성 **이전에** 오는 것도 아니고 민주 시민을 생산하는 학습도 아니다. 오히려 주체가 되었던 한때의 경험으로부터, 혹은 주체가 되지

않았던 경험으로부터 따라오는 학습이다. 그것은 나뿐만 아니라 모든 타인들의 행위와 주체성이 가능하도록 해주는 아주 취약한 우리 삶의 조건에 대한 학습이기도 하다.

비에스타가 제안하는 세 번째 모델의 핵심적 특징은 '미래 준비'로서의 (학교) 교육의 모델을 벗어난다는 것이다. 이것은 민주적 주체되기가 하나의 문제적 사태로서 학교의 핵심적 교육 내용으로 다루어지는 모델이다. 여기서 민주적 주체되기는 미리 규정되지도 않고 또 한번 출현했다고 계속 지속되는 것도 아니다. 주체되기는 하나의 **사건**으로서 경험되고 또 다른 사건들로 끊임없이 도래하게 될 과업이다. 이러한 과업이 성공적으로 수행되기 위해서는 '개입하는 교수'와 '응답하는 학습'이 짝을 이루는 하나의 교육적 관계의 구조 안에서, 아이들이 끊임없이 서로에게 가시적으로 등장하는 동시에 이를 통한 세계성의 공간으로의 이끌림이 일어나야 한다. 이것은 교사든 학생이든 세계를 여는 공간에 **함께 참여**하되 동시에, **각자 고유하게** 사유하고 행위하는 삶의 양식이 교육이라는 실천적 영위에 핵심임을 말해준다.

3. 포스트모더니즘을 넘어: 우리의 근대 교육을 다시 들여다보고 또 새롭게 상상하기

비에스타가 대담하게 그려주는 서구 근대 교육 및 이것에 대한 비판, 그리고 그것과 함께 발전해 온 세 가지 교육 패러다임의 묘사는 우리 교육에 대해 많은 것을 생각하게 한다. 해방 이후 한국 교육은 오랫동안 입시 위주의 주지교과 중심의 학교교육, 학력 경쟁의 학교교육에 몰두해 왔었다. 이것은 최소한 형식상으로는 위에서 언급된 첫 번째 모델, 합리적 지성에 초점을 두는 교육 모델과 유사하다고 말할 수 있을지 모른다. 그리고 지난 30여 년간에 걸쳐 이러한 학력 중심의 학교교육 모델에 대한 사회적 비판과 저항이 있었다. 그 결과 등장한 대안학교 운동이나 혁신학교를 중심으로 한 학교개혁 운동은 거칠게 말하자면, 듀이의 사회적 지능에 초점을 두는 두 번째 모델을 닮은 것으로 보인다.

그러나 이러한 도식화는 말 그대로 도식화에 불과하다. 서구의 근대 교육이 지난 200여 년 동안 밟아오고 발전시켜 온 족적에 비추어 정립된 것으로 보이는 그러한 이념형 패러다임에, 1945년 해방 이후 본격화된 우리의 근대 교육의 발전사를 그대로 대입시켜 설명하는 것은 시대착오적일 뿐만 아니라 서구 경험에서는 결코 등장하지 않은 우리 근대 교육에 고유한 역사적 경험과 발전 양태를 보지 못하도록 한다. 실제로 서구의 포스트모더니즘이 비판하는 합리주의적 교육의 산물인 능력주의가 우리 사회에서는 이제 막 하나의 '사회적 문제'로 가시화되기 시작하는 한편, 이제까지 지배적이었던 입시 위주의 주지주의적이고 합리주의적인 교육 전통 안에서 서구적 의미의 '합리적 자율성'은 한 번도 우리 학교교육의 공식적인 목적으로 간주된 적이 없었다는 점을 상기할 필요가 있다. 뿐만 아니라 최근 등장한 혁신학교 운동이 듀이의 삶의 양식으로서의 민주주의 교육 모델을 따르는 것으로 보이지만, 이것이 비에스타가 묘사하는 것처럼 얼마나 사회적 지능, 특히 환경이나 타자와의 상호작용을 통하여 **자신의 주체가 형성되는 조건**을 능동적으로 형성하는 사회적 지능을 기르는 것에 초점이 있는지도 의심스럽다. 어쩌면 오늘날 현상적으로 나타나는 우리나라 학교교육의 실천들에는 이 모두가 부분적이고 불완전한 형태로 동시에 공존하면서 교육에 대한 우리 이해의 일부분을 구성하고 있는지도 모른다.

그럼에도 불구하고 비에스타의 세 가지 이념형 모델은 이제까지 우리의 근대 교육을 다시 들여다보며 이해하는 일에서뿐만 아니라, 미래 우리 교육을 상상하고 사유하게 하는 데 매우 유용한 개념 틀을 제공한다. 특히 세 번째 모델의 경우 우리에겐 아주 새롭고 흥미로운데, 모든 외적 기능에서 벗어나 교육의 본분에 충실하게 하는 학교교육의 실천적 모델이라는 점에서 그러하다. 교육철학자로서 우리는 교육의 본분, 교육의 내재적 목적에 충실한 교육 가능성에 대하여 막연한 환상을 가지고 있다. 그리고 이 환상은 대개 전근대적인 세계관에 자주 가정된 **개인의 영혼 구원으로서 교육이라는 관념** 속에서 그 원형을 발견하곤 한다. 즉 교육의 내재적 목적은 그 세계관에 의해 전제된 이상적 인간성에 비추어 우리를 '더 좋은 (영혼을 가진) 사람'으로 만드는 것이라는 생각과 분리하여 생각할 수 없는 것이었다. 그러나 비에스타는 서구 근대 교육의 비판을 통하여, 근대 교육의 기획은 기본적으로 그러한 전근대적 세계관 및 사유 프레임으로부터 우리를 해방시키도록 되어 있는 정치적 기획이라고 하며, 그러한 정치적 기획의 하나로서 (후기) 근대 교육의 내재적 목적과 구조를 새롭게 정립한다. 그것은 이미 이상적으로 전제된 인간성이나 원형으로서의 인간성이 있다는 생각의 거부에서 출발하여, 우리가 **지금 여기**에서 **함께 그리고 각자** 만들어가는 공간으로서의 교육적 공간의 창조와 개방이라는 매력적 아이디어와 밀접한 관련을 가진다.

이 아이디어는 우리로 하여금 공교육으로서 학교교육의 내재적 목적을 새롭게 상상하게 한다. 우리가 과거 경험한 제1기 학교교육, 국민만들기 학교교육에서 공교육이 의미하는 것은 **국가의** 교육이라는 것이었다. 국가가 일률적으로 지시하고 처방하고 제공하는 교육을 우리 모두가 동등하게 받는다는 의미에서의 공교육이다. 이를 비에스타의 언어를 빌려, '**국가를 위한** 공교육 (education **for the public institute**)'이라고 이름 붙여보자. 이러한 공교육 모델은 불가피하게 교수-학습에서 **전달 모형**을 따르며, 국가가 처방하는 공통된 가치와 신념의 내면화가 중요한 교육의 목적이 된다. 동일성과 공통성이 중요한 가치 규준이 되는 것이다.

한편 1990년대 이후 이러한 교육적 접근에 저항하며 등장한 제2기 학교교육의 모델을 듀이의 패러다임을 따르는 대안·혁신학교 모델이라고 할 때, 이것은 '**공중을 기르는** 교육(education of the public)'이라고 말할 수 있을지 모르겠다. 이것은 더 이상 국가를 위한 시민을 기르는 교육이 아니라, 스스로 '시민'으로 살아가고 실천할 수 있는 민주적, 시민적 삶의 양식을 갖춘 인간을 기르는 교육이다. 이러한 공교육 모델에서는 학생의 능동적이고 자발적인 학습이 중요하며, 특히 **사회적 과정**으로서의 집단 학습이 중요하다. 교사는 사회적 활동과 집단 학습의 구조를 제공하고, 사회적 학습을 촉진하는 **상호작용적** 모형을 따른다. 여기서 공교육의 목적은 민주적 삶의 양식을 공유하게 하는 것이며, '공교육'에서 '공'이란 바로 이러한 공유된 삶의 양식을 가진 '공중'을 가리킨다고 볼 수 있다.

비에스타의 세 번째 모델은 또 다른 의미의 학교교육, 즉 제3기 학교교육이 표방할 공교육의 의미를 암시한다. 우리는 이것을 앞의 두 가지 모델과 구분하여 '**공공성**을 위한 교육(education for publicness)'으로 이름 붙일 수 있을지 모른다. 여기서 '공공성(publicness)'이란 학교교육을 통해 성취되어야 할 공적 가치를 미리 규정하지 않는다. 오히려 그 공적 가치는 학교교육을 통해 새롭게 그리고 끊임없이 성취되어야 할 것이라는 점을 암시한다. 학교는 끊임없이 공적 공간을 아이들 앞에 열어 내고 그것의 의미를 아이들로 하여금 만들어 가고 체험하게 하는 역할을 해야 하는 것이다. 이것은 서로 다른 차이를 지닌 인간들의 복수성, 다원성이라는 공적 조건에 관심을 가지고, 이 조건하에서 우리가 할 수 있는 행위의 질, 즉 복수성 속에서 우리가 **인간적으로 공존할 수 있는 존재의 질**에 관심을 갖는 교육이다. 이때 '공(publicness)'의 개념은 가정과 사회 사이와 같은 물리적 위치나 지위의 문제가 아니라, 인간이 함께 행위하는 실천적 존재 형식의 성취와 관련된다. 즉 우리가 함께 행위하는 방식으로서 정치적, 실존적 존재의 형식적 속성을 말한다.

여기서 이러한 공적 존재로 출현하는 길을 열어주는 매개로서 결정적 역할을 하는 것이 바로 교사가 초청하고 열어주어야 할 (인공적, 자연적) '세계'이다. 교사는 아이들로 하여금 이 '세계'의 자유로운 사용에 "함께 그리고 각자" 참여하도록 초청함으로써 그러한 공적 공간, 공적으로 함께 존재할 수 있는 공간을 아이들 앞에 연다. 그리하여 우리는 이것을 **초청 모형**이라고 말할 수 있을 것이다. 이것은 세계에의 참여를 통해 우리가 함께 그리고 각자 무엇을 할 수 있을지 실험해 보는 공간으로서의 학교인데, 이때 '공적'이라는 것은 가르쳐져야 하거나 학생들이 배워야 할 교육내용이 지녀야 할 특성이 아니다. 오히려 **교육과정의 지향성이**

나 수행 자체의 원리가 '공적'이어야 한다는 것을 의미한다. 가르치고 배우는 일 자체가 ① '세계(문화적, 자연적 산물)'라는 공통의 탁자를 둘러싸고, 복수성과 차이의 ② '세계(인간 간 세계)' 속에 참여하며, 자신 견해를 드러내고 이에 상호 반응하는 행위의 자유를 실현하는 과정이어야 한다는 뜻이다. 이때에야 비로소 공공성은 함께 만들어가는 것으로서의 교육의 과정 속에서 학생들의 주체성이 출현하는 ③ '사건'들로 구성된 새로운 공간을 열 것이기 때문이다.

공공성을 위한 학교교육이라는 세 번째 모델은 공교육을 통해 아이들이 경험하게 될 교육적 경험의 질에 직접적인 관심을 가진다. 그리고 이 경험의 질은 교사와 학생 간의 교육적 관계의 질에 달려 있다. 그러한 교육적 관계의 질은 물론 교사의 질, 특히 교사의 교육적 사유와 언어의 질에 달려 있다고 해도 지나치지 않을 것이다. 그리하여 비에스타의 교육론이 암시하는 바에 따라 상상해 본 우리의 학교교육의 미래는 결과적으로, 교육에서 교사의 역할에 대한 새로운 주목, 특히 '세계'의 자유로운 사용에 초대하는 교사의 역할, 그리고 복수성과 차이 속에서 아이들이 기꺼이 자신을 드러내도록 허용하는 사회적, 심리적 환경으로서 교사의 역할에 대한 주목을 요청한다. 이것은 새로운 공교육의 이념이 가르침에 대한 새로운 이해뿐 아니라 교육에서 '세계'의 (다중적) 의미, 특히 세계를 대변하는 '교과'의 의미와 역할에 대해서도 새롭게 이해할 것을 요청한다는 말이기도 하다.

이러한 요청이 우리에게 던지는 도전만큼이나 새로운 교육적 사유의 지평과 언어가 약속하는 것에 대한 우리의 열망도 크다. 왜냐하면 이러한 모델을 따를 때, 학교교육은 이제 학교 바깥 영역에서 강제하는 '공공성' 담론의 시중을 드는 역할을 멈추고, 그 담론에 직접 참여하고 그것을 만들어 낼 뿐만 아니라 이를 통해 스스로가 만들어내는 공적 가치를 사회에 입증해 보일 수 있는, 작지만 무시할 수 없는 자리에 서 있을 수 있을 것이기 때문이다.

참고문헌

Apple, M. W. 1979. *Ideology and Curriculum*. Boston: Routledge and Kegan Paul.

Apple, M. W. 2000. "Can Critical Pedagogy Interrupt Rightist Policies?" *Educational Theory* 50 (2): 229–254.

Apple, M. W., and J. A. Beane. 1995. *Democratic Schools*. Alexandria, VA: Association for Supervision and Curriculum Development.

Arendt, H. 1977a (1954). *Between Past and Future: Eight Exercises in Political Thought*. Harmondsworth: Penguin.

Arendt, H. 1977b (1958). *The Human Condition*. Chicago: University of Chicago Press.

Arendt, H. 1982. *Lectures on Kant's Political Philosophy*. Chicago: University of Chicago Press.

Bailey, C. 1984. *Beyond the Present and the Particular*. A Theory of Liberal Education. London: Routledge and Kegan Paul.

Barber, B. 1984. *Strong Democracy. Participatory Politics for a New*

Age. Berkeley: University of California Press.

Barber, B. 1998. *A Place for Us: How to Make Society Civil and Democracy Strong*. New York: Hill and Wang.

Barnes, B. 1977. *Interests and the Growth of Knowledge*. London: Routledge and Kegan Paul.

Bauman, Z. 1992. *Intimations of Postmodernity*. New York: Routledge.

Bauman, Z. 1993. *Postmodern Ethics*. Oxford: Blackwell.

Bauman, Z. 1995. "Making and Unmaking of Strangers." Reprinted in P. Beilharz, ed. 1999. *The Bauman Reader*, 200-217. Oxford: Blackwell.

Bauman, Z. 1999. *In Search of Politics*. Stanford, CA: Stanford University Press.

Beetham, D., and K. Boyle. 1995. *Introducing Democracy. 80 Questions and Answers*. Cambridge: Polity Press.

Bergers, G. 2003. "Individuality and Community—More Space for Development." *Detail. Zeitschrift fur Architektur/Review of Architecture* 43 (3): 226-236.

Bernstein, B. 2000. *Pedagogy, Symbolic Control and Identity*. Lanham, MD: Rowman and Littlefield.

Bhabha, H. K. 1990. "The Third Space. An Interview with Homi Bhabha." In J. Rutherford, ed. *Identity. Community, Culture, Difference*, 207-221. London: Lawrence and Wishart.

Biesta, G. J. J. 1994. "Education as Practical Intersubjectivity. Towards a Critical-Pragmatic Understanding of Education." *Educational Theory* 44 (3): 299-317.

Biesta, G. J. J. 1998a. "'Say You Want a Revolution…' Suggestions for the Impossible Future of Critical Pedagogy." *Educational Theory* 48 (4): 499-510.

Biesta, G. J. J. 1998b. "Pedagogy without Humanism. Foucault and the Subject of Education." *Interchange* 29 (1): 1-16.

Biesta, G. J. J. 2001. "How Diffi cult Should Education Be?" *Educational Theory* 51 (4): 385-400.

Biesta, G. J. J. 2002a. "*Bildung* and Modernity. The Future of *Bildung* in a World of Difference." *Studies in Philosophy and Education* 21 (4/5): 343-351.

Biesta, G. J. J. 2002b. "How General Can Bildung Be? Refl ections on the Future of a Modern Educational Ideal." *British Journal of Philosophy of Education* 36 (3): 377-390.

Biesta, G. J. J. 2003a. "Learning from Levinas: A Response." *Studies in Philosophy and Education* 22 (1): 61-68.

Biesta, G. J. J. 2003b. "Demokrati—ett problem för utbildning eller ett utbildningsproblem?" *Utbildning and Demokrati* 12 1: 59-80.

Biesta, G. J. J. 2004a. "Education, Accountability and the Ethical Demand. Can the Democratic Potential of Accountability Be Regained?" *Educational Theory* 54 (3): 233-250.

Biesta, G. J. J. 2004b. "'Mind the Gap!' Communication and the Educational Relation." In Charles Bingham and Alexander M. Sidorkin, eds. *No Education without Relation*, 11-22. New York: Peter Lang.

Biesta, G. J. J. 2005. "*George Herbert Mead und die Theorie der schulischen Bildung*." In D. Troehler and J. Oelkers, eds. Pädagogik und Pragmatismus. Gesellschaftstheorie und die Entwicklung der Pädagogik, 131-150. Zürich: Verlag Pestalozzianum.

Biesta, G. J. J. and R. S. Lawy. 2006. "From Teaching Citizenship to Learning Democracy: Overcoming Individualism in Research,

Policy, and Practice." *Cambridge Journal of Education* 36 (1): 29-45.

Biesta, G. J. J., and G. J. J. M. Stams. 2001. "Critical Thinking and the Question of Critique. Some Lessons from Deconstruction." *Studies in Philosophy and Education* 20 (1): 57-74.

Bloor, D. 1976. *Knowledge and Social Imagery*. London: Routledge and Kegan Paul.

Cadava, E., P. Connor, and J.-L. Nancy, eds. 1991. *Who Comes after the Subject?* New York: Routledge.

Callan, E. 1997. *Creating Citizens. Political Education and Liberal Democracy*. Oxford, UK: Oxford University Press.

Caputo, J. D. 1997. *Deconstruction in a Nutshell. A Conversation with Jacques Derrida*. New York: Fordham University Press.

Carr, W., and A. Hartnett. 1996. *Education and the Struggle for Democracy*. The Politics of Educational Ideas. Buckingham: Open University Press.

Cleary, J., and P. Hogan. 2001. "The Reciprocal Character of Self-Education. Introductory Comments on Hans-Georg Gadamer's Address 'Education Is Self-Education.'" *Journal of Philosophy of Education* 35 (4): 519-528.

Counts, G. 1939. *Dare the School Build a New Social Order?* New York: John Day.

Critchley, S. 1999. *Ethics—Politics—Subjectivity. Essays on Derrida, Levinas and Contemporary French Thought*. London: Verso.

Derrida, J. 1978. "Violence and Metaphysics. An Essay on the Thought of Emmanuel Levinas." In J. Derrida, *Writing and Difference*, 79-153. Chicago: University of Chicago Press.

Derrida, J. 1988. *Limited Inc*. Evanston, IL: Northwestern University

Press.

Derrida, J. 1992. *The Other Heading. Refl ections on Today's Europe.* Translated by Pascale-Anne Brault and Michael B. Naas. Bloomington: Indiana University Press.

Derrida, J. 1997. *Politics of Friendship.* London: Verso.

Derrida, J. 1998. *Monolingualism of the Other; or, the Prosthesis of Origin.* Stanford, CA: Stanford University Press.

Dewey, J. 1954. *The Public and Its Problems.* Chicago: Swallow Press.

Dewey, J. 1958. *Experience and Nature.* New York: Dover Publications.

Dewey, J. 1966 (1916). *Democracy and Education.* New York: Free Press.

Dewey, J. 1980 (1917). "The Need for Social Psychology." In J. A. Boydston, ed., *John Dewey. The Middle Works*, 1899-1924. Volume 10, 53-63. Carbondale: Southern Illinois University Press.

Dewey, J. 1983 (1922). *John Dewey. The Middle Works, 1899-1924. Volume 14: Human Nature and Conduct*, J. A. Boydston, ed. Carbondale: Southern Illinois University Press.

Dewey, J. 1984 (1929). *John Dewey. The Later Works, 1925-1953. Volume 4: The Quest for Certainty*, J. A. Boydston, ed. Carbondale: Southern Illinois University Press.

Dewey, J. 1987a (1937). "The Challenge of Democracy to Education." In J. A. Boydston, ed. *John Dewey. The Later Works, 1925-1953. Volume 11: 1935-1937*, 181-190. Carbondale: Southern Illinois University Press.

Dewey, J. 1987b (1937). "Democracy and Educational Administration." In J. A. Boydston, ed. *John Dewey. The Later Works, 1925-1953. Volume 11: 1935-1937*, 217-252f. Carbondale: Southern Illinois University Press.

Dewey, J. 1988 (1939). "Experience, Knowledge and Value: A Rejoinder." In J. A. Boydston, ed. *John Dewey. The Later Works, 1925-1953. Volume 14: 1939-1941*, 3-90. Carbondale: Southern Illinois University Press.

DfEE. 1998. *The Learning Age. A Renaissance for a New Britain.* Sheffield: Department for Education and Employment.

DfEE. 1999. *Learning to Succeed. A New Framework for Post-16 Learning*. Sheffield: Department for Education and Employment.

Disch, Lisa Jane. 1994. *Hannah Arendt and the Limits of Philosophy. With a New Preface*. Ithaca: Cornell University Press.

Donald, J. 1992. *Sentimental Education. Schooling, Popular Culture and the Regulation of Liberty*. London: Verso.

Dreyfus, H. L., and P. Rabinow. 1983. *Michel Foucault. Beyond Structuralism and Hermeneutics. Second Edition. With an Afterword by and an Interview with Michel Foucault*. Chicago: University of Chicago Press.

Dryzek, J. S. 2000. *Deliberative Democracy and Beyond*. Oxford: Oxford University Press.

Eisenman, P. 1976. "Post-functionalism." Oppositions 6: unpaginated. Reprinted in K. Nesbitt, ed., *Theorizing a New Agenda for Architecture*, 80-83. New York: Princeton Architectural Press.

Englund, T. 1994. "Communities, Markets and Traditional Values: Swedish Schooling in the 1990s." *Curriculum Studies* 2 (1): 5-29.

Feinberg, W. 2001. "Choice, Autonomy, Need-Definition and Educational Reform." *Studies in Philosophy of Education* 20 (5): 402-409.

Festenstein, M. 1997. *Pragmatism and Political Theory. From Dewey to Rorty*. Chicago: University of Chicago Press.

Field, J. 2000. *Lifelong Learning and the New Educational Order.*

Stoke on Trent: Trentham Books.

Fosnot, C. T. 1996. *Constructivism*. New York: Teachers College Press.

Foucault, M. 1973. *The Order of Things. An Archaeology of the Human Sciences*. New York: Vintage/Random House.

Foucault, M. 1983. "The Subject and Power." In H. Dreyfus and P. Rabinow, *Michel Foucault. Beyond Structuralism and Hermeneutics. Second Edition. With an Afterword by and an Interview with Michel Foucault*, 208-226. Chicago: University of Chicago Press.

Foucault, M. 1984. "What Is Enlightenment?" In P. Rabinow, ed., *The Foucault Reader*, 32-50. New York: Pantheon.

Foucault, M. 1985. *The Use of Pleasure*. New York: Pantheon.

Foucault, M. 1986. *The Care of the Self*. New York: Pantheon.

Foucault, M. 1991. "The Ethics of Care for the Self as a Practice of Freedom. An Interview with Michel Foucault." In J. Bernauer and D. Rasmussen, eds., *The Final Foucault*, 1-20. Cambridge: MIT Press.

Foucault, M. 1995 (1977). *Discipline and Publish. The Birth of the Prison*. New York: Vintage.

Gadamer, H.-G. 2001. "Education Is Self-Education." *Journal of Philosophy of Education* 35 (4): 529-538.

Gallie, W. B. 1955. "Essentially Contested Concepts." *Proceedings of the Aristotelian Society* LVI, 167-198. London: Harrison and Sons.

Ghirardo, D. 1996. *Architecture after Modernism*. London: Thames and Hudson.

Giesecke, H. 1985. *Das Ende der Erziehung*. Stuttgart: Klett-Cotta.

Giroux, H. A. 1989. *Schooling for Democracy. Critical Pedagogy in the Modern Age*. London: Routledge.

Granel, G. 1991. "Who Comes after the Subject?" In E. Cadava, P. Connor, and J.-L. Nancy, eds. *Who Comes after the Subject?*, 148-156. New York: Routledge.

Gutmann, A. 1987. *Democratic Education.* Princeton, NJ: Princeton University Press.

Gutmann, A. 1993. "Democracy." In R. E. Goodin and Ph. Pettit, eds. *A Companion to Contemporary Political Philosophy*, 411-421. Oxford: Blackwell.

Habermas, J. 1996. *Between Facts and Norms. Contribution to a Discourse Theory of Law and Democracy.* Cambridge, MA: MIT Press.

Heartfield, J. 2002. The *"Death of the Subject" Explained.* Sheffield: Sheffield Hallam University Press.

Heidegger, M. 1993 (1947). "Letter on Humanism." In David Farrell Krel, ed. *Martin Heidegger: The Basic Writings*, 213-265. SanFrancisco: Harper.

Held, D. 1987. *Models of Democracy.* Cambridge: Polity Press.

Held, D. 1995. *Democracy and the Global Order. From the Modern State to Cosmopolitan Governance.* Cambridge: Polity Press.

Hertzberger, H. 2000. *Space and the Architect. Lessons in Architecture* 2. Rotterdam: 010 Publishers.

Honig, B. 1993. *Political Theory and the Displacement of Politics.* Ithaca, NY: Cornell University Press.

Kant, I. 1929. *Critique of Pure Reason.* Translated by N. Kemp Smith. New York: St. Martin's Press.

Kant, I. 1982. "Über Pädagogik." In I. Kant, *Schiften zur Anthropologie, Geschichtsphilosophie, Politik und Pädagogik*, 695-761. Frankfurt am Main: Insel Verlag.

Kant, I. 1992 (1784). "An Answer to the Question "What Is Enlightenment?" In P. Waugh, ed. *Post-Modernism*: A Reader, 89-95. London: Edward Arnold.

Klafki, W. 1986. "Die Bedeutung des klassischen Bildungstheorien für ein zeitgemässes Konzept von allgemeiner Bildung." *Zeitschrift für Pädagogik* 32 (4): 455-476.

Kurgan, L. 1994. "You Are Here: Information Drift." *Assemblage* 25: 14-43.

Laclau, E. 1995. "Universalism, Particularism, and the Question of Identity." In J. Rajchman, ed. *The Identity in Question*, 93-108. New York: Routledge.

Lave, J., and E. Wenger. 1991. *Situated Learning. Legitimate Peripheral Participation*. Cambridge: Cambridge University Press.

Levinas, E. 1981. *Otherwise Than Being or Beyond Essence*. The Hague: Martinus Nijhoff.

Levinas, E. 1985. *Ethics and Infinity*. Pittsburgh, PA: Duquesne University Press.

Levinas, E. 1989a. "Substitution." In S. Hand, ed. *The Levinas Reader*, 88-125. Oxford: Basil Blackwell.

Levinas, E. 1989b. "Ethics as First Philosophy." In S. Hand, ed. *The Levinas Reader*, 75-87. Oxford: Basil Blackwell.

Levinas, E. 1990. *Difficult Freedom. Essays on Judaism*. Translated by Seán Hand. Baltimore, MD: Johns Hopkins University Press.

Levinas, E. 1998a. "The I and totality." In E. Levinas, *Entre-nous: On Thinking-of-the-Other*, 13-38. New York: Columbia University Press.

Levinas, E. 1998b. "Uniqueness." In E. Levinas, *Entre-nous: On Thinking-of-the-Other*, 189-196. New York: Columbia

University Press.

Lingis, A. 1981. "Translator's Introduction." In E. Levinas, *Otherwise Than Being or Beyond Essence, xi-xxxix*. The Hague: Martinus Nijhoff.

Lingis, A. 1994. *The Community of Those Who Have Nothing in Common*. Bloomington: Indiana University Press.

Ljunggren, C. 1999. "Questions of Identity and Education. Democracy between Past and Future." In C.-A. Säfström, ed. *Identity. Questioning the Logic of Identity in Educational Theory*, 47-60. Lund: Studentlitteratur.

Løvlie, L., K. P. Mortensen, and S.-E. Nordenbro, eds. 2003. *Educating Humanity: Bildung in Postmodernity*. Oxford: Blackwell.

Masschelein, J. 1998. "In Defence of Education as Problematisation." In D. Wildemeersch, M. Finger, and R. Jansen, eds. *Adult Education and Social Responsibility*, 133-149. Frankfurt am Main: Peter Lang.

McDonnell, L., P. M. Timpane, and R. Benjamin, eds. 2000. *Rediscovering the Democratic Purposes of Education*. Lawrence: University Press of Kansas.

McLaren, P. 1997. *Revolutionary Multiculturalism. Pedagogies of Dissent for the New Millenium*. Boulder, CO: Westview Press.

McLaughlin, T. H. 2000. "Citizenship Education in England: The Crick Report and Beyond." *Journal of Philosophy of Education* 34 (4): 541-570.

McNeil, L. A. 2002. "Private Asset or Public Good: Education and Democracy at the Crossroads." *American Educational Research Journal* 39 (2): 243-248.

Mollenhauer, K. 1964. *Erziehung und Emanzipation*. Weinheim:

Juventa.

Mouffe, Ch., ed. 1992. *Dimensions of Radical Democracy.* London: Verso.

Mouffe, Ch., ed. 1993. *The Return of the Political.* London: Verso.

Nancy, J.-L. 1991. "Introduction." In E. Cadava, P. Connor, and J.-L Nancy, eds. *Who Comes after the Subject?*, 1-8. New York: Routledge.

Neill, F. 2004. "Fame Academy." *The Times Magazine.* (14 August): 39-41.

OECD (Organization for Economic Cooperation and Development). 1996. *Lifelong Learning for All.* Paris: OECD.

Parker, W. C. 1995. *Educating the Democratic Mind.* New York: SUNY.

Passerin d'Entrèves, M. 1994. *The Political Philosophy of Hannah Arendt.* London: Routledge.

Pateman, C. 1970. *Participation and Democratic Theory.* Cambridge: Cambridge University Press.

Peperzak, A. 1991. "Presentation." In R. Bernasconi and S. Critchley, eds. *Re-Reading Levinas*, 51-66. Bloomington: Indiana University Press.

Rancière, J. 1991. *The Ignorant Schoolmaster. Five Lessons in Intellectual Emancipation.* Stanford: Stanford University Press.

Rawls, J. 1993. *Political Liberalism.* New York: Columbia University Press.

Rawls, J. 1997. "The Idea of Public Reason Revisited." *University of Chicago Law Review* 94, 765-807.

Säfström, C.-A. 2003. "Teaching Otherwise." *Studies in Philosophy and Education* 22 (1): 19-29.

Säfström, C.-A., and G. J. J. Biesta. 2001. "Learning Democracy in a

World of Difference." School Field 12 (5/6): 5-20.

Saltman, K. J. 2000. *Collateral Damage: Corporatizing Public Schools—A Threat to Democracy*. Lanham, MD: Rowman and Littlefield.

Shapiro, I. 2003. *The State of Democratic Theory*. Princeton, NJ: Princeton University Press.

Sidorkin, A. M., and Ch. Bingham, eds. 2004. *No Education without Relation*. New York: Peter Lang.

Simons, J. 1995. Foucault and the Political. New York: Routledge.

Soder, R., J. I. Goodlad, and T. J. McMannon, eds. 2001. *Developing Democratic Character in the Young*. San Francisco: Jossey-Bass.

Torney-Purta, J., R. Lehmann, H. Oswald, and W. Schulz. 2001. *Citizenship and Education in Twenty-Eight Countries: Civic Knowledge and Engagement at Age Fourteen*. Amsterdam: IEA.

Torres, C. A. 1998. *Democracy, Education and Multiculturalism. Dilemmas of Citizenship in a Global World*. Lanham, MD: Rowman and Littlefield.

Tschumi, B. 1981. *The Manhattan Transcripts*. New York: St. Martin's Press.

Tschumi, B. 1994a. "Urban Pleasures and the Moral Good." *Assemblage* 25: 6-13.

Tschumi, B. 1994b. *Architecture and Disjunction*. Cambridge, MA: MIT Press.

Tschumi, B. 1994c. *Event-Cities*. Cambridge, MA: MIT Press.

Tschumi, B. 2001. *Event-Cities 2*. Cambridge, MA: MIT Press.

Usher, R., and R. Edwards. 1994. *Postmodernism and Education*. London: Routledge.

Vanderstraeten, R., and G. J. J. Biesta. 2001. "How Is Education Possible?" *Educational Philosophy and Theory* 33 (1): 7-21.

Wells, A. S., J. Slayton, and J. Scott, J. 2002. "Defi ning Democracy in the Neoliberal Age: Charter School Reform and Educational Consumption." *American Educational Research Journal* 39 (2): 337-361.

Westheimer, J., and J. Kahne. 2004. "What Kind of Citizen? The Politics of Educating for Democracy." *American Educational Research Journal* 41 (2): 237-269.

Wimmer, K-M. 1988. *Der Andere und die Sprache*. Berlin: Reimer Verlag.

찾아보기

[인명]

[내용]

ㅇ

❍ 저자 소개

거트 비에스타(Gert J. J. Biesta)

거트 비에스타(www.gertbiesta.com)는 아일랜드 메이누스 대학교 교육연구센터(the Centre for Public Education and Pedagogy)의 교수이자 스코틀랜드 에딘버러 대학교 교육대학(the Moray House School of Education and Sport)의 교수이기도 하다. 두 학술지 *the British Educational Research Journal, the Asia-Pacific Journal of Teacher Education*의 공동 편집자이면서, *Educational Theory*의 부편집장이다. 2020년부터 네덜란드 정부 교육부 산하의 과학 교육과정 위원회 위원이기도 하다. 현재 교육과 민주주의, 민주화에 초점을 둔 교육이론에 대해 집필 중이며, 최근의 저서로는 *Educational Research: An Unorthodox Introduction*(Bloomsbury 2020)과 *World Centred Education: A View for the Present*(Routledge 2022)가 있다.

❍ 역자 소개

박은주

현재 이화여자대학교 이화인문과학원 연구교수로 활동하고 있다. 서울대학교 대학원에서 교육철학 전공으로 박사학위를 받았고, 주요 관심 분야는 교육사상사, 교육철학, 인문적 교사교육 등이다. 주요 저서로는『한나 아렌트, 교육의 위기를 말하다』(2021),『포스트휴머니즘과 교육학』(2021, 공저),『학습자 주도성, 미래교육의 거대한 착각』(2021, 공저),『한나 아렌트와 교육의 지평』(2020, 공저),『교육의 본질을 찾아서』(2020, 공저) 등이 있다.

❍ 감수/해제자 소개

곽덕주

현재 서울대학교 교육학과 교수이자 서울대 교육연구소 소장이다. 2021년부터 한국교육철학학회 회장으로 봉사하고 있기도 하다. 미국 컬럼비아 대학교 Teachers college에서 박사학위를 받았으며, 주요 관심사는 동서양 비교교육철학, 교사교육철학, 예술교육철학 등이다. 현재 교사의 권위, 교육적 관계, 그리고 가르침의 존재론 등에 초점을 두고 집필 중에 있으며, 주요 저서로는『미적체험과 예술교육』(2013, 공저), *Confucian Perspectives on Learning and Self-transformation: International and Cross-cultural Approaches*(2020, 공동편집자),『코로나 이후 교육을 말하다』(2021, 공저) 등이 있다.

학습을 넘어: 인간의 미래를 위한 민주 교육
Beyond Learning: Democratic Education for a Human Future

2022년 1월 25일 1판 1쇄 발행
2024년 2월 25일 1판 2쇄 발행

지은이 • Gert J. J. Biesta
옮긴이 • 박은주
감수자 • 곽덕주
펴낸이 • 한정주
펴낸곳 • 교육과학사

경기도 파주시 광인사길 71
전화 • 031)955-6956~8 / 팩스 031)955-6037
Home-page • http://www.kyoyookbook.co.kr
E-mail • kyoyookbook@daum.net, kyoyook@chol.com
등록 • 1970년 5월 18일 제2-73호

정가 15,000원
ISBN 978-89-254-1658-8

낙장 · 파본은 교환해 드립니다.
Printed in Korea.